남화선사 전경

육조혜능 선사

역자 서문

6조단경은 신수장경 (NO 2007.로 수록 됨 1927년 초간)에 2본이 실려 있는 데 앞의 본은 이 이 돈황 신본(法海集記))과 같은(法海集記)본이요. 뒤의 본(宗寶本)은 경의 근간(根幹)은 같으나 문장의 구성이 다소 다르다. 뒤의 종보 본은 찬(讚)문이 앞에 둘이 들어있고 본문은 10단(段)으로 나누어 있으니

1, 행유(行由-유래)제일. 2, 반야(般若). 3, 의문(疑問). 4, 정혜(定慧). 5, 좌선(坐禪). 6, 참회(懺悔). 7, 기연(機緣-마는 인연). 8,돈점(頓漸). 9, 선조(宣詔=알림). 10, 부촉(附囑). 으로 구성 되어 있다.

이 돈황 본은 50과(科)로 문단이 구성 되어 있다.

혜능(慧能: 638~713)이 대범사에서 설한 설법을 중심으로 편찬된 문헌이 《육조법보단경(六祖法寶壇經)》 또는 《육조단경(六祖壇經)》으로 선종의 경전으로 후세에 전해졌다. 혜능은 당나라(618~907) 시대의 선승이며 선종(禪宗)의 제6조이자 남종선(南宗禪)의 시조이다. 6조 대사 또는 조계대사(曹溪大師.조계산에 살아서,)라고 한다. 대감선사(大鑑禪師)라고 시호(諡號)하였다.

신주(新州: 광둥 성)에서 태어나 세살 때 부친을 잃고 가난하게 자랐다. 어느 날 땔 나무를 해서 팔고 돌아오는데 《금강경(金剛經)》 외는 소리를 듣고 출가할 결심을 하게 되었다 한다. 24세 때에 기주 황매산(黃梅山: 후베이 성)의 동선원(東禪院)에 주처(住處)하고 있던 선종의 제5조 홍인(弘忍: 601~674)을 찾아가 가르침을 받고, 나중에는 홍인으로부터 법(法)을 물려받아 선종의 제6조가 되었다. 혜능은 소주(韶州) 조계(曹溪)의 보림사(寶林寺) · 대범사(大梵寺)에 머물면서 법을 폈다.

혜능으로부터 법을 이어받은(嗣法) 문하의 제자가 43인을 헤아렸고 중국의 선종은 이때부터 융성하게 되었다. 그의 계통의 선을 남종(南宗) 또는 남종선(南宗禪)이라 하여 신수(神秀: ?~706) 계통의 북종(北宗) 또는 북종선(北宗禪)과 대립하였다가, 당나라 말기 이후에는 남종선 만이 번영하였고 남종은 돈오(頓悟-단번에 깨달음)를, 북종은 점오(漸悟-점점 차차로 개달음)를 주장하였다. 후대에 이 양자의 선풍의 차이를 남돈북점(南頓北漸)이라 하였다.

혜능의 문하 제자 중에는 청원행사(青原行思: ?~740)· 남악회양(南岳懷讓:677~744)· 하택신회(荷澤神會: 685~760)· 석두희천(石頭希遷: 700~790)· 영가현각(永嘉玄覺: 647~713) 등이 가장 유명하다.

처음 홍인을 뵈온 후 8개월여 방아를 찧었다. 5조가 어느날 전법(傳法)의 때가 온 것을 알고 대중들에게 증득한 게를 지어 올리라고 하였다. 대중들은 상수(上首) 제자 신수만을 쳐다 보고 있었다. 그런데 신수는 다음 같은 게송을 지어 5조의 방 남쪽 회랑 벽에 몰래 부쳐 놓았다. 그 게송에 이르되

몸은 이 보리수(도의 나무)요-신시보리수身是菩提樹
마음은 명경의 대와 같으니-심여명경대心如明鏡臺。
때때로 부지런히 털고 닦아서- 시시근불식時時勤拂拭
먼지와 때가 끼지(일어나지) 않게 하여야 한다.-막사유진애莫使有塵埃= 1본에는 (물사야진애勿使惹塵埃) 라고 써 놓았다.

5조가 보고 대중들에게 이글을 외우라고 분부 하였다. 혜능은 그 외우는 소리를 듣고 자기도 글을 지으려고 하는데 혜능은 글을 모르니 글 아는 사람에 대필하여 다음과 같이 게송을 지어 그 글 옆에 이렇게 써놓았다.

보리는 본래 나무가 없고 (보리본무수-菩提本無樹)

환한 거울 역시 경대가 없는 것. (명경역무대-明鏡亦無臺)

본래 한 물건도 없는데 (본래무일물-本來無一物)

어느 곳에 먼지와 티끌이 있단 말인가? (하처유진애-何處有塵埃)라고

(있는 그대로 보라. 이것은 먼지다. 저것은 나무다. 라고 후천적인 사고, 판단. 인간의 마음 꾀,를 덫 부치지 말고 있는 그대로 보면 된다는 것이다.-실상. 스승과 제자의 관계는 겨우 8개월, 그동안에 도는 마음에서 마음으로 연결이 되어 평생을 찾아도 얻기 어려운 도를 그렇게 8개월여 만에 평생의 간극을 8개월로 줄여 대도를 얻어 그 많은 대중의 눈길을 피해 몰래 전하고 받고 하여 새벽길에 강가에 까지 이어지니 심오(深奧)하다는 도의 뜻이 그 속에 숨어 오늘에 까지 전해 오는 것이다. 그것이 보이지 않는 도의 모습이다. 유유히 흘러오는 1000여년의 흐르던 대강의 물줄기를 방아 찧든 일꾼 혜능이 혼자 그 물줄

기를 바꿔 놓은 것이다. 역자 주)
 (과거) 일곱 부처님으로부터 전수되어, 석가모니
부처님이 7번째시다. 대가섭이 8번째, 아난이 9번째, 말전지가 10번째, 상나화수가 11번째, 우바국다가 12번째, 제다가가 13번째, 불타난제가 14번째, 불타밀다가 15번째, 협비구가 16번째, 부나사가 17번째, 마명이 18번째, 비라 장자가 19번째, 용수가 20번째, 가나제바가 21번째, 라후라가 22번째, 승가나제가 23번째, 승가야사가 24번째, 십사구마라타 제이십오사야구마라타가 25번째, 사야다가 26번째, 바수반다가 27번째, 마나라가 28번째, 학륵나가 29번째, 사자비구가 30번째, 사나바사가 31번째. 우바굴이 32번째, 승가라가 33번째, 수바밀다가 34번째, 남천축국 왕자 제3태자보리달마가 35번째, 당나라 스님 혜가가 36번째, 승찬이 37번째, 도신이 38번째, 홍인이 39번째, 혜능 내 자신이 지금 법을 받은 것이 40번째니라."

 다른 데서는 과거 7불(七佛)을 포함하지 않아서 달마 스님이 28대고, 혜능 스님은 33조사다. 여기서는 과거 7불을 포함해서 달마 스님이 35대고, 혜능 스님이 40대다.

 과거 7불은 어떤 분인가?
 과거 7불(過去 七佛)은 과거 세상에 출현한 7부처님을 가리킨다.
 [1] 비바시불(비파시불, Vipasyin)
 [2] 시기불(시기불, Sikhin)
 [3] 비사부불(비사부불, Visvabum)
 [4] 구류손불(구류손불, Krakucchanda)
 [5] 구나함모니불(구나함모니불, Kanakamuni)
 [6] 가섭불(가섭불, Kasyapa)
 [7] 석가모니불(석가모니불, Sakyamuni)이다.

5조는 혜능의 글을 보고 그가 법을 얻은 것을 알고 몰래 3경(更)에 혜능을 불러 가사와 발우(鉢盂)를 전해 주고 법을 주어 바로 새벽에 대중의 눈을 피하여 절을 떠나게 하고 5조가 친히 강가에까지 바래다주었다. 그가 남쪽으로 가서 16여년 뒤에 법을 펼쳐 떨치니 그가 유명한 혜능 스님이다. 그 법(法). 그 도(道)가 석가부처님으로부터 시작하여 해동 초조 달마로 이어 혜능이 33조가 되고 해동에는 6조(祖)가 된다. 이 책은 너무 유명하여 서점가에 많이 있으나 한문을 배우는이를 위하여 한자를 풀어 이 책을 번역 출간 하며 여러 본 중에 지묵 스님 본을 모본(母本)으로 하여 신수(新修)장경과 대조하여 번역출간(譯出)합니다. 초심자는 혜능의 법도 이어받고 한자도 익히면서 해태(懈怠) 없는 수행자가 되어 혜능의 돈법(頓法)을 단번에 깨치기 기원하며 출간의 서언(序言)에 부칩니다.

불기 2555년 불환희일(佛歡喜日). 법화선원 마하사 백우 합장.

노(盧)행자(혜능)의 방앗간

敦	煌	新	本		六	祖	壇	經	
도타울	빛날	새	밑바탕		할애비	단,뜰	글지을	날	
돈	황	신	본		육	조	단	경	

돈황 신본 6조 단경

	白	牛		編	譯		
	알릴	흰소		역을	통역할		
	백	우		편	역		

--------- 백우 편집 번역 ---------

《육조단경》 미리보기

서 문	태화7년(1207) 12월의 어느 날이다. 지눌 서문
제 목	처음 설법. 돈황신본(敦煌新本). 돈점이교(頓漸二敎).
제1과	법좌에 오르다. 법해(法海)스님. 무상계(無相戒).
제2과	상근기 법문. 정심(淨心). 마하반야바라밀(摩訶般若波羅蜜). 나무꾼의 구법(求法)이야기. 금강경(金剛經). 깨달음.
제3과	빙모산 홍인(弘忍) 스님 친견. 불성(佛性). 방앗간.
제4과	게송을 지어오도록 하시다. 복전(福田). 자성(自性).
제5과	신수(神秀)스님이 게송을 짓다. 능가변상(楞伽變相). 노진(盧珍).
제6과	대중 앞에서 칭찬하고 뒷방에서 꾸짖으시다. 금강경. 비상(非相).
제7과	노 행자(盧 行者)가 게송을 짓다. 불성(佛性). 청정(淸淨).
제8과	대중 앞에서 꾸짓고 뒷방에서 칭찬하시다. 금강경. 돈교(頓敎). 수법(受法). 전의(傳衣). 이심전심(以心傳心). 혜순(慧順)스님. 대유령(大庾嶺). 법의(法衣). 구법(求法). 전법(傳法).
제9과	대선지식(大善知識)을 구하라. 전생인연(前生因緣). 선지식(善知識). 보리(菩提). 반야(般若). 정혜(定慧). 체용(體用). 미인(迷人).
제10과	일행삼매(一行三昧). 정명경(淨明經). 직심(直心). 법상(法相). 부동불기(不動不起). 통류(通流). 정혜(定慧). 등광(燈光). 유마(維摩).
제11과	핵심을 찌르는 중요한 법문. 무념(無念). 무상(無相). 무주(無住).
제12과	좌선(坐禪)이란? 리이상(離二相). 진여(眞如). 본성(本性). 염(念). 유마경(維摩經). 제일의(第一義). 부동(不動).
제13과	좌선(坐禪)이란? 이상(離相). 불란(不亂). 유마경(維摩經). 보살계경(菩薩戒經). 자정(自淨). 활연(豁然). 3신불(三身佛).
제14과	자성 3신불(三身佛). 청정(淸淨). 운무(雲霧). 상명하암(上明下暗).
제15과	4홍대원(四弘大願). 일념선(一念善). 일념악(一念惡).
제16과	자성(自性). 자도(自度). 본각성(本覺性). 무상(無相). 참회(懺悔).
제17과	무상(無相). 3귀의계(三歸依戒).
제18과	자귀의(自歸依). 삼보(三寶). 마하(摩訶). 무기공(無記空).
제19과	반야(般若). 바라밀(波羅蜜). 구념(口念). 심행(心行).
제20과	일반야(一般若). 8만4천(八萬四千). 지혜(智慧). 진로(塵勞).
제21과	소근(小根). 돈교(頓敎). 대운(大雲). 반야바라밀경(般若波羅蜜經).
제22과	불시중생(佛是衆生). 중생시불(衆生是佛). 보살계경(菩薩戒經).
제23과	무념(無念)이란? 6적(六賊). 6문(六門). 반야삼매(般若三昧).

제24과 무상송(無相頌). 멸죄송(滅罪頌). 수복(修福). 돈교(頓敎).
제25과 사군(使君)이 여쭈다. 달마(達摩). 무공덕(無功德).
제26과 사군(使君)이 여쭈다. 아미타불(阿彌陀佛). 10악(十惡). 8사(八邪).
제27과 서방(西方). 찰나(刹那). 성문(城門). 의문(義門). 왕(王).
제28과 재가(在家)불자 수행. 재사(在寺). 무상송(無相頌).
제29과 허물을 보다. 보리(菩提). 청정(淸淨). 3장(三障). 이세간(離世間).
제30과 함께 있는 것은? 조계산(曹溪山). 40년. 단경(壇經). 승부(勝負).
제31과 남능(南能). 북수(北秀). 옥천사(玉泉寺). 점돈(漸頓). 지성(志誠).
제32과 미설(未說). 설료(說了). 번뇌(煩惱). 보리(菩提). 계정혜(戒定慧).
제33과 소근(小根). 상지인(上智人). 자성(自性). 무비(無非). 무란(無亂). 법달(法達)스님이 참배 오다. 법화경(法華經). 7년. 정법(正法).
제34과 법화경(法華經). 일대사인연(一大事因緣). 개시오입(開示悟入)
제35과 중생지견(衆生知見). 관조(觀照). 불지견(佛知見).
제36과 지상(智常)스님. 신회(神會)스님이 참배 오다. 4승(四乘).
제37과 불통(不痛). 불견(不見). 무정(無情). 범부(凡夫). 조계산(曹溪山).
제38과 10제자(十弟子). 36대(對). 6진(六塵). 6문(六門). 6식(六識).
제39과 외경(外境). 자성(自性). 5대(對). 12대(對). 19대(對). 36대법(對法).
제40과 입적(入寂)하시다. 일체경(一切經). 단경(壇經). 10제자(十弟子).
제41과 법해(法海)스님. 신회(神會)스님. 진가동정게(眞假動靜偈).
제42과 유정(有情). 무정(無情). 제일의(第一義). 부동(不動). 대승(大乘).
제43과 전의부법송(傳衣付法頌). 달마(達摩). 혜가(慧可). 승찬(僧璨).
제44과 도신(道信). 홍인(弘忍). 혜능(慧能). 유정(有情). 무정(無情).
제45과 법해(法海). 돈교(頓敎). 7불(七佛). 역대 조사 법전수(法傳受).
제46과 부촉하시다. 종지(宗旨). 견진불해탈송(見眞佛解脫頌).
제47과 제음(除陰). 무정성신(無淨性身). 마변성불(魔變成佛).
제48과 돈교(頓敎). 비성법(非聖法). 대도(大道).
제49과 76세에 열반. 법해(法海). 도제(道際). 오진(悟眞).
제50과 열반(涅槃). 단경(壇經). 밀의(密意).

차 례

역자 서문 ·· 5
《육조단경》 미리보기 ··· 10
서문. 지눌(1158-1210,고려 사문), ·· 14

제1과 혜능대사에서~ 단경을 설하시다. 까지 ······································ 30
제2과 혜능대사에서~ 5조 화상을 뵙다. 까지 ····································· 38
제3과 5조를 뵈온 후 8개월여 방아 찧다. 까지 ································· 42
제4과 5조에서~ 게송을 올리다. 까지 ··· 47
제5과 5조의 방 앞에서~ 올렸으나 본이는 없었다. 까지 ···················· 52
제6과 5조가 이른 아침에~ 신수는 게송을 짓지 못하다. 까지 ············ 60
제7과 한 동자에서~혜능이 방앗간으로 들어가다. 까지 ······················ 67
제8과 5조가 행랑에서 ~북에 가서 교화 하라고 까지 ························ 76
제9과 혜능에서~4상을 떠나지 못하다. 까지 ······································· 84
제10과 일행삼매에서 ~또한 다시 이와 같다. 까지 ····························· 92
제11과 선지식에서~ 망상이 이로부터 생기느니라. 까지 ··················· 100
제12과 그러므로 에서~ 도를 가로막는 인연이니라. 까지 ················· 106
제13과 이제 이미 에서~ 3신불. 까지 ·· 112
제14과 선지식아 에서~알지 못 하느니라.까지 ·································· 118
제15과 한 생각에서~스스로 제도한다. 까지 -- ································ 124
제16과 어떤 것을 에서~참회라고 하느니라. 까지 ···························· 129
제17과 이제 이미 에서 ~ 의지할 곳이 없느니라. 까지 ···················· 136
제18과 이제 이미 에서~나의 제자가 아니니라. 까지 ······················· 141
제19과 무엇을 에서 ~ 계, 정, 혜를 이룬 것이니라. 까지 ················ 146
제20과 선지식 에서 ~또한 이와 같으니라.까지 ································ 152
제21과 작은 뿌리(근기)에서 ~다름이 없느니라. 까지 ······················ 159
제22과 이런 까닭에~에서~ 무념까지 ·· 166
제23과 무었을 에서~ 종성까지 ·· 173
제24과 대사에서- 듣지 못하다. 까지 ··· 178
제25과 사군(자사)에서 허물이 있다.까지 ·· 183
제26과 사군(자사)에서 ~도달하겠느냐?!까지 ··································· 190
제27과 6조에서 피안에 이를 수가 있겠는가? 까지 ························· 196

제28과 법좌 아래서~ 남음이 없는 데까지 ……………………………… 203
제29과 보리에서 ~찰나의 순간이니라. 까지 …………………………… 208
제30과 대사에서~어긋나는 것이다. 까지 ………………………………… 213
제31과 세상 사람들이 에서 ~가르쳐 주시기 바라옵니다. 까지 ………… 218
제32과 혜능 대사가 에서 ~자기 성품의 지혜니라. 까지 ……………… 224
제33과 대사에서~의심을 씻어주시기 바랍니다. 까지 ………………… 229
제34과 대사 에서~ 세상에 나오는 것이니라. 까지 …………………… 234
제35과 대사에서~ 깨닫지 않는 사람이 없었다. 까지 ………………… 241
제36과 그 무렵이다. 에서 ~보지 않기도 합니까? 까지 ……………… 247
제37과 대사 에서~ 좌우에서 모셨다. 까지 …………………………… 255
제38과 대사 에서~자성을 대함으로 말미암느니라. 까지 …………… 260
제39과 바깥 경계 에서~ 도합 36가지의 대법이니라. 까지 ………… 267
제40과 이 16대법을 에서 ~작별할 것을 고하였다. 까지 …………… 272
제41과 대사 에서~종지를 잃지 말지니라. 까지 ……………………… 278
제42과 대중스님 에서~ 머물지 못할 것을 알았다. 까지 …………… 282
제43과 상좌 에서~ 나는 것도 없느니라. 까지 ………………………… 288
제44과 제4조 에서~오래 머물지 않으실 것을 알았다. 까지 ………… 293
제45과 6조 스님 에서~40번째니라. 까지 - …………………………… 298
제46과 대사가 에서~어느 곳을 향해서 부처를 구하랴. 까지 ……… 304
제47과 대사가 에서~이것이 바로 참이니라. 까지 …………………… 309
제48과 금생 에서~ 이익이 없느니라. 까지 …………………………… 314
제49과 대사가 에서~ 곡강현 사람이다. 까지 ………………………… 319
제50과 여래가 에서~속뜻을 알도록 하소서. 까지 …………………… 324

끝.

序文

				차례 매길	글					
				서	문					

---------- 서문 ----------

太 和 七 年 十 二 月 日, 社 內 道 人

콩,클	화할 화합		해 나이		달	날,해	귀신 모일	안 드릴(납)	길 이치	
태	화	칠	년	십	이	월	일	사	내	도 인

태화 7년(1207년. 당, 현종, 19년) 12월의 어느 날이다. 사내(社內-修禪社)에서

湛 默, 持 一 卷 文, 到 室 中 曰, 近

즐길 맑을	묵고 묵묵할	가질	책 쇠뇌	글		이를	집			가까울
담	묵	지	일	권	문	도	실	중	왈	근

담묵(湛默) 도인이 책 한 권을 내 처소에 가져 와서 말하였다.

得 法 寶 記 壇 經, 將 重 刻 之, 以 廣

얻을 특별히	법 형상	보배	적을	단,뜰	글 지날	장차 거느릴	거듭 무거울	새 길		넓을
득	법	보	기	단	경	장	중	각	지	이 광

"스님, 얼마 전에 법보(法寶)를 기록한 《단경(壇經)》을 얻었습니다. 곧 다시 판각하여

其 傳, 師 其 跋 之。

	전할		스승 군사		밟을 넘을					
기	전		사	기	발	지				

널리 전하려고 하는데, 스님께서는 발문을 써 주십시오."

予 - 欣然對曰, 此予平生, 宗

	나,줄		기쁠	그럴 태연할	대답 대할			평평할		높을 마루
	여	-	흔	연	대	왈	차 여	평	생	종

내가 기쁘게 대답하였다. "이 책은 내가 평소에 종지를

承修學之龜鑑也。子其調印流行

이을 받들	닦을 마을	배울	거북 귀	거울 볼 감	잇기 어조사		고를 조절할	도장 찍을	흐를	갈 행할
승	수	학	지	귀	감	야	자 기	조	인	류	행

이어 배우고 닦아 가는 귀감이야. 자네가 판에 새겨 유행(보급)하여서

,以壽後世,心愜老僧意,

	써,할	목숨	뒤	세상		쾌할 맞을	늙을 익숙할	중	뜻 생각	
	이	수	후	세		심	협	노	승	의

이로써 후세에 길이 전하겠다고 하니, 노승의 마음이 상쾌하구나!

然, 此有一段疑焉。南陽忠國

	그럴 태연할				구조 분각	의심할	이에 어조사		남녘	볕 밝을	충성	나라
	연		차	유	일 단	의	언		남	양	충	국

그러나 여기에는 한 단락의 의문이 있구나. 어느 날 남양(南陽) 혜충(慧忠, ?~775) 국사께서

師 - 謂禪客曰, 我此間, 身心一

스승 군사		이를 생각할	고요할	손		나	물을 문안			
사	-	위	선	객	왈	아	차 간	신	심	일

선승에게 말씀하셨다. '나는 여기에 대해서 몸과 마음은 하나라.

如,	心	外	無	餘。	所 以,	全	不	生	滅
같이을를		밖	남을			온오로전지	날,살		멸할앨없
여	심	외	무	여	소 이	전	불	생	멸

마음 밖에 딴 것이 없다. 이런 까닭에, 온전히 불생불멸(不生不滅)이다.

。汝	南	方,	身	是	無	常,	神	性	是	常
너	모방위				항상떳떳할		귀신	성품성질		
여	남	방	신	시	무	상	신	성	시	상

그러나 너희 남방의 취지는 몸은 무상(無常)하고 마음은 항상(恒常)하다고 말한다.

,所 以,	半	生	半	滅,	半	不	生	滅。
	반조각							
소 이	반	생	반	멸	반	불	생	멸

이런 까닭에 반쪽이 생멸(生滅)하고, 반쪽은 불생불멸(不生不滅)이다.'

又	曰,	吾	此	遊	方,	多	見	此	色,	近
또		나		놀다닐		많을겹칠		빛형상		가까울
우	왈	오	차	유	방	다	견	차	색	근

다시 말씀하셨다, '내가 근자에 제방을 돌아다니며 이 모습을 많이 보았는데

尤	盛	矣,	把	他	壇	經	云,	是	南	方	宗
더욱특히	담을성을	어조사의	잡을	남다를	단,뜰	글지날	이를				높을마루
우	성	의	파	타	단	경	운	시	남	방	종

요즘은 더욱 심하다. 이 《단경(壇經)》을 가지고 말한다. 이것은 남방의 종지인데,

서문

旨, 添糅鄙談, 削除聖意, 或亂

뜻 취 지		더 할	섞 을 일	인다 색라 할울	말 씀		깍범 을할	덜섬 돌	성 인			혹 시	어 지 러 울
지		첨	유	비	담		삭	제	성	의		혹	난

법답지 않은 말이 보태지고 성인의 뜻이 깎여서 혹은

後徒。

뒤	무걸 리을
후	도

후학들을 혼란스럽게 한다.'

子今所得, 正是本文, 非其沾

	아자 들식	이오 제늘								아그 닐를	더불 할일
	자	금	소	득		정	시	본	문	비	기	첨

지금 자네가 얻은 이 경은 바로 정본의 글이고 덧붙인 기록이 아니기 때문에

記。可免國師所訶。然, 細祥本

적 을		쯤가 히	면벗 할을				꾸짖 을			가세 늘밀 할	자 세 할
기		가	면	국	사	소	가		연	세	상	본

혜충 국사의 꾸짖음을 면하였네. 그러나 본문을 자세히 살펴보니,

文, 亦有身生滅, 心不生滅意。

		또			멸없 할앨						
문		역	유	신	생	멸	심	불	생	멸	의

역시 몸은 생멸(生滅)하고 마음은 생멸(生滅)하지 않는다는 뜻이 들어있어.

如云, 眞如性, 自起念, 非眼耳

如	云	,	眞	如	性	,	自	起	念	,	非	眼	耳
같을	이를		참	같을	성품		스스로	일어날	생각 찰나		아닐	눈	귀
여	운		진	여	성		자	기	념		비	안	이

말과 같이, '진여자성(眞如自性)이 스스로 생각을 일으킨 것이고, 눈, 귀,

鼻舌能念等, 正是國師所訶之義

鼻	舌	能	念	等	,	正	是	國	師	所	訶	之	義
코	혀	잘 능히		무리 같을 드		바를	이	나라	스승	바	꾸짖을	갈	뜻 의리
비	설	능	념	등		정	시	국	사	소	가	지	의

코, 혀 등이 생각하는 것이 아니다.' 하였네. 바로 이 점은 혜충 국사께서 꾸짖는 내

。修心者-到此, 不無疑念, 如

。	修	心	者	-	到	此	,	不	無	疑	念	,	如
					도달할					의심할			
	수	심	자	-	도	차		불	무	의	념		여

용이야. 마음을 닦는 사람이 여기에 와서 의심하는 생각이 없지 아니하니,

何消遣, 令其深信, 亦令聖教,

何	消	遣	,	令	其	深	信	,	亦	令	聖	教	,
어찌	쓸 사라질	보낼 할전			그 조사가	깊을	믿을 진실				성인	가르칠	
하	소	유		령	기	심	신		역	령	성	교	

이것을 어떻게 소화하고 없애서 사람들이 깊이 믿게 하겠느냐? 또한 성인의 가르침을

流通耶? 默曰, 然則會通之義

流	通	耶	?	默	曰	,	然	則	會	通	之	義
흐를	통할	그런가 어조사		묵묵할 고요할	말할		곧 그럴	법칙 (칙)	모일 만날	통할	갈	뜻 의리
유	통	야	?	묵	왈		연	즉	회	통	지	의

어떻게 유통시키겠느냐?" 묵 도인이 말하였다. "그럼 회통(會通=모아서 알게 한다)의

서문

,	可 得 聞 乎 ?	予 - 曰,	老 僧 曩
	가 들을	득 얻을	문 들을말을	호 어조사	?	여 나,줄	-	왈	노 늙을	승 익을숙할	낭 접이때전에중

뜻을 들려주시겠습니까?" 내가 말하였다. "노승이 일찍이

者,	依 此 經 心,	翫 味 忘 斁。	故 得
자	의 의지할	차	경	심	완 가지고놀	미 맛	망 잊을	두 싫을을(역)섞을	고 연고의	득

이에 의지하여 마음으로 읽고, 뜻을 완미(玩味)하여 싫음을 잊었다. 이런 까닭에,

祖 師,	善 權 之 意。	何 者 ?
조	사	선	권 저세울질	지	의	하	자	?

6조 조사의 좋은 방편의 뜻을 알았는데, 그것이 무엇이겠느냐?"

祖 師 -	爲 懷 讓 行 思 等,	密 傳 心 印
조	사	-	위	회 품을가슴	양 사겸양손	행	사 생각	등	밀 빽빽	전 전할	심	인 도찍장을

6조 조사께서는 남악(南岳) 회양(懷讓) 스님과 청원(靑源) 행사(行思) 스님 등에게
심인(心印)을 밀밀히 전하신 외에도,

外,	爲 韋 璩 等 道 俗 千 餘 人,	說 無
외	위	위 부드러울	거 옥고리	등	도	속 속풍될속	천	여 남을	인	설	무

위거(韋璩) 거사 등 도인과 속인 1000여 인을 위하여 무상심지계(無相心地戒)를

相心地戒。故，不可以一往談眞

서로 모양	심	땅 지 위	경 계						갈 가 끔	말 씀	참
상	심	지	계	고	불	가	이	일	왕	담	진

설(說戒)하신 것이야. 이런 까닭에, 한결같이 진여(眞)만을 이야기해서, 세속을 어길

而逆俗。又不可一往順俗而違眞

	거 슬							순 할		어 길	
이	역	속	우	불	가	일	왕	순	속	이위	진

수가 없었으며, 또한 한결같이 세속을 따라가 진여(眞)를 어길 수도 없었지.

。故，半隨他意，半稱自證，說

		반조 각	따 를	다 를		칭일 할컬 을		증 거	
	고	반	수	타	의	반	칭	자증	설

이런 까닭에, 반은 저들의 뜻에 따르고, 반은 친히 증득(證得)하신 바를 말씀하신 것이다.

眞如一起念，非眼耳能念等語，

			일 		아그 닐를	눈	귀			말 씀
진	여	一	기	념	비	안	이	능	념 등	어

진여(眞如)가 생각을 일으킨 것이고 눈, 귀가 생각을 일으키는 것이 아니다. 는 등의 말씀은,

要令道俗等，先須返觀身中，見

구중 할요		길이 치	속풍 될속		먼 저	반기 드다 시릴	돌 이 킬	볼		
요	령	도	속	등	선	수	반	관	신 중	견

간절하게 도속(道俗) 등으로 하여금 반드시 먼저 반드시 몸 가운데에 보고 듣는 성

서문 21

聞之性, 了達眞如然後, 方見祖

			알마	사무						
			칠	칠						
문	지	성	요	달	진	여	연	후	방	견	조

품으로 돌이켜보아, 진여(眞如)를 깨닫게 한 후에, 비로소

師身心一如之密意耳。

					빽깊	귀어			
					빽숙	조			
					할할	사			
사	신	심	일	여	지	밀	의	이

6조 조사는 몸과 마음이 하나라는 밀밀한(깊은) 뜻을 깨닫게 하시려는 것뿐이지.

若無如是善權, 直說身心一如

만같				권저	값곧				
약을				세울	을				
				질					
약	무	여	시	선	권	직	설	신	심	일	여

만약 이와 같은 좋은 방편이 없이, 직설로 몸과 마음이 하나라는 말씀을 하셨다면,

, 則緣目觀身, 有生滅故, 出家

곧법	고인	눈	볼				날나	집
리칙	리연						타	
(칙							날	
즉	연	목	도	신	유	생	멸	고	출	가

곧 눈을 인연하여 몸을 봄에 생멸(生滅)하는 것이 있는 까닭에, 출가

修道者, 常生疑惑, 況千人俗士

					헤미	상하			
					맬혹	황물			
					할	며			
수	도	자	상	생	의	혹	황	천	인	속	사

수도자 까지도 오히려 의혹을 낼 것인데, 하물며 1000인의 세속 선비들이

- 如何信受?

-	如	何	信	受	?						
			믿을 진실	받을							
-	여	하	신	수	?						

어떻게 믿고 받아들였겠느냐?

是乃祖師 隨機誘引之說也。

是	乃	祖	師		隨	機	誘	引	之	說	也	。
	이에				따를	기틀 기계	꾀일 인도할	인도할				
시	내	조	사		수	기	유	인	지	설	야	

이것은 실로 6조 조사께서 근기(根機)에 따라 유인하는 말씀인 것이다.

忠國師 - 訶破南方佛法之病, 可

忠	國	師	-	訶	破	南	方	佛	法	之	病	,	可
				4	5	1		2			3		15
충성				꾸짖을	깨뜨릴						병		
충	국	사	-	가	파	남	방	불	법	지	병		가

혜충 국사는 남방 불법의 병폐(病)를 꾸짖고 단숨에 깨버렸으니, 무너진 기강을

謂再整頹網, 扶現聖意, 勘報不

謂	再	整	頹	網	,	扶	現	聖	意	,	勘	報	不
14	3	4	1	2		7	8	5	6		12	13	10
이를 생각	둘거듭	정돈 가지런	턱뺨 뼈아래	법그물		곁도울	현재 나타날	성인			헤아려 따져볼	갚을	
위	재	정	퇴	망		부	현	성	의		감	보	불

재정비하고 성인의 뜻을 받들어 드러낸 까닭에, 갚을 수 없는 은혜를 헤아려

報之恩。我等雲孫, 旣未親承密

報	之	恩	。	我	等	雲	孫	,	旣	未	親	承	密
9		11											
		은혜		나		구름	손자		이별 미써	아닐	친할	이받 을들	빽빽
보	지	은		아	등	운	손		기	미	친	승	밀

갚으신 것이라 할만하다. 우리들 운손(雲孫-후예)은 아직 밀밀히 전하신 도리를 직접 이어받지 못하였으니,

서문

傳,	當	依	如	此	顯	傳	門,	誠	實	之	語
	1	7	3	2	4			5			6
전할	당마 할땅 할	의지 기댈		나타 날				정성	참열 매		
전	당	의	여	차	현	전	문	성	실	지	어

마땅히 이와 같은 현전문(顯傳門나타내어 전하는 글)의 성실한 말씀에 의지하여,

,	返	照	自	心,	本	來	是	佛,	不	落	斷
	13	14	8	9	10		11	12	17	16	15
	돌아 올	비칠								떨어 질	끊을
	반	조	자	심	본	래	시	불	불	락	단

자기 마음이 본래 부처임을 돌이켜 비춰보면서, 단상(斷常-이세상은 단멸하고, 항상

常,	可	爲	離	過	矣。	若	觀	心	不	生	滅
	18	21	20	19	22						
항상 떳떳 할			떠날	지날 허물	어조 사		볼				
상	가	위	리	과	의	약	관	심	불	생	멸

한다는 생각)에 떨어지지 않는다면, 가히 허물을 여의였다고 할 것이다. 만약 마음을 불생불멸,

,	而	見	身	有	生	滅,	則	於	一	法	上,
		이	견	신	유	생 멸		즉	어	일	법 상

(不生不滅)한다고 관찰하고 몸을 생멸(生滅)한다고 본다면, 한 법 위에서

而	生	二	見。	非	性	相	融	會	者	也。	是
							녹화 일합 할	모만 일날			
이	생	이	견	비	성	상	융	회	자	야	시

두 견해를 낸 것이니, 성품과 형상이 모아 어울린 것(하나 된 것)이 못 된다. 이런 까닭에

知依此一卷靈文, 得意參詳, 則

알	의기 지댈		책쇠 뇌	신령			간석 여일	자세할		
지	의	차	일	권	영	문	득	의	참	상	즉

알아야 한다. 이 책 한 권의 신령스러운 글에 의지하여 뜻을 알고 잘 살펴나간다면,

不歷僧祇, 速證菩提。可不彫印

	지낼 격낼	중	다공 만경할		빠를	증거	보살	끝,들		새길	도찍 장을
불	력	승	지		속	증	보	리	가	불	조	인

긴 세월(아승지)을 겪지 않고 빠르게 보리도(菩提道)를 증득할 것이다. 가히 판각하

流行, 作大利益也? 默曰, 唯

흐를				이날 로카 울롤	더할				묵고 묵요 할할		예오 직
유	행	작	대	이	익	야	?		묵	왈	유

여 찍어내 세간에 유행케 하면, 큰 이익을 짓지 아니할 것인가?" 묵 도인이 "예,

唯。於是乎書。

		로어 다조 사	글글 쓸			
유	어	시	호	서		

맞습니다." 말하였다. 이에 글을 쓰노라.

　　　海東　　曹溪山　　修禪社

	바다		마무 을리	시내		고요할	귀모 신일
	해	동	조	계	산	수	선	사

해동 조계산 수선사 (사(社)는 단체)

		沙 門		知 訥	跋
		모래		더과 듬묵 을할	밟넘 을을
		사 문		지 눌	발

사문 지눌(1158-1210, 고려 사문, 불일(佛日) 보조(普照)국사, 목우자(牧牛子)) 발문을 쓰다.

제목

남종 돈교 최상대승(南宗 頓敎 最上大乘) 마하반야바라밀경(摩訶般若波羅蜜經)
육조혜능대사(六祖慧能大師) 어소주 대범사(於韶州 大梵寺)
시법단경(施法壇經) 일권(一卷)

겸수 무상계(兼受無相戒) 홍법제자(弘法弟子) 법해집기(法海執記)

   남종의 돈교 최상 대승인 마하반야바라밀경으로, 6조 혜능 대사가 소주 대범사에서 베푸신 법보단경(法寶壇經).
무상계를 겸하여 받은 홍법 제자 법해가 모아 기록하다.

대범사(大梵寺)

   광동성 북쪽으로. 구강현(九江縣)의 서쪽 소주(韶州=曲江) 땅에 있으며, 대범사 라애에 있는 보림사(寶林寺=南華寺)와는 가깝다.
   경(經)은 상징적으로 쓴 말이다.
6조 혜능 스님의 법문집은 어록(語錄)이다. 경(經)은 부처님의 법문집이고, 어록(語錄)은 조사의 법문집이기 때문이다. 다만 경이 아닌데도 경이란 이름이 붙여진 인도《나선비구경》의 예처럼, 중국에서는 처음으로 부처님의 설법과 근본적으로 다르지 않다는 뜻에서, 특별히 상징적으로 후세 제자의 뜻에 따라 붙여진 이름이다.
   《법보단경》이라는 다른 이름이 있다. 한때 선종의 전성기에서는 선 수행자가 이《단경》한 권을 가지고 있지 않으면 6조의 정맥을 잇지 않았다고 할 만큼 소중해서, 이름 그대로 삼보(三寶) 가운데 하나인 법보(法寶)라고 붙였다.
   돈오(頓悟)와 무념(無念), 견성성불(見性成佛)을 이야기할 뿐, 선정삼매(禪定三昧) 등 차례대로 깨닫는 것을 논하지 않는 게 6조 스님의 기풍이다.

돈점이교(頓漸二敎)

   선종(禪宗)에서는 남북(南北) 두 계열이 있다. 남방 혜능 스님 계열 주장은 쾌속으로 궁극의 깨달음을 이룬다고 하여 세칭 남돈(南頓)이며, 북방 신수 스님 계열은 단계별 점진 수행으로 깨달음을 얻는다고 강조한 까닭에 세칭 북점(北漸)이다.

화엄종(華嚴宗)에서 보면, 《화엄경(華嚴經)》은 부처님이 성도(成道)하신 초기에 돈입(頓入)한 내용을 설한 대승교(大乘敎)인 까닭에 돈대(頓大)라고 이름 한다. 한편, 《화엄경》은 불립문자(不立文字)의 세계인 선종(禪宗) 쪽에서 선의 이론적 역할을 하고 있다.

돈오성불설(頓悟成佛說)은 깨달을 때 곧 법성(法性) 무상 대도의 지극한 이치와 하나가 된다. 일오일체오(一悟一切悟)로, 허나를 깨달은 즉시 일체를 다 깨달으며, 여기에서는 단계의 순서를 밟지 않는다고 주장하는 학설이다.

처음 동진(東晋)의 도생(道生, 355 ~ 434)스님이 돈오성불의(頓悟成佛義)를 지어 돈오성불설(頓悟成佛說)을 주창한 것이 효시며, 이로부터 불교계에서는 장기간의 격렬한 논쟁이 시작되었다. 이에 혜관(慧觀)스님이 점오론(漸悟論), 담무성(曇無成)스님이 명점론(明漸論)을 지어 점오(漸悟)로써 돈오설(頓悟說)을 공격했다.

돈황신본(敦煌新本)

대본은 1990년에 상해고적출판사(上海古籍出版社)에서 출간된 책이고, 편저자는 양증문(楊曾文)씨다.

먼저 이 책이 나오게 된 배경을 살펴본다.

중국의 역사학자 향달(向達, 1900 ~ 1966) 선생이 1943년에 돈황에 가서 이 지역의 명사인 임자의(任子宜) 씨를 만나 그가 소장한 돈황신본의 소식을 듣는 게 빌미다.

소장자 임자의 씨는 1934년에 돈황 천불산(千佛山)의 상사(上寺)에서 구한 것으로 밝히고 있다. 현재 이 책의 소장처다. 돈황현 박물관 소장 제077호 중 제4호 문건이다.

표제와 내용은. 일본 학자 시취경휘(矢吹慶輝, 1879 ~ 1939) 씨가 1923년에 영국 런던 박물관 소장 돈황서적 가운데서 찾아낸 제5475호《돈황본 육조단경》과 같아서, 다른 이름으로 구별하게 되었다. 그리하여 이 책의 이름은 《돈황신본 육조단경》, 혹은《돈박본(本博本) 육조단경》이다.

돈황신본은 돈황본에 비교해서 첫째, 글자가 깨끗하고 단정하며 둘째, 잘못된 글자와 빠진 글자가 적은 점이 주목을 끈다.

시취경휘 씨가 교정한《돈황본 육조단경》을 《대정신수대장경(大正新修大藏經)》제48권 속에 끼워 넣은 해는 1928년이다. 또한 원본 영인본을《명사여운(鳴沙餘韻, 1930, 동경 岩波書店)》속에 끼워 넣은 해는 1930년이다.

일본 학자 영목대졸(鈴木大拙, 1870 ~ 1966) 씨와 공전연태랑(公田連太郎) 씨가 공저로 펴낸 교정《돈황출토 육조단경(敦煌出土 六祖壇經, 동경 森江書店, 1934)》과, 교정《흥성사본(興聖寺本) 육조단경(六祖壇經)》을 내놓은 해는 1934년이다.

홍성사는 일본 경도(京都)에 있는 절로 이 절에서 발굴된 《단경(壇經)》 원본은 송초(宋初) 시기에 혜흔본(惠昕本)이라고 하며, 이것이 바로 홍선사본이다.

이상의 책은 돈황신본(敦煌新本) 《단경》을 교정하는 데에 참고로 삼았던 책이다. 양증문(楊曾文) 씨의 교정 주석에 따라, 본문 옆에 ①, ② 등으로 교정 표시를 하고, 교정표는 따로 뒤에 붙여 둔다.

제1과는 편집자인 법해 스님의 글이고, 6조 스님의 법문은 제2과부터다.

[지대방]

종문칠서(宗門七書)는 선종에서 가장 귀하게 여기는 일곱 권의 선서를 말한다. 문헌에서 누가 정하였는지 알 수가 없다. 선정 과정에서 아마 선방 수좌들 사이에 이러이러한 책이 선종의 대표적인 책이라고 가려 뽑을 수가 있고, 어니면 어느 한 스님이 종문칠서라고 지정할 수도 있다. 선정 시기는 명나라 후기에 나온 선관책진이 들어있는 것으로 보아 1600년 이후의 일이다. 혹 다른 책으로 바뀔 수 있으나 다음은 정평이 난 일곱 권의 선서다.

[1] 육조단경(六祖壇經)
[2] 선종영가집(禪宗永嘉集)
[3] 전심법법(傳心法要)
[4] 임제록(臨濟錄)
[5] 임간록(林間錄)
[6] 벽암록(碧巖錄)
[7] 선관책진(禪關策進)

○ 敦煌新本

두터울	빛날	새	밑바탕
돈	황	신	본

六祖壇經

할애비	단	글지날
육조	단	경

○ 第一科 慧能 ~ 壇經

차례	조목 정과	지혜 슬기	능할 잘		단	글날 지
제	1	과	혜	능	단	경

-------- 제1과 혜능대사에서~ 단경을 설하시다. 까지 ----------

南宗　頓敎　最上大乘　摩訶

남녘	마루 높을	조아릴 별안간	가르칠	가장	웃으뜸	오를 탈	만질	꾸짖을
남	종	돈	교	최	상	대	승	마	하

남종선 돈교 최상승

般若波羅蜜經

돌	반야 만약	물결	벌일	꿀	글날 지
반	야	바	라	밀	경

마하반야바라밀 경

六祖　慧能大師　於韶州　大梵

할애비	지혜 슬기	능할 잘	스승	에게 어조사	풍류 이름	고을	범 하늘
육	조	혜	능	대	사	어	소	주	대	범

6조 혜능(慧能=惠能)대사가 소주 대범사에서

寺　施法壇經　一卷

절	베풀	법 형상			책 쇠뇌	
사	시	법	단	경	일	권

법보단경 1권을 펴시고.

제1과 혜능대사 단경을 설하시다.

兼 受　無 相 戒　弘 法 弟 子

兼	受		無	相	戒		弘	法	弟	子
겸할 쌓을	받을		모양 서로	경계 삼가할	경계		넓을	법 형상	아우	아들 자식
겸	수		무	상	계		홍	법	제	자

겸하여 무상계를 받고 법을 펴는 제자

法 海 集 記

						法	海	集	記
						바다	모을 만날	기록할	
						법	해	집	기

법해가 모아 기록하다.

慧 能 大 師　於 大 梵 寺　講 堂 中

慧	能	大	師	於	大	梵	寺	講	堂	中
지슬 혜기	잘 능할		스승	에게 어조사	범할 어늘		절	익힐 풀이할	집	가운데 속
혜	능	대	사	어	대	범	사	강	당	중

혜능 대사가 대범사 강당에서

, 昇 高 座 , 説 摩 訶 般 若 波 羅 蜜 法

昇	高	座	説	摩	訶	般	若	波	羅	蜜	法
오를	높을	자리	말씀 기쁠(열)	만질	꾸짖을	돌 돌아올	반 만약 야야	물결	벌일	꿀	
승	고	좌	설	마	하	반	야	바	라	밀	법

상단에 올라 마하반야바라밀 법을 설법하시면서

, 授 無 相 戒 。

授	無	相	戒
줄	없을	서로 모양	경계 삼가할
수	무	상	계

무상계를 주시었다.

其	時	座	下		僧	尼	道	俗		一	萬	餘
그	때	자리	아래릴		중	여승	길이치	풍이속을		일만	남을	
기	시	좌	하		승	니	도	속		잉	만	여

그때, 법석 아래에는 승니(비구, 비구니) 도속(도인, 속인) 1만여 명,

人	，	韶	州	刺	史		韋	璩	及	諸	官	僚
사람		풍이류을	고을	찌가를시	역사사관		부어드길렬	옥고리	및미칠	들모든	벼관슬리	동예료뻘
인		소	주	자	사		위	거	급	제	관	료

소주 자사(도지사 격) 위거 및 여러 관료

三	十	餘	人	，	儒	士	三	十	餘	人	，	同	請
					선비	선비						같을한가지	청할
삼	십	여	인		유	사	삼	십	여	인		동	청

30여 인, 유교 선비 30여 인 등이 다 같이

大	師		説	摩	訶	般	若	波	羅	蜜	法	。
	스승		말씀뻘(열)	만질	꾸짖을	돌돌아올	반만야약	물결	벌일	꿀	법형상	
대	사		설	마	하	반	야	바	라	밀	법	

대사에게 마하반야바라밀 법을 설해 주십사 청하였다.

刺	史	遂	令	門	人	僧		法	海	集	記	，
찌가를시		이도를달금	게하여금	문		중		바다	모만을날	적을		
자	사	수	영	문	인	승		법	해	집	기	

자사는 이윽고 문인(제자)승 법혜로 하여금 법문을 모아 기록 하도록 하여,

제1과 혜능대사 단경을 설하시다. 33

流行後代				與學道者,				承此宗旨			
흐를	갈행할	뒤	시대	주더불	배울	길이치	놈,것	이받을들	이여기	마높루을	뜻취지
유	행	후	대	여	학	도	자	승	차	종	지

후대에 유행하여 뒷날에 도를 배우는 자 이 종지(근본 뜻)를 이어받아

, 遞相傳受,				有所依約,				以爲稟			
번갈아	서로모양	전할	받을	있을	바,것곳	의지할	묶약을속	써,할	할		녹내려줄
체	상	전	수	유	소	의	약	이	위		품

대대로 서로 전수되게, 의지하여 약속한 바가 있어, 이 때문에 윗대의 가르침을

承,	説此	《壇	經》。								
이받을들		단	글지날								
승	설차	《단	경》								

이어 받기 우하여 이《단경》을 설하셨다.

【요점 해설】

법해(法海) 스님

　법해 스님은 광동성 북쪽에 있는 구강현(九江縣)의 서쪽 소주(韶州=곡강) 땅 사람이란 자료 외에, 거의 알려진 바가 없다. 당시 육조 회상의 대중 가운데 어른으로 수좌(首座)의 위치에 있었던 스님이다. 보충 설명은 제 49과에 나와 있다.

무상계를 주다(授無相戒)

　대승계(大乘戒)의 대표 격인 무상계(無相戒)는 무상심지계(無相心地戒), 더

자세한 이름은 무상금강심지계(無相金剛心地戒)다.

근본 계체(戒體=계의 몸, 바탕)는 일체(一切) 정한 상(相)을 떠났으며, 견고(堅固)하여 부서지지 않는 불심(佛心)이고 자세한 계의 상(戒相=모습)은 《범망경(범망경)》의 10중 대계(十重大戒) 48경계(四十八輕戒)다.

이 계는 선문에서 바로 전해지는(禪門正傳) 부처님의 계(佛戒)다.

소주 자사 위거(韶州刺史 韋璩)

육조 스님의 기념비를 쓴 대상사승(大常寺丞) 위거의 관직을 정리하면, 당시 법문이 설해질 때의 벼슬은 실제로 자사가 아니었다. 뒷날에 자사 벼슬로 승진한 것에 따라 예의상 자사라고 부른 것으로, 《광동통지(廣東通誌, 1822년판)》에 적혀 있다.

《경덕전등록》에는 육조 스님의 계승자로 나와 있으나 자세한 내력이 없다. 이상 기록은 《육조단경(The Platform df the sixth Patriarch Philip B. Yampolsky, 서울 경서원, 1992)》의 내용이다.

자사(刺史)는 주지사(州知事=道伯)로 옛날 목백(牧伯)의 소임이며, 후대의 감사(監司)다. 수나라 이전에는 자사라고 많이 불렀고, 당나라 이후에는 지주(知州)란 이름을 썼으며, 다시 뒤에는 목(牧)으로 관직 이름을 구별해 썼다.

중국에서 쓰는 말이 주지사지, 실제 땅의 크기와 인구의 규모로 보면 한 나라의 국왕에 해당한다. 한반도와 비교해보면, 면적이 더 넓은 곳이 오늘의 중국 성(省)의 모습이다.

육조 스님의 법석에 이런 거사가 있었다. 거사 등 청중들이 법문이 있기 전에 법문을 청하였다는 대목은, 옛날 부처님 회상의 모습과 다를 바가 없다. 《금강경》의 서두에 "……… 큰 비구 1,250명과 함께 계셨다. 이때 장로 수보리가 ………"하고 질문을 하여 법을 청한다. 여기서는 국왕의 위치에 있는 자사 위거가 수보리 역할을 하고 대중과 함께, 마하반야바라밀 법을 법문해 주십사, 법을 청하는 것이다.

유소의약(有所依約)

선종(禪宗)의 불립문자(不立文字) 교외별전(敎外別傳) 가풍(家風)에서, 의지하고 약속한 바가 있어 윗대의 가르침이 전해지도록 한다는 것은 무슨 뜻일까?

의지한다는 말, 약속한다는 말은 불립문자 교외별전 가풍(家風)과 거리가 있는 표현이다. 의지할 바가 없어야 하고 약속할 바가 없는 게 무념(無念), 무상(無相), 무주(無住)의 가풍이기 때문이다.

여기에서는 선종의 불립문자 교외별전 가풍, 《육조단경》의 무념, 무상, 무주 정신을 잘 지켜나가라는 거듭 당부의 말씀이다.

마하반야바라밀(摩訶般若波羅蜜)

17년 동안의 은거를 마치고 입을 처음 연(開始) 법문, 곧 개당설법(開堂說法)이 마하반야바라밀 법이다. 여기에 단경과 육조 스님과 선종 가풍 전체를 들여다볼 수 있는 핵심이 있다.

흔히 선(禪) 수행자 입장에서 말하는 선구(禪句)나 화두(話頭) 법문이 아닌 가장 평범하고 자상한 설법과 사전식 풀이라는 데에 주목한다.

《금강경》 오가해의 경우, 육조 혜능 스님의 풀이가 가장 자상하고, 거사인 부대사가 화두(話頭)식 법문을 택하고 있다. 부처님과 달마 대사의 경우도 육조 스님과 다르지 않다. 여기에 참으로 놀라운 사실을 발견한다. 아는 사람은 확실하게 표현할 수가 있고, 차분히 사실에 충실할 뿐이며, 그렇지 않고서는 불가능하다.

마하(摩訶)는 범어 마하(maha)이고 팔리어도 같다. 달리 막하(莫訶), 마하(摩賀), 마혜(摩醯)라고 쓴다. 의역(意譯)하면 크다, 큰 것, 많다, 수승하다, 미묘하다는 뜻이다.

《대지도론(大智度論 卷三)》에서 말한다. "마하(摩訶)는 크다, 혹은 많다, 혹은 수승하다는 말이다." 마하반야(摩訶般若)는 범어 마하쁘라즈냐(mahaprajna)이고, 마하(maha)의 뜻은 크다, 쁘라즈냐(prajna)의 뜻은 지혜(智慧)다.(큰 지혜다)

《선원청규(禪苑淸規 卷十)》에서 말한다. "마하반야(摩訶般若)는 제법(諸法) 실상(實相)을 비추어 깨닫는, 최극최승(最極最勝)의 대지혜(大智慧)다."

만약 마하반야(摩訶般若)를 깨닫지 못한 사람은 다시 부처님 말씀(佛語)에 의지하여 수행(修行)해야 한다.[唯識樞要 卷上本]

○ 第二科　能大～和尚

차례	조목정과	잘능할		화합쎁을	높을오히려
제	2	과		능	대	화	상

-------- 제2과 혜능대사에서~ 5조 화상을 뵙다. 까지 ----------

能大師言,『善知識, 淨心

잘능할		스승	말씀		잘착할	알	알지식	깨끗할	마음
능	대	사	언	『	선		지	식	정	심

능 대사가 말씀하셨다. "선지식아, 청정한 마음으로

念摩訶般若波羅蜜法。』大師不

생각라	만질	꾸짖을	돌돌아올	반야만야	물결	벌일	꿀			아니
념	마	하	반	야	바	라	밀	법	』	대	사	불

마하반야바라밀 법을 염할지니라." 대사가

語, 自淨心神。良久乃言,『善

말씀		부터스스로		귀신	어질	옛	이에		
어		자	정	심	신	양	구	내	연	『	선

말없이 스스로 심신(마음과 정신)을 청정하게 하신다. 양구(조금) 후에 곧 말씀하셨다.

知識　靜聽。』

		고요할	들을		
지	식	정	청	』	

"선지식아, 고요히 들어라.

慧能慈父, 本貫范陽, 左降遷

慧	能	慈	父	本	貫	范	陽	左	降	遷
지슬혜기		사랑	아비	밑근본	꿸	벌거풀푸집	볕밝을	왼	내릴항복할	옮길
혜	능	자	부	본	관	범	양	좌	강	천

혜능의 자부(아버지)는 본관이 범양인데, 좌천되어

流嶺南, 作新州百姓。 慧能幼少

流	嶺	南	作	新	州	百	姓	慧	能	幼	少
흐를	재산줄기	남녘	지을만들	새새로울	고을	일백	성			어릴	젊을
류	영	남	작	신	주	백	성	혜	능	유	소

영남 땅으로 흘러와 신주 백성이 되었느니라. 혜능이 어려서

, 父又早亡, 老母孤遺, 移來南

父	又	早	亡	老	母	孤	遺	移	來	南
	또어조사	아일침찍	죽을	늙을	어미	외로울	끼칠	옮질	올	
부	우	조	망	노	모	고	유	이	래	남

부친이 일찍 돌아가셨고, 노모와 홀몸으로 보내다가 남해로 옮겨 왔다.

海, 艱辛貧乏, 於市賣柴。 忽

海	艱	辛	貧	乏	於	市	賣	柴	忽
바다	가난할	매고울난	가난할	가난할	에어게조사	저자	팔	섶거칠	문득소홀할
해	간	신	빈	핍	어	시	매	시	홀

곤란하기 극심하고 가난하여 나무를 해다가 시장에 팔았다. 홀연

有一客買柴, 遂領慧能 至於官

有	一	客	買	柴	遂	領	慧	能	至	於	官
있을		손	살	섶거칠	이다를다를	옷거깃느릴			이지를극		벼관슬리
유	일	객	매	시	수	령	혜	능	지	어	관

한 손님이 나무를 샀는데. 시키는 대로 혜능이 관의 객사에 이르렀으며,

店。客將柴去, 慧能得錢。　　却

가게		손	장차/거느릴	섶/거칠	갈		지혜/슬기	잘할/능할	얻을/특별히	돈			물러갈
점		객	장	시	거		혜	능	득	전			각

손님이 나뭇짐을 거둬들이고 혜능이 돈을 받았다.

向門前, 忽見一客讀〈金剛經〉

향할	문	앞	문득/홀홀할	볼	한	손	읽을		쇠	굳셀/단단할	글/지닐	
향	문	전	홀	견	일	객	독	<	금	강	경	>

바로 문 앞쪽으로 갔을 때였느니라. 홀연 한 손님이 《금강경》 읽는 것을 보았는데,

。慧能一聞, 心明便悟。乃問客

	혜	능	한	들을		마음	밝을	곧/대소변	알/깨달을		이에	물을/문안할	손
	혜	능	일	문		심	명	변	오		내	문	객

혜능이 한번 듣고는 마음이 밝게 빛나서 바로 깨달았느니라. 그리하여 손님에게

曰『從何處來, 持此經典?』

가로		쫓을/나아갈	어찌/무엇	곳/처소	올		가질	이/여기	법	
왈	『	종	하	처	래		지	차	경	전	?	』

물었다. '어디서 오셨기에 이 경전을 가지고 계십니까?'

客答曰,『我於蘄州　黃梅縣

	답할	대답		나	에/어조사	풀/승검초	고을		누루	매화	매달/걸
객	답	왈	『	아	어	기	주		황	매	현

손님이 대답하였다. '나는 기주 황매현

제2과 혜능대사에서~ 5조 화상을 뵙다. 까지

東	憑	墓	山	,	禮	拜	五	祖	弘	忍	和	尚	,
동녘	기댈 의지할	무덤	뫼		예도	절할	할애비	넓을	참을	화할 화합할	오히려 받들려		
동	빙	묘	산		예	배	오	조	홍	인	화	상	

동쪽 빙묘산에서 5조 홍인 화상께 예배를 드렸지요.

見	今	在	彼	門	人		有	千	餘	衆	。	我	於
	이제	있을	저				남을		무리			나	
견	금	재	피	문	인		유	천	여	중		아	어

보니, 지금 그 문인이 천여 명 대중이 있었습니다. 나는

彼	聽	見	大	師	勸	道	俗	,	但	持	〈	金	剛
	들을				스승	권할	길이 치	풍이 속을	다만 오직	가질			굳을단 셀단 단할
피	청	견	대	사	권	도	속		단	지	<	금	강

대사께서 도속(道俗)에게 권하는 걸 보고 들었는데, 《금강경》

經	〉	一	卷	,	卽	得	見	性	,	直	了	成	佛
			책쇠 뇌		곧나아갈	얻특을별할		성품		곧바로 을를	알마 칠	이룰	부처
경	>	일	권		즉	득	견	성		직	료	성	불

한권만 가지고도 바로 견성하여 그대로 성불해 마친다고 하였습니다.' "

○	』												
	」												

慧能聞說, 宿業有緣, 便卽辭

혜	능	문	설	숙	업	유	연	변	즉	사
		들을 만을	말씀 뻘기(열	잘 머무를	일	고리 인연		곧 편안할	곧 나아갈	말씀

혜능이 말을 듣고 나서, 숙업의 인연이 있는 탓인지, 곧 모친의 곁을 떠나

親, 往黃梅憑墓山 禮拜五祖弘

친	왕	황	매	빙	묘	산	예	배	오	조	홍
친할 가울	갈	누루	매화	기댈 의지할	무덤		예도	절할			할애비 넓을

황매 빙묘산으로 가서 5조 홍인 화상께 예배를 드렸다.

忍和尙。

인	화	상
참을	화합할	숭상히 할려 오

【요점 해설】

선지식(善知識)

입을 처음 떼어, "선지식아" 하고 부른 한마디 말에 강한 힘이 실려 있다. 상근기 법문 내용은 매우 짧고 핵심이 간명하다. 한편으론, 우리는 과거에 부처였고, 지금 부처의 길을 가고 있으며, 미래에 부처라는 확신을 실어준다.

청법 대중을, "선지식아" 하고 부르는 것은 부처의 눈으로 보면 무두가 부처로 보인다는 옛 말씀 그대로다. 잘 아는 사람아!

청정한 마음으로(淨心) 마하반야바라밀법을 넘하다(念摩訶般若波羅蜜法)

부처님의 정각(正覺)을 통해 설해진 마하반야바라밀법 법문에 들어가려면, 먼저 청정심을 갖추어야 한다는 뜻이다. 마하반야바라밀의 뜻풀이는 본문 뒤

에 실려 있다.

홀연히 한 나그네가 《금강경》을 읽는 것을 보았다(忽見一客讀《金剛經》)

일언지하(一言之下)의 홀연 대오(大悟)는, 텅 빈 그릇과 같은 청정한 마음자리가 늘 8만 4천 문(門)으로 활짝 열려 있어서 한 순간에 깨달음의 기회와 계합(맞다)하기 때문에 가능한 것이다.

《능가경(楞伽經)》의 본래 이름은 《능가아발다보경(楞伽阿跋多寶經, 4卷)》이며, 법상종(法相宗=唯識宗)의 여섯 소의(所依)경전 중 하나로 443년에 처음 번역한 사람은 구나발타라 스님이다.

능가는 깨달음을 상징하는 정신세계의 산 이름이고, 아발다라는 들어간다는 뜻. 따라서 부처님이 이 산에 들어가서 설하신 보배로운 경이란 뜻이다. 이론은 불교심리학 측면에서 일체유심조(一切唯心造)가 기본이며, 인식 대상은 밖에 있지 않고 내심(內心)에 있다는 유식(唯識) 내용이다. 초대 달마 스님에게서 2대 혜가 스님에게 전해지면서 경중에서 아주 중하게 여겼다.

《능가경》이 강한 유(有)의 입장이라면, 《금강경》은 반야부(般若部)의 공(空)의 입장으로 두 경의 차이는 확실하다. 또한 경의 분량 역시 《금강경》쪽이 훨씬 짧아 수지(受持)독송을 하기에도 적합한 편이다. 《금강경》을 택한 5조의 탁월한 안목은 바로 6조 혜능을 얻는 결과를 가져온다. 6조 이후 기라성(綺羅星) 같은 선사가 많이 배출된 사실을 상기해 보면 《금강경》이야말로 선종의 기틀을 마련하는 데에 있어서 일등 공로자고, 그 경을 택한 5조 역시 일등 공로자라고 말할 수가 있다.

○ 第三科　弘忍 ~ 餘月

| 제 3 과 | 홍 (넓을) | 인 (참을) | 여 (남을) | 월 (달) |

-------- 제3과 5조를 뵈온 후 8개월여 방아 찧다. 까지 --------

弘忍和尚　問慧能曰,『汝何

| 홍 (넓을) | 인 (참을) | 화 (화합할) | 상 (숭상히할) | 문 (물을) | 혜 (지혜) | 능 (잘할) | 왈 | 여 (너) | 하 (어찌 무엇) |

홍인 화상이 혜능에게 물으셨다. "너는 어디

方人,　來此山禮拜吾?　汝今向

| 방 (모방) | 인 (남사람) | 내 (올) | 차 | 산 | 예 (예도) | 배 (절할) | 오 (나) | ? | 여 (이오제늘) | 금 | 향 (향하여 나아갈) |

사람인데 이 산에 와서 내게 예배를 하느냐? 지금 너는

吾邊,　復求何物?』

| 오 | 변 (가변두리) | 부 (또다시) | 구 (찾을 구할) | 하 | 물 (만물) | ? |

내게 와서 또 무엇을 구하느냐?"(바라느냐)

慧能答曰,『弟子是嶺南人,

| 혜 | 능 | 답 (대답할) | 왈 (답할) | 『 | 제 (아우) | 자 | 시 (이옳을) | 영 (재산줄기) | 남 | 인 |

혜능이 대답하였다. "제자는 영남 사람으로

제3과 5조를 뵈온 후 8개월여 방아 찧다.

新	州	百	姓	,	今	故	遠	來	禮	拜	和	尚	,
새	고을		성씨		옛고의	고	멀	구찾할을					
신	주	백	성		금	고	원	래	예	배	화	상	

신주 백성입니다. 지금 새삼스럽게(일부러) 먼 길에서 화상께 예배 온 것은

不	求	餘	物	,	唯	求	作	佛	法	。	』
		남을	만물		오직		지을만들	법형상			
불	구	여	물		유	구	작	불	법	。	」

다른 것을 구함이 아니라 다만 부처가 되는 법을 구할 뿐입니다." 하였다.

大	師	遂	責	慧	能	曰	,	『	汝	是	嶺	南
		쫓마을침	책꾸임짖을						너			
대	사	수	책	혜	능	왈		「	여	시	영	남

대사가 드디어 혜능을 꾸짖으면서 말씀하셨다. "너는 영남 사람,

人	,	又	時	獦	獠	,	若	爲	堪	作	佛	!	』
		또어조사	때이리	큰	감읽을길을		만약같을	할	견뛰딜어날				
인		우	시	갈	료		약	위	감	작	불	!	」

또 오랑캐야! 어떻게 감히 부처가 돼?"

慧	能	答	曰	,	『	人	卽	有	南	北	,	佛
		대답할					곧나아갈			북녘		
혜	능	답	왈		「	인	즉	유	남	북		불

혜능이 대답하였다. "사람에게는 남과 북이 있습니다만, 부처의

性卽無南北, 獨獠身與和尙不同

성품	곧 나아갈	없을			큰 이리	감길 얽힐	몸	줄더불		같을
성	즉	무	남	북	갈	료	신	여	화상	부동

성품에는 곧 남과 북이 없습니다. 오랑캐 몸이 화상과는 같지 않지만,

, 佛性　有何差別？』

		어쩌 무엇	어긋날	다를		
불	성	유	하	차	별	？」

불성에는 무슨 차별이 있겠습니까?"

大師欲更共議, 見左右在傍邊

		하고자할	다시칠(경)	한가지	의논할		있을	오른	있을	곁	가변두리
대	사	욕	갱	공	의		견	좌	우	재	방변

대사가 다시 이야기를 나누려다가 좌우에 사람이 둘러 싸여 있음을 보시고는

, 大師更便不言。遂發遣慧能令

			곧편안할			쫓을마칠	필,쏠낼	보낼		게하여금
대	사	갱	변	불	언	수	발	견	혜능	령

더 이상 말씀이 없으셨다. 그리고는 혜능을 내보내어

隨衆作務。時有一行者, 遂差

따를	무리	일할			갈행할				어긋날
수	중	작	무	시	유	일	행	자	수차

대중과 함께 일을 하도록 하셨느니라. 이때 혜능은 한 행자가 이끄는 대로

제3과 5조를 뵈온 후 8개월여 방아 찧다. 45

慧	能	於	碓	坊	踏	碓	八	箇	餘	月 。
			방망 아치	동저 내자	밟 을			낱	남 을	
혜	능	어	대	방	답	대	팔	개	여	월

방앗간으로 가서 방아 찧기를 여덟 달 남짓을 하였다.

【요점 해설】

　다른 것을 구하는 것이 아니고(不求餘物) 오직 부처되는 법을 구합니다.(唯求作佛法)
　부처님이 이르시되, "성불하는 것은 신심이 근본이 된다[信爲根本]." 하셨다.
　서산 스님은 《선가귀감(禪家龜鑑)》에서 출가자의 목적의식을 다음과 같이 설명하였다.
　출가하여 스님 되는 일이 어찌 작은 일이랴. (출가위승(出家爲僧) 기세사호(豈細事乎))
몸의 안일(安逸-편안함)을 구함이 아니며, 따뜻이 입고 배불리 먹기 위함도 아니니라.(비구안일야(非求安逸也) 비구온포야(非求溫飽也))
명리를 바람도 아니요 나고 죽는 것을 위함이라. (비구이명야(非求利名也) 위생사야(爲生死也))
번뇌를 끊기 위함이며, 부처님의 지혜(지혜의 생명)를 잇기 위함이며, (위단번뇌야(爲斷煩惱也) 위속불혜명야(爲續佛慧命也))
삼계(三界)를 벗어나서 중생을 건지기 위함이니라. (위출삼계도중생야(爲出三界度衆生也))
　다시 말을 잇는다.
　이래야 하늘을 찌를 대장부라 할 만하느니라. (가위(可謂) 충천대장부(衝天大丈夫))

대사수책혜능왈(大師遂責慧能曰)

　혜능을 꾸짖는 척하면서 자비심으로 보호하는 5조 홍인 스님의 멋진 방편법이다. 망어(妄語)가 여기서는 적절하여, 거짓말이 참말보다 낫다는 옛사람의 말씀 그대로다.

대사 더 이상 말씀이 없으셨다.(大師更便不言)

미추(美醜-아름답고 추함) 차별의 현실 세계에서, 진리의 평등 세계를 실현하는 뛰어난 기량이 나타난다.

나이 찾고, 출신 찾고, 뭐 찾고 해서 시비(是非)분별하는 그런 기미가 없다. 5조 홍인 스님은 일개 행자(行者)를 큰 법 그릇으로 꿰뚫어보고 뒷날 탈이 없도록 묵묵히 감추는 것이다.

참고로, 후세의 다른 본에서 볼 수 있는 재미있는 내력이 돈황신본에는 빠져 있다.

(1) 《금강경》을 읽은 손님이 출가의 뜻을 보이는 혜능에게, 노모를 위해 쓰라고 건네준 돈이 얼마쯤 된다. 조당집에서는 100냥, 홍성사본에서는 10냥이다.

(2) 혜능이 집을 떠나 홍인 대사의 처소까지 걸어서 도달한 기간이 한 달 정도다. 등등.

그러나 이 내용들은 돈황신본을 통해서, 후세 너무 자상한 사람에 의해 첨가된 사실이라는 점이 밝혀졌다.

○ 第四科　五祖~呈偈

	第	四	科		五	祖		呈	偈
	조과 목정				할애비			드릴 나타낼	읊을 쉴
	제	4	과		오	조		정	게

--------- 제4과 5조에서~ 게송을 올리다. 까지 ---------

五祖　忽於一日喚門人盡來。

五	祖	忽	於	一	日	喚	門	人	盡	來
할애비		문득 소홀할			날해	부를			다할	올
오	조	홀	어	일	일	환	문	인	진	래

어느 날 홀연히 5조 스님이 문인들을 다 불러 모으셨다.

門人集已, 五祖曰『吾向汝説,

門	人	集	已	,	五	祖	曰	吾	向	汝	説
		모일 을를	이미					나	향할 나아갈	너	
문	인	집	이		오	조	왈	오	향	여	설

문인이 모이고 나서 5조 스님이 말씀하셨다. "내가 여러분에게 말한다.

世人生死事大。汝等門人終日供

世	人	生	死	事	大	。	汝	等	門	人	終	日	供
세상		날	죽을	일 부릴				같을			마칠		이바지할
세	인	생	사	사	대		여	등	문	인	종	일	공

세상 사람에게는 생사의 일이 중대하다. 문인 여러분은 종일 공양을 하고

養, 祗求福田, 不求出離生死苦

養	,	祗	求	福	田	不	求	出	離	生	死	苦
기를		다만	구할 찾을	복	밭			날나 타날	떠날			쓸 괴로울
양		지	구	복	전	불	구	출	리	생	사	고

단지 복전만을 구할 뿐, 생사고해에서 벗어날 것은 구하지 않는구나.

海。汝等自性迷, 福門何可求?

海	。	汝	等	自	性	迷	,	福	門	何	可	求	?
바다		너		스스로부터	성품	헤미매혹할					가히 옳을		
해		여	등	자	성	미		복	문	하	가	구	?

여러분은 자성에 미혹하면서 어떻게 복(문)을 구할 수가 있느냐?

汝等總且歸房自看, 有智慧者

汝	等	總	且	歸	房	自	看	,	有	智	慧	者
	너		모두	또장차	돌아갈	방집	볼					
여	등	총	차	귀	방	자	간		유	지	혜	자

여러분은 이제 모두 다 각자의 방으로 돌아가서 살펴보라. 지혜 있는 사람은

自取本性般若之智, 各作一偈

自	取	本	性	般	若	之	智	,	各	作	一	偈
	가질	밑근본		돌아올	반만야약				각각			글귀
자	취	본	성	반	야	지	지		각	작	일	게

본성 반야의 지혜를 스스로 취득하였을 것이니, 각자 한 게송씩을 지어서

呈吾。吾看汝偈, 若悟大意者,

呈	吾	。	吾	看	汝	偈	,	若	悟	大	意	者	,
드러내 나타낼	나							만약같을	알깨달을		뜻생각		
정	오		오	간	여	게		약	오	대	의	자	

내게 보여주어라. 내가 여러분의 게송을 보고 만약 크게 뜻을 깨달은 사람이 있다면,

付汝衣法, 稟爲六代。火急作!

付	汝	衣	法	,	稟	爲	六	代	。	火	急	作	!
줄붙일		옷이끼			녹내려줄			시대대신할		불	급할		
부	여	의	법		품	위	육	대		화	급	작	!

가사와 법을 물려주어 제6대를 잇게 할 것이다. 어서(화급히) 짓도록 하여라!"

제4과 5조께 게송을 올리다.

』	門	人	得	處	分,	却	來	各	至	自	房
			특별할	곳	나눌		그칠러갈		이를극할		방집
	문	인	득	처	분	각	래	각	지	자	방

그리하여 문인들이 처분을 받고 물러나와 각자의 방으로 돌아갔으나

,	遞	相	謂	言,	『	我	等	不	須	澄	心	用
	번갈아할	서로모양	이를			나			반드시모름지기	맑을		쓸
	체	상	위	언		아	등	불	수	징	심	용

서로 번갈아가며 말하였다. "우리가 마음을 맑히고 뜻을 써서,

意	作	偈,	將	呈	和	尙。	神	秀	上	座	是
		글귀	장차거느릴	드러낼나타낼	화할합할	오히려스님	귀신	빼어날	웃뜸	자리	
의	작	게	장	정	화	상	신	수	상	좌	시

게송을 지어 가지고 화상께 올릴 필요가 없다. 신수 상좌께서

敎	授	師,	秀	上	座	得	法	後		自	可	依
가르칠	줄	스승						뒤			기댈의지할	
교	수	사	수	상	좌	득	법	후		자	가	의

교수사이신데, 수 상좌야말로 법을 얻으실 터이니, 자연히 의지가 될 거야.

止。	偈	不	用	作。』	諸	人	息	心,	盡
그머칠무를		쓸	지을만들		들모든		쉴숨쉴		다할
지	게	불	용	작	제	인	식	심	진

게송은 지을 필요가 없지……." 사람들이 다 마음을 쉬고

不	敢	呈	偈。								
	감히 굽실	드리나타 릴내	글귀								
불	감	정	게								

감히 게송을 지어 바치지를 못하였느니라.

【요점 해설】

5조(五祖) 홀연히 하루 날에(忽於一日)

5조 스님이 어느 날 홀연히 문인들을 다 불러오게 하여, 다음 6조 전법제자를 인가하려고 하는데, 이심전심(以心傳心) 선종 가풍에서 게송으로 법제자(法弟子)의 공개 인가방식은 여태 없었던 상당히 획기적인 방식이다.

가사와 법을 물려주어 제6대를 잇게 할 것이다.(付汝衣法.稟爲六代)

초기 선종사에서 가사와 발우는 법제자에게 전수되어 인가(認可)의 한 상징물이 되었다.

법을 전한 것은 제1대 보리달마, 제2대 혜가, 제3대 승찬, 제4대 도신, 제5대 홍인 제6대 혜능으로 이어진다.

선(禪)이 제1대 보리달마에서 시작되었다고 잘못 생각하기 쉽다. 어찌하여 선에서 시종(始終)이 있을 수가 있을까? 선은 곧 우리 마음이다. 우리 마음이 다하려면 허공이 다해야 하는 이치인데, 어찌하여 허공이 다할 수가 있을까? 석가모니 부처님 이전에도 허공이 있었듯이 우리 마음과 선은 그러한 것이다.

선에 대한 바른 표현을 예문으로 든다.

"선은 보리수 아래서 정각을 이룬 석가모니 부처님을 통해서 뚜렷이 드러났고, 역사적인 선종(禪宗)의 기원은 달마 스님을 시조로 삼는다."

신수 상좌께서 교수사이신데, (神秀上座是敎授師)

일반 대중 스님 가운데서 가장 웃어른인 교수사 신수(神秀, 605~706, 102세) 스님은 하남 개봉(河南開封)의 남쪽인 변주 울씨의 사람이다. 속성은 이(李)씨며, 신장은 8척, 외모는 눈썹이 길고 수려한 눈에 위풍당당한 덕상이 풍겼다. 어려서부터 경사(經史)를 읽은 그는 박학다식(博學多識)하여, 일자무

식인 혜능 스님과 크게 비교가 되었다.

52 돈황신본 유조단경

○ 第五科　大師～人見

제 5 과　　대사　　인견

------제5과 5조의 방 앞에서~ 신수가 게송을 올렸으나 본이는 없었다. 까지 ------

大師堂前　有三間房廊，於此

| 대 | 사 | 당 | 전 | | 유 | 삼 | 간 | 방(방집) | 랑(틈사이/복행도랑) | | 어 | 차 |

대사의 조당 앞에는 행랑방 세 칸이 있었다.

廊下供養，欲畫楞伽變相，幷畫

| 랑(이바지할) | 하(기를) | 공 | 양 | | 욕(하고자할) | 화(그림) | 능(모) | 가(절) | 변(변웅직일) | 상(서모로양) | | 병(함께우를) | 화 |

이 행랑 복도의 공양은 《능가경》변상도를 그려놓고, 또

五祖大師傳授衣法，流行後代爲

| 오(할애비) | 조 | 대 | 사 | 전(전할) | 수(줄) | 의(옷이끼) | 법 | | 유(흐를) | 행 | 후 | 대(시대대신할) | 위 |

5조 대사가 가사와 법을 전수하는 모습을 그려서 후대에 전하여 기념하려고 한

記。畫人盧珍看壁了，明日下手

| 기(적을) | | 화(화밥로그릇) | 인 | 노(보배) | 진 | 간(볼) | 벽(벽울타리) | 료(알마칠) | | 명(밝을) | 일 | 하(아내래릴) | 수(손) |

것이다. 화공 노진이 벽을 살펴보고 다음날 착수하려고 하였다.

上座神秀思惟,『諸人不呈心

상	좌	신	수	사	유		제	인	부	정	심
자리	귀신	빼어날	생각	생각할			들모든		드릴	드러낼	

상좌 신수 스님이 생각하였다. '사람들이 다 마음의 게를 바치지 않은 것은,

偈, 緣我爲敎授師。我若不呈心

게		연	아	위	교	수	사		아	약	부	정	심
글귀		고리연	너			스승			만약을				

내가 교수사기 때문이다. 내가 만약 심게(마음의 시구)를 바치지 않는다면,

偈, 五祖如何得見　我心中見解

게	오	조	여	하	득	견		아	심	중	견	해
			같을									풀알

5조 스님은 어떻게 내 심중의 깊고 낮음을 살펴보실 것인가?

深淺？　我將心偈上五祖呈意,

심	천		아	장	심	게	상	오	조	정	의
깊을	얕을			장차다스릴							뜻생각

내가 심게를 가지고 5조 스님께 뜻을 올림은,

求法卽善, 覓祖不善, 却同凡心

求	法	卽	善	覓	祖	不	善	却	同	凡	心
찾을 구할		곧 나아갈	착할 잘할	찾을 탐할				그물 칠 럴 갈	같을	다 무릇	
구	법	즉	선	멱	조	불	선	각	동	범	심

법을 구함이라야 옳고, 조사의 자리를 탐함은 옳지 않은 것이니, 이것은 오히려

奪其聖位。若不呈心偈, 終不得

奪	其	聖	位	若	不	呈	心	偈	終	不	得
빼앗을		성인	자리			드릴 나타낼			끝		
탈	기	성	위	약	부	정	심	게	종	부	득

범부 심으로 성위를 빼앗는 것과 같은 것이다. 만약 심게를 올리지 않는다면 끝내

法。良久思惟, 甚難甚難。夜至

法	良	久	思	惟	甚	難	甚	難	夜	至
	어질 정말	옛 오랠	생각	생각할	매우	어려울			밤	이를 지극할
법	양	구	사	유	심	난	심	난	야	지

법을 얻지 못할 것이다. 한참을 잠잠히 생각해도 매우 어렵고 매우 어려운 일이로구나. 밤이

三更, 不令人見, 遂向南廊下中

三	更	不	令	人	見	遂	向	南	廊	下	中
	고칠 다시 (갱)		하여금 명령			이마 를 침	향할 나아갈		복행 도랑		
삼	경	불	령	인	견	수	향	남	랑	하	중

삼경에 이르면, 사람들에게 보이지 않도록 하고 마침내 남쪽 행랑 복도 중간

間壁上題作呈心偈, 欲求衣法。

間	壁	上	題	作	呈	心	偈	欲	求	衣	法
	벽 울타리		표제					하고자 할		옷 덮을 것	
간	벽	상	제	작	정	심	게	욕	구	의	법

벽 위에 심게(시구)를 지어서 올리고, 가사와 법을 구해야겠다. 만약 5조 스님이

제5과 5조의 방 앞에 신수가 게송을 올렸으나 본이는 없었다. 55

若		五	祖	見	偈	,	言	此	偈	語	,	若	訪	覓
만약같을					글귀					말씀			찾을물을	찾을탐할먹
약		오	조	견	게		언	차	게	어		약	방	멱

게송을 보시고 나서 이 게송의 말을 언급하시려고 나를 찾아오시면,

我	,	我	見	和	尚	,	卽	云	是	秀	作	。	五
나				화합할할	오승히상려할			이를		빼어날			
아		아	견	화	상		즉	운	시	수	작		오

나는 화상을 뵙고, 바로 '수(신수)가 지은 것입니다.' 라고 말씀을 드릴 것이다.

祖	見	偈	,	若	言	不	堪	,	自	是	我	迷	,
						견뎌딜어날	부스터스로				헤미맬혹할		
조	견	게		약	언	불	감		자	시	아	미	

5조 스님이 게송을 보시고, 만약 말씀이, 마땅치 않다고 하신다면, 내 자신이 미혹

宿	業	障	重	,	不	合	得	法	。	聖	意	難	測
잘	일	막을릴	거무듭거울		합맞할을	언특을별할				성인	뜻생각	어려울	잴측량할
숙	업	장	중		불	합	득	법		성	의	난	측

하고 전생 업장이 무거워서 법을 얻는 것이 합당치 않은 것일 것이다. 성인의 뜻은 헤아리기

,	我	心	自	息	。	』	秀	上	座	三	更
				쉴숨쉴					자리		고다시칠(갱)
	아	심	자	식			수	상	좌	삼	경

어려워서, 내 마음을 스스로 쉬어야겠다.' 하고 신수 상좌가 삼경에

於南廊中間壁上, 秉燭題作偈。

어	남	랑	중	간	벽	상	병	촉	제	작	게
	복행도랑			벽울타리			잡을	촛등불불	표제		

남쪽 행랑방 중간 벽 위에 불을 커 들고 게송을 지어 써놓았으나,

人盡不知。偈曰,

인	진	부	지	게	왈
	다할	알			

사람들은 모두 알지를 못하였다. 게송에 말하기를,

身是 菩提樹 心如 明鏡臺。

신	시	보	리	수	심	여	명	경	대
몸		보살	끌들	나세무울	같을		밝을	거울	대

몸은 이 보리수요 마음은 명경의 대라.(경대)

時時 勤拂拭 莫使 有塵埃。

시	시	근	불	식	막	사	유	진	애
때		부지런할	떨다다	닦을	말저물	부하릴여금		티끌	티먼끌지

때때로 부지런히 털고 닦아서 티끌과 먼지가 끼지 않도록 하라. 하고,

神秀上座 題此偈畢, 却歸房

신	수	상	좌	제	차	게	필	각	귀	방
	빼어날		자리	표제			마칠	그물칠러갈	돌아갈	방집

신수 상좌가 이 게송을 다 써놓고 나서 마침내 방으로 돌아가서

제5과 5조의 방 앞에 신수가 게송을 올렸으나 본이는 없었다. 57

臥	，	竝	無	人	見	。
누을 와		아울러 우란를할 병	무	인	견	

누웠으나, 결코 본 사람이 없었느니라.

【요점 해설】

몸은 보리의 나무고(身是菩提樹)

이 게송은 아주 평범한 내용이다. 본래면목(本來面目) 전체를 드러내는 심게(心偈-마음의 게송)는 체용(體用-본체와 작용) 불이(不二)의 도리거나 혹은 이를 뛰어넘는 진공묘유(眞空妙有)의 도리를 갖춘 법인데, 그것이 빠졌다. 그렇다고 뒤의 6조 스님 게송이 이런 진공묘유(眞空妙有)의 격식을 다 갖추었다는 것은 아니다. 6조 스님의 게송은, 신수 스님이 유(有)를 말하니까 그걸 한 방 내려쳐서 무(無)의 입장을 보여주어 유무(有無)양단을 깨우치기 위한 방편법문일 뿐이다. 막사유진애(莫使有塵埃)는 보통 물사야진애(勿使惹塵埃)로 알려져 있다.

《능가경》 변상도를 그려놓고, 욕화능가변상(欲畵楞伽變相)

《능가경》에 실린 주요 내용을 벽화로 나타내서 후세에 전하려는 것이다. 여기서 능가란 말을 살펴본다.

능가산(楞伽山-세이론의 동남 쪽에 있는 산)의 능가(楞伽)는 범어인 랑카(Lanka) 음역. 파리어도 같다. 또 능가산(稜伽山), 전가산(展迦山), 능가산(楞迦山)이라고도 하고, 의역(意譯)은 난왕산(難往山), 가외산(可畏山), 험절산(險絶山)이다.

전하는 말에 따르면, 이 산은 부처님이 《능가경》을 법문하신 장소이다. 《입능가경(入楞伽經, 卷一 請佛品)》에 따르면, 이 산은 여러 가지 보성(寶性)으로 되어 있고, 여러 가지 보배의 광명은 따로따로 불타오르는 듯 한 빛을 내서 마치 백 천 개의 해가 비치는 금산(金山)과 같이 장엄하다.

산중에 있는 한량없이 많은 화원(花園)에는 향기로운 수목이 자라고 있었다. 이 수

목의 가지는 미풍이 불 때마다 살랑살랑 흔들거리며 백 천 가지의 미묘한 향기를 품고 있으며, 아울러 백 천 가지의 미묘한 음악소리를 내고 있다.

첩첩(疊疊)으로 싸인 바위 골짜기는 가는 곳마다 선경(仙境), 수많은 보배로 이루어진 영당(靈堂), 감실의 굴(龕窟)은 안과 밖이 명철(明徹)하여 일월의 빛마저도 다시 나타내기 어려울 정도였다. 이 산은 옛날부터 신선들과 성현들이 도를 닦고 교화한 명산이었다.

또한 《능가아발다라보경(楞伽阿跋多羅寶經 卷一)》에 따르면, 능가산은 남해의 물 끝에 있다.

《혜원음의(慧苑音義 卷下)》에서는, 위치가 남천축국 남쪽 해안이라고 한다.

능가종(楞伽宗)은 초기 선종의 다른 이름이다. 달마 스님이 혜가 스님에게 전수한 《능가경(楞伽經 四卷)》이 선법심요(禪法心要)였던 까닭에 능가종이라고 한다. [續高僧傳 卷十六 僧可傳]

《능가사자기(楞伽師資記, 全一卷)》

당대 정각(淨覺) 스님이 경용(景龍 二年, 708) 연간에 엮은 책이다. 또 《능가사자혈맥기(楞伽師資血脈記)》란 다른 이름이 있고, 《대정장(大正藏 第八十五冊)》에 수록되어 있다.

이 책은 《능가경(楞伽經)》이 8대(八代)에 걸쳐서 전해진 경과를 적고 있다.

중국 선종 초기에는 남종과 북종으로 나눠져 있었다. 각종은 전승사(傳承史)를 지어서 자기 종을 선종의 정통으로 삼고자하였다. 이 책은 북종의 입장에서 쓰인 초기 선종의 전승사(傳承史)다. 초기 종사(宗師)의 전법(傳法), 특히 《능가경(楞伽經)》에 비중을 둔 까닭에 《능가사자기(楞伽師資記)》라고 부르게 되었다.

이 책의 내용 배열을 살펴본다.

(1) 《능가경》의 번역자 구나발타라(求那跋陀羅)

(2) 보리달마(菩提達摩)

(3) 혜가(慧可)

(4) 승찬(僧璨)

제5과 5조의 방 앞에 신수가 게송을 올렸으나 본이는 없었다. 59

(5) 도신(道信)

(6) 홍인(弘忍)

(7) 신수(神秀), 현색(玄賾), 노안(老安)

(8) 보적(普寂), 경현(敬賢), 의복(義福), 혜복(慧福) 등 8대 전승(傳承)으로, 이상이 북종선 계통이다.

이 책은 초기 선종사 연구의 기초자료다. 내용은 전기(傳記)라기보다는 선종의 사상 쪽이다. 예를 들면, 구나발타라의 전기 중에는 4종안심(四種安心) 설이 들어있고, 승찬의 전기 중에는 일즉일체(一卽一切)의 화엄사상(華嚴思想)이 들어있으며, 도신의 전기 중에는 즉심즉불(卽心卽佛), 일행삼매(一行三昧), 수일불이(守一不移)의 설이 들어있다. 이외에도 좌선공부(坐禪工夫)의 내용이 들어있다.

이 책이 돈황에서 나온 이후 북종선(北宗禪)의 연구는 빠른 물살을 타고 발전하게 되었다.

그 밖에 이 책의 특색은, 5조 홍인 스님이 법을 전수한 일이 보통 알려진 바와는 다르다. 예를 들면, 《단경(壇經)》 등 남종선(南宗禪) 전수자와는 큰 차이가 있다.

5조 홍인 스님 문하의 10대 제자는, 신수(神秀), 지선(智詵), 혜장(慧藏), 현약(玄約), 노안(老安), 법여(法如), 혜능(慧能), 지덕(智德), 의방(義方), 현색(玄賾) 등이며, 이 가운데서 홍인 스님이 신수(神秀), 현색(玄賾) 두 스님을 가장 소중히 여긴 반면, 혜능(慧能) 스님의 지위(地位)는 드러나지 않는다는 점이다.

이 책의 원본은 현재 런던 대영박물관과 파리 국민도서관에 소장되어 있다. [歷代法寶記・鳴沙餘韻 解說]

○ 第六科　　五祖~不得

		조과 목정								
	제	6	과		오	조		부	득	

--- 제6과 5조가 게송을 다시 지어라 함에 신수는 짖지 못하다.　까지 ---------

五祖平旦, 遂喚盧供奉來　南

	바평 를평 할	아 침		이마 를칠	부 르 짖을	화밥 로그 릇	이 바 지할	받 들		
오	조	평	단	수	환	로	공	봉	래	남

5조가 이른 아침에　마침 노공봉을 불러와서, 남쪽

廊下　　畫楞伽變。五祖忽見此偈

복행 도랑		그 림	모	절	변움 할직 일		문소 득홀 할		글 귀
랑	하	화	능	가	변	오	조	홀	견	차	게

행랑 복도에 변상도를 그리도록 하실 때였다. 5조 스님이 홀연히 게송을 보시고

, 請記。乃謂供奉曰『弘忍與供

	청 할	적 을		이 에	이생 를각 할			넓 을	참 을	줄더 불
	청	기		내	위	공	봉	왈	홍	인	여	공

써두기를 부탁하면서 공봉에게 말씀하셨다. "홍인이 공봉에게

奉錢三十千, 深勞遠來, 不畫變

	돈					깊 을	힘일 쓸할	멀			
봉	전	삼	십	천	심	로	원	래	불	화	변

돈 3만 냥을 주며. 멀리 온 것을 크게 위로한다. 허나, 변상도는 그리지 않아도 돼.

제6과 5조가 게송을 다시 지어라 함에 신수는 짖지 못하다. 61

相也。《金剛經》云,〈凡所有

	서로양	잇기조사			굳셀단단할	글지날		이를			다무릇		
	상	야	《	금	강	경	》	운		<	범	소	유

《금강경》에서 말씀하셨지. 무릇 있는바

相,皆是虛妄。〉不如留此偈,

		다		빌허망할	허망망령될				머물				
상		개	시	허	망		>	불	여	유	차	게	

상은 다 허망한 것. 이 게송을 남겨두는 것만 못하느니라.

令迷人誦。依此修行,不墮三惡

	헤매일맬혹할	미혹할		외울		기댈의지할	이차	닦다스릴			떨어질	모질
영	미	인	송		의	차	수	행		불	타	삼	악

미혹한 사람들이 송하도록 하라. 이 게송에 의지해서 수행하여 곧 3악도에 떨어지지

道。依法修行,有大利益。』

	길이치						이로카울로울	더할			
도		의	법	수	행	유	대	이	익		

않도록 할지니라. 법에 의지하여 수행한다면 큰 이익이 있으리라."라고

大師遂喚門人盡來,焚香偈前。

						다할		불사를	향향기		
대	사	수	환	문	인	진	래	분	향	게	전

대사가 드디어 문인들을 다 불러오도록 하시고 게송 앞에 향을 사르게 하셨다.

衆人見已, 皆生敬心。〔大師曰

무리		이미 미칠		다	날살	공경할					
중	인	견	이	개	생	경	심		〔	대	사	왈

문인들은 보고 나서, 모두 공경심을 내었다. [대사가 말씀하셨느니라.]

〕『汝等　盡誦此偈者　方得見

	너	같무 을리		다	외울				모 드 디 어		
〕	여	등		진	송	차	게	자	방	득	견

"여러분이 모두 이 게송을 이우면 견성하게 될 것이며,

性, 依此修行, 即不墮落。』

성성 품질						곧나 아 갈	떨어 질	떨어 질	
성		의	차	수	행	즉	불	타	락

이 게송에 의지해서 수행하면 곧 타락하지 않을 것이다."라고

門人盡誦, 皆生敬心, 喚言,　『

								부르 짖을	
문	인	진	송	개	생	경	심	환	언

문인 모두가 송하면서 공경심을 내어 외쳤다.

善哉!』

	어 조 사		
선	재	!	

"훌륭하다!"라고

제6과 5조가 게송을 다시 지어라 함에 신수는 짓지 못하다.

五祖遂喚秀上座於堂內問,『
오	조	수	환	수	상	좌	어	당	내	문
		이마를칠	부르짖을	빼어날		자리	에어게조사	집	안드릴	

5조 스님이 이윽고 신수 상좌를 당 안으로 불러서 물으셨다.

是汝作偈否? 若是汝作, 應得
시	여	작	게	부	?	약	시	여	작	응	득
	너			아니						응할	반드시

"이것은 자네가 지은 게송이 아니냐? 혹시 자네가 지은 것이라면 마땅히

我法。』秀上座言『罪過, 實
아	법		수	상	좌	언	죄	과	실
나							허물	허물날지	참열매

나의 법을 얻을 것이니라." 신수 상좌가 말하였다. "송구스럽습니다만, 사실은

是神秀作。不敢求祖位, 但願和
시	신	수	작	불	감	구	조	위	단	원	화
	귀신				감군히셀	구찾할을		자리위	다만	바랄	화합할

신수가 지었습니다. 감히 조사의 자리를 구하는 것이 아닙니다. 원컨대 화상께서는

尚慈悲, 看弟子有小智慧, 識大
상	자	비	간	제	자	유	소	지	혜	식	대
오히려할	사랑	슬플	볼	아우	아자들식		작을	슬지기혜	지혜	알	

자비를 베푸시어 제자를 보아주소서. 제자가 작은 지혜만 있는데, 큰

意否?』

意	否	?	』
뜻생각	아니		
의	부	?	

뜻을 알겠습니까?"

五祖曰『汝作此偈見解, 只到

五	祖	曰	汝	作	此	偈	見	解	,	只	到
			너			글귀		풀알		뿐다만	이속를일
오	조	왈	여	작	차	게	견	해		지	도

5조 스님이 말씀하셨다. "자네가 지은 이 게송은 견처(견해)는 단지

門前, 尚未得入。凡夫依此偈修

門	前	,	尚	未	得	入	。	凡	夫	依	此	偈	修
			아닐		들			다무릇	대지저아비				
문	전		상	미	득	입		범	부	의	차	게	수

문전에 당도했을 뿐, 아직 (문안에) 들어오지는 못하였어. 범부가 이 게송을 의지해서 수행한다면

行, 卽不墮落。作此見解, 若覓

行	,	卽	不	墮	落	。	作	此	見	解	,	若	覓
				떨어질	떨어질					풀알			찾을탐할
행		즉	불	타	락		작	차	견	해		약	멱

곧 타락치는 않을 것이나. 이 게송을 지은 견처(견해)로 만약에

無上菩提, 卽不可得。要入得門

無	上	菩	提	,	卽	不	可	得	。	要	入	得	門
		보살	끌들				가읗히을			구중할요할			
무	상	보	리		즉	불	가	득		요	입	득	문

무상 보리도를 찾는다면 결코 얻지 못할 것이다. 이 문에 들어와야만

제6과 5조가 게송을 다시 지어라 함에 신수는 짖지 못하다. 65

,	見	自	本	性	。	汝	且	去	,	一	兩	日	思
	부터스로	스스로				또한차	갈어조사				둘		생각
	견	자	본	성		여	차	거		일	양	일	사

자기 본성을 보느니라. 자네는 이제 물러가거라. 하루 이틀 새에 생각하여

惟	,	更	作	一	偈	來	呈	吾	。	若	入	得	門
생각할		다시고칠(경)				드릴나타낼	나						
유		갱	작	일	게	래	정	오		약	입	득	문

다시 게송 하나를 지어서 내게 가져와 보이게. 만약 문에 들어와

,	見	自	本	性	,	當	付	汝	衣	法	。	』	
						당반할드시	줄붙일	옷이끼					
	견	자	본	성		당	부	여	의	법			

자기 본성을 본 것이라면 마땅히 가사와 법을 너에게 부촉할 것이니라."라고

秀	上	座	去	數	日	,	作	偈	不	得	。		
빼어날		자리		셀									
수	상	좌	거	수	일		작	게	부	득			

신수 상좌는 물러난 지 수일이 지나도록 아직 게송을 짓지 못하였다.

【요점 해설】

게송 앞에 향을 사르게 하셨다.**(焚香偈前)**

이만한 큰 아량을 가진 5조 홍인 스님을 본다. 상좌 신수 스님의 위상을 대중 앞에서 세워주고 명분이 있는 일을 하신 것이다. 그런 후에 당 안으로 조용히 불러서 견처의 미흡함을 밝히신다.

다 이 게송을 외워라(盡誦此偈)

독경과 송경을 구별한 《법화문구(法華文句, 8卷 上)》의 내용으로, 송게(誦偈)의 뜻을 살펴본다.

"독(讀) 지순간경문(指循看經文). - 독(讀)은 경문을 여러 차례 읽는 것을 가리킨다.

송(誦) 지이경배송불망(指離經背誦不忘). - 외우는 것(誦)은 경전 전면을 떠나 경전 이면의 깊은 뜻을 외워, 잊지 않고 잘 기억하는 것을 가리킨다."

독송(讀誦)은 이런 뜻에서 두 가지 뜻이 포함되어 있다.

○ 第七科　有一～碓坊

					동저 네자	방망 아치			
	제	7	과	유	일	대	방		

--------제7과 한 동자에서~혜능이 방앗간으로 들어가다. 까지----------

有一童子　於碓坊邊過, 唱誦

	아 이				동저 네자	방망 아치	가변 두리	허지 물날	부주 를장 할	외 울
유	일	동	자	어	대	방	변	과	창	송

한 동자가 방앗간 옆을 지나면서 이 게송을 소리 내어 외웠다.

此偈。慧能及一聞, 知未見性,

	글 귀			및미 칠		들맡 을을		알	아 닐	
차	게	혜	능	급	일	문	지	미	견	성

혜능이 한 번 듣고는, 견성하지 못한 것을 알았고

卽識大意。能問童子『適來誦者

	알지 식					물 을			갈마 침		
즉	식	대	의	능	문	동	자	적	래	송	자

곧 큰 뜻을 알았다. 혜능이 동자에게 물었다. "지금 송하는 것은

是何偈?』

	어무 찌엇		
시	하	게	

무슨 게송입니까?"

童子答『你不知 大師言, 生

童子答	你不知		大師言,			生
아이		너	알			날살
동자답	이부지		대사언			생

동자가 대답하였다. "당신은 모릅니까, 대사께서 하신 말씀을?

死事大, 欲傳衣法, 令門人等

죽을	일섬길		하고자할	전할			무같리을		
사	사	대	욕	전	의	법	영	문	인	등

'생사의 일이 중대하다. 가사와 법을 전수하려고 하여 문인들로 하여금

各作一偈, 來呈吾看, 悟大意卽

각각				드릴타낼	나	볼	알			
각	작	일	게	래	정	오	간	오	대	의	즉

각각 게송 하나씩을 지어서 내게 가져와 보여주어라. 큰 뜻을 깨달았다면, 곧

付衣法, 稟爲六代祖。有一上座

줄붙일			녹내려줄		시대대신	할애비			자리
부	의	법	품	위	육	대	조	유	일	상	좌

가사와 법을 부촉할 것이다. 제6대 조사로 품수 받아 잇도록 할 것이다.' 라고 하셨지요. 한

名神秀, 忽於南廊下 書無相偈

	빼어날		문득소홀할		복행도랑			글			
명	신	수	홀	어	남	랑	하	서	무	상	게

상좌가 계신데, 이름이 신수 스님이지요. 홀연 남쪽 행랑 복도에 무상 게송

一首, 五祖令諸門人 盡誦。悟

머으리뜸			들모든			다할	외울	알
일	수	오 조 령	제 문 인			진	송	오

한 수를 써두셨는데, 5조 스님께서 문인들에게 다 외우도록 하셨지요.

此偈者 卽見自性, 依此修行,

					기의댈지			
차 게 자		즉 견 자 성			의	차	수	행

'이 게송을 깨달은 사람은 곧 자기 성품을 볼 것이다. 이것에 의지해서 수행한다면

卽得出離。』

	얻특을별	날	떠날					
즉	득	출	리					

곧 (생사에서) 벗어날 것이다.' 하셨지요."

慧能 答曰『我此踏碓八箇餘

				밟을	방망아치		낱을	남을
혜 능		답 왈		아 차	답 대	팔	개	여

혜능이 대답하였느니라. "저는 방아만을 밟은 지 여덟 달 남짓 되었고,

月, 未至堂前。望上人引慧能至

	이를극	집		바랄		끌		
월	미 지	당 전		망	상 인	인	혜 능	지

아직 방 앞(당전)에는 가보지 못하였지요. 바라건 데, 상인은(그대는) 혜능을 데리고

南廊下　見此偈禮拜。亦願誦取

					예도	절할		또	바랄	외울	가질
남	랑	하		견	차	게	예배		역	원	송	취

남쪽 행랑(복도)으로 가서 이 게송을 보고 예배하도록 해주시오. 또한 바라건대, 이

，結來生緣，願生佛地。』

	맺을		고인 리연			땅지 위		
	결	래	생	연	원	생	불	지

게송을 외워 지녀 내생의 인연을 맺어 부처님의 땅에 태어나기가 원입니다."하니

童子引能至南廊下。能卽禮拜

	아이	끌								
	동	자	인	능	지	남	랑	하	능	즉	예배

동자가 혜능을 이끌고 남쪽 행랑으로 갔을 때, 혜능은 곧 이 게송 앞에 예배를

此偈，爲不識字，請一人讀。慧

		알	글자		청할			읽을	
차	게	위	불	식	자	청	일	인	독	혜

올렸다. 글자를 알지 못하기 때문에 한 사람에게 읽어주기를 청하였다.

能聞已，卽識大意。慧能亦作一

		이마 미칠								
능	문	이	즉	식	대	의	혜	능	역	작	일

혜능이 듣고 나서 곧 큰 뜻을 알았느니라. 혜능이 또한 한 게송을 지어,

偈, 又請得一解書人 於西間壁

偈	又	請	得	一	解	書	人	於	西	間	壁
	또어조사	청할			풀알	글쓸			서녘	틈사이	벽울타리
게	우	청	득	잉	해	서	인	어	서	간	벽

다시 글자를 쓸 줄 아는 한 사람에게 서쪽 행랑 복도 벽

上題著, 呈自本心。不識本心,

上	題	著	呈	自	本	心	不	識	本	心
	표제	잡을(저)	드러낼	부터스스로				알		
상	제	착	정	자	본	심	불	식	본	심

위에 제목을 쓰게 하여, 자기 본심을 드러내 보였느니라. '본심을 알지 못하고

學法無益, 識心見性, 即悟大意

學	法	無	益	識	心	見	性	即	悟	大	意
배울		더이할	이익						알		
학	법	무	익	식	심	견	성	즉	오	대	의

법을 배우는 것은 무익하다. 마음을 알고 성품을 보아야 곧 큰 뜻을 깨달은 것이다.'라고

。慧能偈曰,

慧	能	偈	曰
혜	능	게	왈

혜능이 게송을 말하였다.

菩提本無樹, 明鏡亦無臺。

菩	提	本	無	樹	明	鏡	亦	無	臺
보살	끌들		나무	세울무	밝을	거울		대	
보	리	본	무	수	명	경	역	무	대

보리는 본래 나무가 없고, 환한 거울 역시 경대가 없는 것.

佛性常清淨, 何處有塵埃。

		항땟상땟할	맑을	깨끗할		어무찌엇	바,곳		먼지	먼지	
	불	성	상	청	정	하	처	유	진	애	

부처의 성품은 항상 청정하거니, 어느 곳 먼지와 티끌이 있으랴.

又偈曰,

		우	게	왈							

다시 게송을 말하였느니라.

心是菩提樹, 身爲明鏡臺。

			보살	끌들	나세무울		몸			거울	대
	심	시	보	리	수		신	위	명	경	대

마음은 보리의 나무이고, 몸은 환한 거울.

明鏡本清淨, 何處染塵埃。

								물들	먼지		
	명	경	본	청	정	하	처	염	진	애	

환한 거울은 본래 청정하거니, 어느 곳에 먼지와 티끌이 물드랴?.

院內徒衆 見能作此偈, 盡怪

	담단장단할	안드릴	무리	무리						다할	기이할
	원	내	도	중		견	능	작	차	게	진 괴

절 안의 무리 대중이 혜능이 지은 게송을 보고 다 괴이쩍게 여겼느니라.

제7과 한 동자에서~혜능이 방앗간으로 들어가다. 73

	慧	能	却	入	碓	坊					
			그물 칠러 갈		방망 아치	동저 네자					
	혜	능	각	입	대	방					
혜능은 곧 방앗간으로 들어 가버렸다.											

【요점 해설】

본래 한 물건도 없다(本來無一物)

우선 내용의 깊고 낮음과 단순함, 강조의 표현 방법을 살펴본다.

* 갑(甲) : 무소유(無所有)란 것이 있다.

* 을(乙) : 무소유다.

갑(甲)에서는 무소유를 가졌기 때문에 무소유가 아니다.

* 갑(甲) : 깨달음을 얻은 것이 있다.

* 을(乙) : 깨달았다는 생각이 없다.

갑(甲)에서는 깨달음을 소유하였기 때문에 무념(無念), 무상(無相), 무주(無住)의 근본 정신에서 보면 깨달음이 아니다. 이상은 내용의 깊고 낮음의 표현 방법이다.

* 갑(甲) : 부처의 성품이 청정하다. (청정한 것이 있다.)

* 을(乙) : 본래 무일물(無一物)이다.(한 물건도 없다.)

갑(甲)에서는 부처의 성품은 청정하다. 일체가 다 공이다 하여 일체개공(一切皆空)이라고 단순하게 긍정하는 표현 방법을 쓰고 있고,

을(乙)에서는 본래 무일물(無一物)이라고 강조하여 부정하는 방법을 쓰고 있다.

그러나 이런 표현 방법보다 더 중요한 것이 있다. 노자(老子)의 근본 사상이 무(無)인 것처럼, 중국 사람의 전래 사고방식은 인도 사람의 청정이나 공(空) 사상보다는 무(無) 쪽을 더 좋아한다는 점이다.

뒤에 전개되는 무념(無念), 무상(無相), 무주(無住)의 단경의 근본 정신이 본래 무

일물(無一物)과도 일치하는 점이 더욱 그러하다.

돈황본

보리본무수(菩提本無樹)	보리는 본래 나무가 없고
명경역무대(明鏡亦無臺)	환한 거울 역시 경대가 없는 것.
불성상청정(佛性常淸淨)	부처의 성품은 항상 청정하거니
하처유진애(何處有塵埃)	어느 곳 먼지와 티끌이 있으랴.

흥성사본

보리본무수(菩提本無樹)	보리는 본래 나무가 없고
명경역무대(明鏡亦無臺)	환한 거울 역시 경대가 없는 것.
본래무일물(本來無一物)	본래 한 물건도 없으니
하처유진애(何處有塵埃)	어느 곳 먼지와 티끌이 있으랴.

신수장경 본

보리본무수(菩提本無樹)	보리는 본래 나무가 없고
명경역비대(明鏡亦非臺)	환한 거울 역시 경대가 아니요.
본래무일물(本來無一物)	본래 한 물건도 없으니
하처유진애(何處惹塵埃)	어느 곳 먼지와 티끌이 일어나느냐?

惹.-이끌다, 끌어당기다.

돈황본 보다 시대가 훨씬 뒤떨어진 흥성사본에는 불성상청정(佛性常淸淨) 구절이 빠지고 유명한 본래무일물(本來無一物) 구절이 들어있다.

돈황본에는 없는 본래무일물 구절이 왜 세월이 흘러서 나중에 끼어들어 갔을까?

단경 연구가인 얌폴스키 씨는 말한다.

황벽(黃檗, ?~850, 혹은 949, 855) 스님의 전심법요(傳心法要)에 본래무일물이란 구절이 나온다. 본래무일물은 당대(唐代) 선사의 법문에 자주 인용되어 송대(宋代) 이후까지 전해진다.

단경은 그때까지 필사본으로 전해지면서 출판되지는 않았으며, 선사의 본래무일물 구절의 사용이 차츰 줄어들 때였는데, 《육조단경》이 개정 보완되면서 단경의 주제로 본래무일물이 끼어들어 갔던 것이다.

* 갑(甲) : 불성상천정(佛性常淸淨) 부처의 성품은 항상 청정하거니
* 을(乙) : 본래무일물(本來無一物) 본래 한 물건도 없거니

이 두 구절은 실제로 반야의 큰 지혜 입장에서 보면 차이를 보이지 않는다.

본래(本來) 자성청정(自性淸淨)에는 두 가지 뜻이 있다.

첫째는, 자성청정(自性淸淨)이다. 만법(萬法)은 모두 공(空)이기 때문에 본래부터 청정하다.

둘째는, 이구청정(離垢淸淨)이다. 수행을 통해 번뇌의 때를 깨끗이 씻어서 청정하다.

여기서 첫째의 뜻은 본래무일물(本來無一物)의 뜻과 일치한다.

인도에서 출발한 반야(般若)의 큰 지혜는 중국에 와서 무(無)로써 철저하게 부정을 전개한 대승 불교, 특히 선종(禪宗)의 핵심 사상의 하나로 자리 잡는다.

어느 곳 먼지와 티끌이 있으랴.(何處有塵埃)

일반 독자에게는 하처야진애(何處惹塵埃)로 더 잘 알려진 구절이다.

○ 第八科　五祖～化人

		조과 목정			될바 꿜	
	제	8	과	오	조	화	인

- 제8과 5조가 행랑에서 ~혜능이 혜순에게 북에 가서 교화 하라고 까지 ----------

五祖忽來廊下, 見慧能偈, 即

	문소 득홀 할	복행 도랑				글 귀	곧나 아 갈
오	조	홀	래	낭	하	견	혜	능	게	즉

5조 스님이 홀연히 행랑 복도에 와서 혜능의 게송을 보시고, 곧

知識大意。恐衆人知, 五祖乃謂

알	알			아두 마려 울	무 리				이 에	이생 를각 할
지	식	대	의	공	중	인	지	오	조	내	위

큰 뜻을 안 것을 알았으나, 행여나 대중이 알까 걱정되어서, 5조 스님은 곧 대중에게

衆人曰『此亦未得了』

				알마 칠		
중	인	왈	차	역	미	득	료

이렇게 말씀하셨다. "이것 역시 앎을 얻지 못하였다.(알지 못하였다.)"라고

五祖夜至三更, 喚慧能堂内

		밤	이지 를극	고다 칠시 (갱	부르 짖을			집	안드 릴 (납
오	조	야	지	삼	경	환	혜	능	당	내

5조 스님이 밤이 삼경에 이르자, 혜능을 방안으로 불러서

제8과 5조 행랑에서 ~ 혜능이 혜순에게 북에 가서 교화 하라고

説	《	金	剛	經	》。	慧	能	一	聞,	言	下
말씀뻘(열) 말기		군셀	글지날						들을 말을		
설		금	강	경		혜	능	일	문	언	하

《금강경》을 설하셨느니라. 혜능은 한 번 듣고는 말씀 끝나자

便	悟。	其	夜	受	法,	人	盡	不	知,	便
곧편안할	알			받을			다할			문득 대소변
변	오	기	야	수	법	인	진	부	지	변

바로 깨달았느니라. 그날 밤, 법을 받았으나 사람들이 아무도 알지를 못하였다.

傳	頓	敎	及	衣,	以	爲	六	代	祖。	將	衣
전할	조아릴 벼란간	가르칠	및미칠	옷이끼				시대 대신할		²장차 거느릴	¹의
전	돈	교	급	의	이	위	육	대	조	장	의

곧 단박 깨치는 법(돈교)과 가사를 전수하시어, 이로써 '제6대 조사가 되었고, 가사로써

爲	信	稟,	代	代	相	傳,	法	卽	以	心
	믿을 진실	녹내려줄			서로 모양					
위	신	품	대	대	상	전	법	즉	이	심

신표를 삼아 대대로 이어받아 전하면서, 법은 곧 마음에서 마음으로 전하여,

傳	心,	當	令	自	悟。	五	祖	言	『	慧	能
		당할 반드시	알								
전	심	당	령	자	오	오	조	언		혜	능

마땅히 스스로 깨닫도록 해야 한다.' 하셨다. 5조 스님이 말씀하셨다. "혜능아

, 自 故 傳 法 , 氣 如 懸 絲 , 若 住 此

	스스로	옛고의			기운	같을	걸매달	실		무물	
,	자	고	전	법	기	여	현	사	약	주	차

예로부터 전법에서는 기운이 실낱 매달린 것과 같았느니라. (실 같이 이어짐)만일 이

間 , 有 人 害 汝 , 卽 須 速 去 ! 』

			해할	너		마땅히 기다릴	빠를	갈	
간	,	유	인	해	여	즉	수	속	거	!

곳에 머물면 너를 해치는 사람들이 있을 것이니, 바로 어서 떠나거라!"

能 得 衣 法 , 三 更 發 去 。 五 祖 自

					고칠 다시(갱)	필,낼 시			
능	득	의	법	삼	경	발	거	오	조	자

혜능이 가사와 법을 받고 떠나 갈 때는 삼경이었다. 5조 스님이 몸소

送 能 至 九 江 驛 , 登 時 便 別 。 五 祖

보낼		이를 지극		강	역말	탈 오를	때	곧 편안	다를		
송	능	지	구	강	역	등	시	변	별	오	조

혜능을 바래다 주시되 구강역까지 이르러 섰다. 곧바로 헤어질 때에 5조 스님이

處 分 『 汝 去 努 力 ! 將 法 向 南 ,

곳,것	나눌		너	갈	힘쓸	힘		장차 거느릴	법	향할 나아갈	남
처	분		여	거	노	력	!	장	법	향	남

처분을 내리셨다. "너는 가서 노력하라. 법을 가지고 남행하되,

제8과 5조 행랑에서 ~ 혜능이 혜순에게 북에 가서 교화 하라고

三	年		忽	弘	此	法	。	難	起	已	後	,	弘
	해		넓을					어려울	일어날	이미 미칠	뒤		
삼	년		홀	홍	차	법		난	기	이	후		홍

3년이 되 거든 문득 이 법을 펴라. 곤란한 일이 일어난 후에 널리

化	善	誘	,	迷	人	若	得	心	開	,	與	悟	無
될변할	잘착할	꾀일		헤매 미혹할					열		줄더불	알	
화	선	유		미	인	약	득	심	개		여	오	무

펴서 잘 이끌도록 하라. 만약 미혹한 사람이 마음이 열리면 깨달은 사람과 다름이

別	』		辭	違	已	了	,	便	發	向	南	。
다를			말씀직할	어길	알마칠			필,낼				
별			사	위	이	료		변	발	향	남	

없느니라." 하직 인사를 마치고 곧바로 남행하였다.

兩	月	中	間	,	至	大	庾	嶺	。	不	知	向
둘							노적가리	재				
양	월	중	간		지	대	유	령		부	지	향

두 달 사이에 대유령에 도착하였으나 뒤를 쫓는 사람이

後		有	數	百	人	來	,	欲	擬	捉	慧	能	,
			셀					하고자할	본뜰 헤아릴	잡을			
후		유	수	백	인	래		욕	의	착	혜	능	

수 백 명이 와서, 혜능을 붙잡아서 옷(가사)과

奪衣法。來至半路,盡總却廻。

奪	衣	法	。	來	至	半	路	,	盡	總	却	廻	。
빼앗을 없앨	옷이 끼			이를 극	반한 창	길드러 러날			다할	모두	그물칠리 칠	돌피 할	
탈	의	법		래	지	반	로		진	총	각	회	

법을 뺏으려고 길 절반쯤 왔다가 모두 되돌아가버린 사실을 알지 못하였다..

唯有一僧,姓陳 名惠順,先是

唯	有	一	僧	,	姓	陳	名	惠	順	,	先	是
오직			중		성씨	펼늘여놀		은혜	순따를할		먼저	
유	유	일	승		성	진	명	혜	순		선	시

오직 한 스님이 있었으니 성은 진 씨이고, 이름은 혜순(혜명)이었다. 선조는

三品將軍,性行粗惡,直至嶺上

三	品	將	軍	,	性	行	粗	惡	,	直	至	嶺	上
	품품별		군사				거칠	모더질러울		곧바로		재	
삼	품	장	군		성	행	조	악		직	지	령	상

3품 장군인데, 성질과 행동이 거칠고 포악하였다. 바로 고갯마루까지 쫓아와서

,來趁把著。慧能卽還法衣。又

,	來	趁	把	著	。	慧	能	卽	還	法	衣	。	又
		쫓뒤을쫓을	쥘잡을	잡지을(저					돌아올				또어조사
	래	진	파	착		혜	능	즉	환	법	의		우

잡으려고 할 때 혜능은 곧 가사를 돌려주었으나, 또한 취하려고

不肯取,言『我故遠來求法,不

不	肯	取	,	言	『	我	故	遠	來	求	法	,	不
	옳게여길	가질				나	옛고의	멀		구할찾을			
불	긍	취		언		아	고	원	래	구	법		불

하지 않고 말하였다. "내가 짐짓 멀리서 온 것은 법을 구하려는 것이지,

要	其	衣	』		能	於	嶺	上	便	傳	法	惠	順
구할 중요할							재산 줄기	곧 편안할	전할			은혜	순 따를
요	기	의			능	어	령	상	변	전	법	혜	순

그 가사는 필요치 않습니다." 하였다. 혜능이 고갯마루 위에서 홀연히 혜순(혜명)스

。	惠	順	得	聞	,	言	下	心	開	。	能	使	惠
		얻을 특별할						열				부릴 하여금	
	혜	순	득	문		언	하	심	개		능	사	혜

님에게 법을 전하였다. 혜순 스님이 듣고는 말끝나자 말자 마음이 열렸다. 혜능이

順	卽	却	向	北	化	人	。						
	곧 나아갈	그칠 물러갈	향할 나아갈		될 변할								
순	즉	각	향	북	화	인							

혜순(혜명) 스님에게 곧 북쪽으로 향하여 가서 사람을 교화하라고 하였다.

【요점 해설】

차득미득료(此亦未得了)

매정하게 "이것 역시 아니다." 하는 5조 스님에게서 방편법을 뛰어나게 잘 쓰는 면모를 엿볼 수가 있다. 문을 열 때 열고, 혹은 닫을 때 닫아서 자유롭다. 출입자재(出入自在) 관자재(觀自在).

양월중간(兩月中間) 지대유령(至大庾嶺)

황매산 5조 스님을 친견하려고 갈 때는 집을 떠난 지 30여일밖에 지나지 않았지만 법을 이어받고 올 때 걸린 기간은 황매산에서 대유령까지 두 달 간이다. 사람은 마음먹기에 따라 이렇게 다른 모양이다.

소유령과 구별되는 대유령(1,000m, 주봉 관음봉은 1,428m)은 광동성, 호남성, 강서성 등 남부 세 성(省)의 분령이고, 주강(珠江)과 양자강의 두 갈래가 나눠지는 분수령이며, 천혜의 요세지로 손꼽히는 험난한 곳이다.

이런 까닭에 100km가 넘게 길게 쭉 뻗은 산맥을 딛고 우뚝 선 대유령 주위는, 남과 북의 차이가 뚜렷한 기후와, 매우 다양한 동식물의 분포로 인하여 자연 그대로가 동물원이고 식물원인 셈이다. [중국 명산 사전(中國名山辭典, 163쪽) 참조]

성진(姓陳) 名惠順(명혜순)

혜순과 혜명이 다른 이유는 명(明)자와 순(順)자의 행서, 초서 모양이 서로 비슷해서 각 필사본마다 다르기 때문이다. 도를 이룬 후에는, 스승 혜능과 같은 함자를 쓸 수가 없어서 도명(道明)으로 이름을 바꾸었다.

《불교인사사략(佛敎人士事略, 30쪽)》에는 다음과 같은 내용이 있다.

도명(道明) 선사(禪師)는 원주(袁州) 몽산(蒙山) 도명선사(道明禪師)다. 속성은 진(陳)씨, 파양인(鄱陽人=江西人)이고 진(陳) 선제(宣帝)의 후예인데, 이 후예들은 진 선제가 죽은 뒤에는 민가에서 유랑하였다.

소년 시절에 영창사(永昌寺)에 출가하였다. 혹 다른 번역본에서 출가 전에 3품 장군, 또는 4품 장군의 경력을 말하고 있지만 사실과는 다르다. 왜냐하면 그의 선조가 그런 것이지, 본인은 어려서 동진 출가를 했으므로 그런 경력이 있을 리가 없다.

구도심(求道心)이 간절한 도명은 선종 5조 홍인(弘忍)스님의 문하에 들어가 지냈으나 깨달음을 얻지는 못하였다.

어느 날 아침, 5조 홍인 스님의 가사와 법이 노 행자(行者)에게 비밀리에 부촉되었다는 말을 듣고는, 곧바로 도반 수십 명을 인솔해 앞장서서 추격에 나섰다.

대유령까지 갔을 때에, 도명이 제일 먼저 노 행자를 발견하였다. 이때였다. 위협을 느낀 노 행자는 가사와 발우를 바위 위에 올려놓고 말하였다.

"이 가사 신표를 어찌 힘으로 다툴 것입니까? 스님이 마음대로 가져가시오."

도명이 안간힘을 다해 들려고 애를 썼으니 산처럼 움직이지 않았다. 한참 머뭇거리고 두려움에 떨다가 말하였다.

"저, 여기에 제가 온 것은 법을 구함이지, 가사가 아닙니다. 행자님은 저를 위해 법문을 해주시고 부디 깨우쳐 주시오!"

노 행자가 말하였다.

불사선(不思善)	선도 생각하지 말고
불사악(不思惡)	악도 생각하지 말라.
정임마시(正恁麼時)	바로 이러한 때에
아나개시(阿那個是)	어떤 것이
명상좌(明上座)	명 상좌의
본래면목(本來面目)	본래 면목인고.

이 한 마디 말끝에 대오(大悟)한 도명은, 기쁨을 견디지 못해 온 몸에 땀을 흘리고 눈물을 흘렸다. 도명은 여러 차례 절을 올리고 나서 물었다.

"위로부터 전해 내려온 밀어(密語)와 밀의(密意) 외에 다른 뜻이 또 있습니까?"

노 행자가 말하였다.

"지금 내가 명 상좌에게 설해준 것은 밀어(密語)와 밀의(密意)가 아닙니다. 만약 명 상좌가 자기의 본래면목(本來面目)을 반조(返照-도로 비춰 봄)하였다면, 그 밀어와 밀의는 명 상좌 쪽에 있음을 알았을 것입니다." [오등회원, 송고승전]

이로써 볼 때, 지금까지 선종사에서 말하는 최초의 화두 '이 뭣고?'는 6조 스님과 남악 회양 스님과의 문답에서 시작되었다고 하지만, 실제로는 남악 스님 시대보다 20년 이상 앞선 도명 스님과의 문답에서 시작되었다고 해야 더 적절할 것이다.

"어떤 것이 명 상좌의 본래 면목인고?"

이 화두 법문은 선종사에서 아주 중요한 대목이다.

○ 第九科　慧能 ~ 四相

제 9과　혜능　사상

----- 제9과 혜능에서 ~ 4상을 떠나지 못하다. 까지 ----------

慧能來於此地, 與諸官僚道俗

혜	능	래	어	차	지	여	제	관	료	도	속
			땅지 위		줄더 불	벼관 슬리	동료	길이 치	풍속 속될

혜능이 이 땅에 온 것은, 여러 관료 도인과 속인들과

, 亦有累劫之人。教是先聖所傳

역	유	루	겁	지	인	교	시	선	정	소	전
또	묶을	세월						성인			전할

또한 오랜 전생부터 인연이 있었던 까닭이라. 가르침은 옛 성인이 전하는 바요,

, 不是慧能自知。願聞先聖教者

불	시	혜	능	자	지	원	문	선	성	교	자
				부스터스로		바랄	들맡을을			가르칠	

혜능이 스스로 안 것이 아니니라. 옛 성인의 가르침을 듣기를 원하는 사람들은

, 各須淨心聞了。願自除迷, 如

각	수	정	심	문	료	원	자	제	미	여
각각	마기 땅다 히릴	깨끗할		알마 칠				섬제 돌할	헤미 맬혹 할혹	같을

각자가 반드시 마음을 깨끗이 하여 듣고 나서 원컨대 스스로 미혹함을 없애서

제9과 혜능에서 4상을 떠나지 못하다.까지

先代悟 （下是法。）

선	대	오	（하	시	법）
	시대대신할	알			

옛 사람의 깨달음과 같아져야 하느니라. (아래가 법문이다.)라고

慧能大師喚言『善知識, 菩提

혜	능	대	사	환	언	선	지	식	보	리
		스승	부를외칠				알		보살	끝,들

혜능 대사가 불러 말씀하셨느니라. "선지식 여러분, 보리

般若之智, 世人本自有之, 卽緣

반	야	지	지	세	인	본	자	유	지	즉	연
돌돌아올	반야만약				인간						고리인연

반야의 지혜는, 세상 사람에게 본래부터 절로 갖추어져 있는 것이니라.

心迷, 不能自悟, 須求大善知識

심	미	불	능	자	오	수	구	대	선	지	식
	헤매미혹할				알	모름지기					

마음이 미혹한 인연으로(하기 때문에) 스스로 깨닫지 못한 것이니, 반드시 견성의 가르침을

示道見性。善知識, 愚人智人

시	도	견	성	선	지	식	우	인	지	인
보일	길이치						어리석을		지슬혜기	

보여주는 대선지식을 구해야만 하느니라. 선지식 여러분, 어리석은 사람과 지혜로운

, 佛性本亦無差別, 只緣迷悟,

	성성품질			어긋날	다를		뿐다만	고인리연	헤미맬혹할	알
불	성	본	역	무	차	별	지	연	미	오

사람이 본래 불성에서는 차별이 없느니라. 다만 미혹하고 깨달음 때문이니라.

迷卽爲愚, 悟卽成智。

	곧나아갈		어리석을				
미	즉	위	우	오	즉	성	지

미혹하면 곧 어리석은 사람이고 깨달으면 곧 지혜로운 사람이니라.

善知識, 我此法門, 以定慧爲

			나		문출입구		정할		
선	지	식	아	차	법	문	이	정	혜	위

선지식 여러분, 나의 이 법문은 선정과 지혜로써 근본을 삼느니라.

本。第一勿迷言定慧別。定慧體

	차례		말아닐			지혜	다를			몸
본	제	일	물	미	언	정	혜	별	정	혜	체

제일로 미혹해서 선정과 지혜가 다르다고 말하지 말지니라. 선정과 지혜의 몸(바탕)은

一不二, 卽定是慧體, 卽慧是定

일	불	이	즉	정	시	혜	체	즉	혜	시	정

하나이며 둘이 아니니라. 곧 선정은 지혜의 몸이고 지혜는 선정의

用, 卽慧之時 定在慧, 卽定之

쓸							정할	있을			
용		즉	혜	지	시		정	재	혜	즉	정	지

작용이니라. 곧 지혜가 작용할 때 선정이 지혜에 있고, 곧 선정이 작용할 때에

時 慧在定。善知識, 此義 卽

					알		옳의을리		
시		혜	재	정	선	지	식	차	의	즉

지혜가 선정에 있느니라. 선지식 여러분, 이 뜻은 곧

是定慧等。學道之人作意, 莫言

		같을							14	13
시	정	혜	등	학	도	지	인	작	의	막	언

선정과 지혜가 같다는 것이니라. 도를 배우는 사람은 뜻을 지어서, '선정을 먼저하고

先定發慧, 先慧發定, 定慧各別

2	1	4	3	6	5	8	7	9	10	11	12
	필,낼			먼저						각각	다를
선	정	발	혜	선	혜	발	정	정	혜	각	별

지혜를 나중에 발한다. 지혜를 먼저하고 선정을 나중에 발한다.' 하여 선정과 지혜를 각각

。作此見者, 法有二相, 口說善

	될지을						모서양로		입	
	작	차	견	자	법	유	이	상	구	설	선

다르다고 말하지 말지니라. 이런 견해를 짓는 사람은 법에 두 모양이 있느니라. 입으

, 心不善, 定慧不等。心口俱善

	정할	지혜	같무 을리		함갖 께출	
심	불	선	정	혜 부 등	심	구 구 선

로는 착함을 말하나 마음이 착하지 않으면, 선정과 지혜를 같이하는 것이 아니니라.

, 內外一種, 定慧卽等。自悟修

안드릴(납	밖	씨가지			알	닦을
내	외	일 종	정 혜 즉 등		자	오 수

마음과 입이 모두 착하고, 안팎이 한 가지면, 선정과 지혜가 같이하느니라. 스스로

行, 不在口諍。若諍先後, 卽是

	있을	말다툼			
행	부 재	구 쟁	약 쟁 선 후	즉	시

깨닫는 수행은 입으로 다투는데 있지 않느니라. 만약 앞과 뒤를 다툰다면, 이 사람은

迷人, 不斷勝負, 却生法我, 不

헤미 맬혹 할		끊을	이수 길승 할	짐질	그물 칠리 칠			
미	인	부 단	승	부	각	생 법	아	불

미혹한 사람이니라. 이기고 지는 마음을 끊지 않는다면 오히려 법과 나의 집착심을 내어

離四相。』

떠날				
리	사	상		

네 가지 모양(4상-나와 남(사람), 중생, 수명에 대한 상)을 떠나지 아니 하느니라."

【요점 해설】

교시선성소전(敎是先聖所傳-가르침.말씀은 먼저 성인들의 전하심이다)

깨달은 사람은, 본래공적(本來空寂)한 까닭에, 이 공(空)은 또한 보지 못한다. 다음 4불견(四不見)은 《원각경초(圓覺經初)》에 나온다.

(1) 어불견수(魚不見水)

물고기는 물을 굴집으로 삼고, 물속에서 헤엄치는데 모두 장애가 되지 않는다. 이런 까닭에 고기는 물을 보지 못한다고 말한다.

(2) 인불견풍(人不見風)

사방팔방 만규(萬竅)에서 불어오는 바람은 그 소리를 들을 수가 있어도, 모양을 볼 수가 없다. 이런 까닭에 사람은 바람을 보지 못한다고 말한다.

(3) 미불견성(迷不見性)

영명각지(靈明覺知-영명하고 깨달아 아는)의 성품은 사람마다 본래 갖추고 있건만, 다만 번뇌무명(煩惱無明-어두운 번뇌)에 덮여 미혹한 까닭에 보지 못한다. 이런 까닭에 미혹한 사람은 성품을 보지 못한다고 말한다.

(4) 오불견공(悟不見空)

수행(修行)하는 사람이, 이미 영명각지(靈明覺知)의 성품을 깨달아서 본래공적(本來空寂)하였다면, 이 공의 성품(空性)은 또한 얻지 못한다. 이런 까닭에 깨달은 사람은 공을 보지 못한다고 말한다.

정혜체일불이(定慧體一不二)

정혜체불일불이(定慧體不一不二-선정과 지혜의 체는 하나가 아니요 둘도 아니다.)로 된 원본과는 달리 강설 자가 타본을 참고하여 고쳤다.

법아(法我)

망견(妄見)에는 법과 나(法我)와 남과 나(人我)가 있다.

법아(法我-법과 나)는, 성문 연각의 이승(二乘)이 나란 주체가 오온(五蘊)의 가화합(假和合-임시로 합처진)으로 이뤄진 줄은 알았으나, 아직 생사의 공포, 열반에 대한

그릇된 견해를 풀지 못한 데에 있다. [大乘起信論 卷下末]

  법과 나(法我)에서는 내가 공함(我空)이 해결되었고, 법이 공한 것(法空)은 미해결인 상태다. 이런 까닭에 4상(四相)은 유위(有爲-함이 있는)의 법(法)이 생주이멸(生住異滅-생기고 머물고 달라지고 없어짐)함을 말한다.

4상(四相)

유위(有爲)의 모든 법(法)이 미래, 현재, 과거, 3세를 순환 유전(流轉)하는 모습이다.

(1) 생(生 : jati), 또는 생상(生相)

유위(有爲)의 법(法)이 미래 위(未來位)에서 생겨나서 현재 위(現在位)에 이른다.

(2) 주(住 : sthiti), 또는 주상(住相-머물고 있는 모습, 사는 모습)

유위(有爲)의 법이 현재 위(現在位)에 안주(安住-편안히 있다)한다.

(3) 이(異 : anyathatva), 또는 이상(異相-다르게 변하는 모습)

유위(有爲)의 법이 현재 위(現在位)에서 변하여 없어진다.

(4) 멸(滅 : anityata), 또는 멸상(滅相)

유위(有爲)의 법(法)이 현재 위(現在位)에서 사라져서 과거위(過去位-과거 없었던 때로)에 이른다.

  구마라습 스님이 번역한 《금강경》에는 4상(四相)이 있다.

(1) 아상(我相-나의 모습)

나의 실체를 믿는 마음과 그 소유. 중생이 5온 법(五蘊法) 중, 아(我)와 아소(我所 : 나의 소유물, 내 것)를 진실로 있다. 라고(實有) 망령되이 계교(計巧-헤아린다)한다.

(2) 인상(人相-남의 모습)

사람의 실체를 믿는 마음. 중생이 5온 법(五蘊法) 중, 아(我)는 인도(人道)에서 태어나서 6도를 윤회하는 다른 부류와 다르다고 망령되이 계교한다.

(3) 중생상(衆生相)

중생의 실체를 믿는 마음. 중생의 5온법 중, 아(我)는 색(色-빛, 물질), 수(受-받아

들임), 상(想-생각), 행(行-해함), 식(識-알음 알이 인식 하는 것) 5온(五蘊-다섯 가지가 모인 것)의 화합으로 태어났다고 망령되이 계교한다.(믿는다)

(4) 수자상(壽者相)

수명(壽命)의 실체를 믿는 마음. 중생이 5온 법(五蘊法)중, 아(我)는 태어나서 죽음에 이르는 일생 일기(一期)의 수명이 실제로 있고, 장단(長短)이 사람에 따라서 다르다고 망령되이 계교한다.

중국이나 일본에서 많이 쓰는 종보본(宗寶本)과는 달리, 예로부터 우리나라에서는 《육조단경(六祖壇經)》이라 하면 덕이본(德異本)을 말한다. 이 책의 강설자들이 4상(四相)은 곧 아(我), 인(人), 중생(衆生), 수자(壽者)라고 의심 없이 쓴다.

이 잘못된 단경 본문에서 법과 나(法我)를 나와 법(我法)으로 바꾼 데에 있다. 종보본과 덕이본에는 법아(法我)가 아법(我法)으로 바뀌어 있다.

○ 第十科 一行～如是

| | 제 | 10 | 과 | | 일 | 행 | | 여 | 시 | |

---- 제10과 일행삼매에서 ~또한 다시 이와 같다. 까지 ----------

『一行三昧者, 於一切時中,

| | | 갈행할 | 어두울 | | | | 모끊두을(절) | | |
| 일 | 행 | 삼 | 매 | 자 | | 어 | 일 | 체 | 시 | 중 |

"일행삼매(一行三昧-한결같이 행하는 삼매. 정정(正定-바른 선정.)는 어느 때나,

行住坐臥, 常行直心是。《淨名

				1	4	2	3	5		
	머물	앉을	누울	항상		곧바을를				깨끗할
행	주	좌	와	상	행	직	심	시		정	명

걷거나 머물거나(서거나) 앉거나 누울 때에나 항상 곧은 마음을 행하는 것이 이것이니라. 《정명경》에

經》云〈直心是道場, 直心是淨

| | | | | | 길이치 | 마당(장) | | | | |
| 경 | | 운 | 직 | 심 | 시 | 도 | 량 | 직 | 심 | 시 | 정 |

이르시되, '곧은 마음이 곧 도량이고, 곧은 마음이 바로 정토니라.' 하셨느니라.

土。〉 莫行心諂曲, 口説法直

			9	8	1	2	3	4	7	5	6
흙			말아닐			아첨할	굽을				
토			막	행	심	첨	곡	구	설	법	직

마음으로 아첨하고 굽은 생각을 가지고, 입으로만 법의 곧음을 설하지 말지니라.

제10과 일행삼매에서 ~또한 다시 이와 같다 까지

, 口說一行三昧, 不行直心, 非
　　구 설 일 행 삼 매　　불 행 직 심　　비
（어둘）　　　　　　　（곧바을를）　　（아그닐를）

입으로 일행삼매를 설하지만, 곧은 마음을 행하지 않는다면

佛弟子。但行直心, 於一切法上
불 제 자　 단 행 직 심　 어 일 체 법 상
（아우）（다오만직）

불제자가 아니니라. 오직 곧은 마음을 행하면서, 모든 법위에서

無有執著, 名一行三昧。迷人著
무 유 집 착　 명 일 행 삼 매　 미 인 착
　（잡을）（잡지을을(저)）　　　　　（헤미맬혹할）

집착함이 없다면 일행삼매라고 하느니라. 미혹한 사람은

法相, 執一行三昧, 直言坐不動
　　　　　　　　　　　　12　13　1　3　2
　　　　　　　　　　　　　　앉을　　움직일
법 상　 집 일 행 삼 매　 직 언 좌 부 동

법의 모양에 집착하고 일행삼매에 붙잡혀서 앉아서 (몸을) 움직이지도 않으며,

, 除妄不起心, 卽是一行三昧。
　 5　4　 8　7　6　　9　10　11
（덜섬돌）（허망망령할될）　（일어날）
　 제 망 불 기 심　 즉 시 일 행 삼 매

망념을 없애고 마음 일으키지 않는 것이 바로 이것이 일행삼매라고 직언하느니라.

若如是, 此法同無情, 却是障道

약	여	시	차	법	동	무	정	각	시	장	도
					같을		정,뜻	그물칠리칠		막을	

만약 이와 같다면, 이 법은 무정물과 같아서, 오히려 도에 장애가 되는

因緣。道須通流, 何以却滯?

인	연		도	수	통	류	하	이	각	체	?
인할까닭	고인리연		마땅히할릴	통할	흐를		어찌무엇		막힐빠질		

인연인 것이니라. 도는 반드시 흘러서 유통해야 하는데, 어찌 도리에 정체시키려고

心不住法, 道卽通流。住卽被縛

심	부	주	법	도	즉	통	류	주	즉	피	박
		머물			곧나아갈					입을	묶을

하느냐? 마음이 법에 머물지 않는다면, 도가 바로 통해서 흐를 것이고, 머문다면 바로 얽매이고

, 若坐不動, 是維摩詰不合呵舍

약	좌	부	동	시	유	마	힐	불	합	가	사
	앉을		움직일	맬밧줄	만질	물을문할	힐문할		모을맞을	꾸짖을	집

말 것이니라. 만약 앉아서 움직이지 않기만 한다면, 이것은 유마힐거사가 숲 속에서

利弗 宴坐林中。善知識, 又見

리	불		연	좌	림	중		선	지	식		우	견
이날로카울롤	아니		잔치길즐길		수풀				알			또어조사	

정좌한 사리불을 꾸짖음이 합당치 않았으리라. 선지식 여러분, 또한 어떤 사람이

제10과 일행삼매에서 ~또한 다시 이와 같다 까지

有	人		敎	人	坐	看	心	淨	,	不	動	不	起
3	2		17	4	5	7	6	8		10	9	12	11
			가르칠		앉을	볼	맑을깨끗할				움직일		일어날
유	인		교	인	좌	간	심	정		부	동	불	기

사람들에게 앉아서 마음을 관찰하고 깨끗이 하며, 움직이지 않고 일어나지 않는 것

,	從	此	致	功	。	迷	人	不	悟	,	便	執	成
	14	13	16	15									
	쫓을나아갈	보낼할	공,일			헤매미혹할		알깨달을			곧편안할	잡을	이룰
	종	차	치	공		미	인	불	오		변	집	성

으로써 이것을 쫓아 공을 이루도록 가르치는 것을 보았느니라. 미혹한 사람은 깨닫

顚	倒	。	卽	有	數	百	般		如	此	敎	道	者
엎어질	꺼꾸로넘어질		곧나아갈		셀		돌돌아올		같을				
전	도		즉	유	수	백	반		여	차	교	도	자

지 못하고, 문득 집착하여 거꾸러지나니, 곧 수백 가지가 있어 이와 같이 도를 가르치는

,	故	知	大	錯	。
	옛연고	알		섞어일지럴	
	고	지	대	착	

것은, 큰 착오인 줄을 짐짓(꼭) 알지니라.

善	知	識	,	定	慧	猶	如	何	等	?		如
잘착할		알		정할	지혜	마치같을			무리같을			
선	지	식		정	혜	유	여	하	등			여

선지식 여러분, 선정과 지혜가 어찌하여 균등한가? 마치

燈	光	。	有	燈	即	有	光	,	無	燈	即	無	光
등잔	빛												
등	광		유	등	즉	유	광		무	등	즉	무	광

등 불빛과 같으니라. 등이 있으면 곧 불빛이 있고, 등이 없으면 곧 불빛이

。	燈	是	光	之	體	,	光	是	燈	之	用	。	名
					몸						쓸		
	등	시	광	지	체		광	시	등	지	용		명

없느니라. 등은 빛의 몸이고, 불빛은 등의 작용이니라. 이름은

即	有	二	,	體	無	兩	般	。	此	定	慧	法	,
						둘	돌			정할			
즉	유	이		체	무	양	반		차	정	혜	법	

비록 둘이 있지만, 몸은 두 가지가 없으니, 이 선정과 지혜법도

亦	復	如	是	。	』
또	또다시				
역	부	여	시		

또한 다시 이와 같으니라.

【요점 해설】

직심(直心)

《육조단경》에서 인용한 《정명경》의 내용을 옮겨본다. 구마라습(鳩摩羅什) 삼장이 번역한 《유마힐소설경(維摩詰所說經 : 유마경. 정명경)》이다.

(1) 직심시보살정토(直心是菩薩淨土)

제1 불국품(第一 佛國品)에서, 부처님이 바이샬리 장자의 아들 보적(寶積)을 비롯한 청법 대중을 향해 법문을 하신 대목이다.

"지직심시보살정토(知直心是菩薩淨土) - 곧은 마음이 보살의 정토임을 알라.

보살 성불시(菩薩成佛時) - 보살이 부처를 이룰 때에

불첨중생(不諂衆生) - 아첨하지 않는 중생이

내생기국(來生其國) - 그 나라에 와서 태어나느니라."

(2) 직심시도량(直心是道場)

제4 보살품(第四 菩薩品)에서 광엄 동자(光嚴 童子)가 물었을 때 유마 거사(維摩居士)가 대답하는 대목이다.

"문(問) - 도량자하소시(道場者何所是) - 도량은 어느 곳을 말합니까? 하고 물었다.

답왈(答曰) - 직심시도량(直心是道場) - 곧은 마음이 곧 도량입니다. 하고 대답하였다."

근본 뜻은 정직(正直)과 가식(假飾)이 없는 마음이지만, 여러 사용 예에 따라 뜻이 다르고, 각각 경전의 글귀에 따라 매우 넓게 쓰인다.

예를 들면, 《유마경(維摩經)》에서는 꾸밈이 없는 마음이며, 단경의 근본 입장에서는 자성(自性)을 드러낸 마음이다.

《대승기신론(大乘起信論)》에서는, 10신(十信)을 이루려면 보살이 세 가지 마음을 일으켜야 하며, 이 세 가지 마음은 직심(直心), 심심(深心-깊은 마음), 대비심(大悲心)이라고 하였다. 여기서 곧은 마음(直心)은 진여(眞如) 묘법(妙法)을 기억하는 마음이다.

일행삼매(一行三昧)

일행삼매는 범어 '에까비후삼마디(ekavyuhasamadhi)'다. 마음을 일행(一行-하나로)으로 쏟아 수행하는 8정도(八正道)의 정정(正定-바른 선정)을 말한다.

또한 일삼매(一三昧), 진여삼매(眞如三昧), 일상삼매(一相三昧), 일상장엄 삼마지(一相莊嚴 三摩地)라고도 한다.

일행삼매(一行三昧)는 이치와 사물(理事-이상과 현실) 둘로 나눈다.

(1) 흔들림이 없는 선정심(定心)에서, 법계(法界)가 평등(平等)한 일상(一相)을 관찰(觀察)하는 삼매다. 이 삼매에 들면, 모든 부처님의 법신과 중생의 몸이 평등하여 둘이 아니고, 차별의 모양이 없음을 안다.

이런 까닭에, 행주좌와(行住坐臥) 등 어느 곳에서나 곧은 마음(直心)을 순일(純一)하게 가지되, 도량(道場)을 조금이라도 움직이지 않고 머문 그 자리에서 바로 극락정토(淨土)를 이룬 것이 이치(理)의 일상(一相)삼매다.

《대지도론(大智度論 卷四十七)》에서 말한다.

"일장엄삼매(一莊嚴三昧)는 바로 삼매를 얻는 것을 말한다. 모든 사물이 하나임을 관찰하되, 모든 사물은 상(相)이 있어 하나고, 혹은 모든 사물은 상(相)이 없어 하나며, 혹은 모든 사물은 공(空)하여 하나고, 이와 같은 등등으로 헤아릴 수 없이 하나인 것이다. (중약)"

일행삼매(一行三昧)는 삼매를 항상 한결같이 수행하는 것이니, 끝내는 공(空)한 모양이 삼매 가운데 나타나서 더 수행할 순서가 남지 않는 것이다.

(2) 사(事)의 일행삼매(一行三昧)

한 마음으로 염불하는 염불삼매(念佛三昧)다.

《문수사리 소설 마하반야바라밀경(文殊師利 所說 摩訶般若波羅蜜經 下卷)》에서 말한다.

"선남자 선여인 여러분, 일행삼매에 들고자한다면, 마땅히 공한(空閑-고요하고 한가한)한 데에 머물 것이며, 여러 산란한 생각을 버리고 모양도 취하지 말 것이며, 마음을 한 부처님께 매어두고 오로지 '나무아미타불'을 칭명(稱名)할 것이며, 몸을 단정히 하여 부처님 모신 곳을 향해 바로 향할지니라.

능히 한 부처님께 생각 생각이 이어진다면, 곧 생각 중에 과거, 현재, 미래의 여러 부처님을 볼 수가 있느니라."[大寶積經 卷四十七. 大品般若經 卷五, 大智度論 卷四十

선정과 지혜의 법(定慧法)

손등과 손바닥의 관계, 바다와 파도의 관계가 본체와 작용(體用), 곧 선정(定)과 지혜(慧)가 하나인 도리를 말한다.

보조 국사는 선정(定)과 지혜(慧)가 둘이 아니고 하나라는 사실을 정혜등지(定慧等持-정혜가 같다)로 표현한다. 정혜쌍수(定慧雙修-정혜를 같이 닦다) 역시 치우침이 없는 정혜(定慧)를 말한다.

정혜등지(定慧等持)는 선정과 지혜는 균등하고 자유자재로 가져서 함께 쓰고 함께 닦아 가벼움과 무거움, 앞과 뒤의 구별이 없음을 말한다.

자성(自性)에서 체용(體用=定慧)의 관계가 있다. 체는 용이니 지혜는 선정을 떠나 있지 않으며, 용(用)은 체(體)이니 선정은 지혜를 떠나 있지 않다.

선정이 바로 지혜인 까닭에, 고요함(寂)으로 말미암아 지혜(智)가 있고, 지혜가 선정인 까닭에, 지혜(智)로 말미암아 고요함(寂)이 있어서 이것을 정혜등지(定慧等持)라고 말하며, 정혜쌍수(定慧雙修)와 같은 뜻이다. 보조 국사의 《수심결(修心訣)》에서 나온 말이다.

이로써 볼 때, 고요한 마음을 떠나 지혜를 구하는 것은 전혀 효과가 없는 일이다. 산란한 마음은 욕심에서 생기고, 화를 내는 마음, 어리석은 마음에서 생긴다.

옛 사람들은 마음이 들뜨지 않고 고요하도록 일상생활 속에서 수행하는 방법을 가르쳤다. 욕심이나 화를 내기 전에, 단 한 번이라도 좋으니 먼저 이 몸과 마음을 움직이는 '이놈', '주인공', '본래면목(本來面目)', 요즘 말로 나를 움직이는 '리모트 컨트롤'이 어떻게 생겼는지, 화두(話頭) '이뭣고?'를 드는 일이다. 죽은 시체를 끌고 왔다 끌고 다니는 **이놈은 뭣인고?** 하고 화두를 들어야 수좌(首座)라 할 만한 것이다. 끝.

○ 第十一科 善知~而生

제 11 과 선지 이행

-------- 제11과 선지식에서~ 망상이 이로부터 생기느니라. 까지 ----------

『善知識, 法無頓漸, 人有利

	잘할 착할	알	알	법 형상	없을	조아릴 벼 아란간	점점 점		이 날카로울 이로울
	선	지	식	법	무	돈	점	인 유	이

"선지식 여러분, 법에는 단박 깨달음과 점차 깨달음이 없으나, 사람들에게는 영리함

鈍。迷卽漸勸, 悟人頓修。識自

무딜 둔	헤맬 미혹할	곧 나아갈		권할		알		닦을		부터 스스로
둔	미	즉	점	권		오	인	돈	수	식 자

과 우둔함이 있느니라. 미혹하다면 곧 점차 수행을 권하나, 깨달은 사람에게는 단박

本心, 是見本性, 悟卽元無差別

							으뜸		어긋날	다를
본	심	시	견	본	성	오	즉	원	무	차	별

닦음이니라. 자기 본심을 알면, 이것이 본래 성품을 본 것이니, 깨달으면 곧 원래 차별이 없으나,

, 不悟卽長劫輪廻。

				길 어른	세월	바퀴	돌 빙빙 빙빙 돌			
	불	오	즉	장	겁	윤	회			

깨닫지 못하면 곧 긴 겁 동안을 윤회하느니라.

善知識, 我此法門從上已來,

| | 선 | 지 | 식 | | 아 | 차 | 법 | 문 | 종 | 상 | 이래 |

나 / 문입구 / 쫓나을아갈 / 이마미킬

선지식 여러분, 나의 이 법문은 위로부터 내려온 이래로, 단박 깨달음과 점차 깨달음

頓漸皆立無念爲宗, 無相爲體,

조벼아란릴간 / 점점 / 다 / 설 / 마루 / 높을

| 돈 | 점 | 개 | 립 | 무 | 념 | 위 | 종 | | 무 | 상 | 위 | 체 |

모두가, 생각이 없음(무념)으로 종(宗-근본)을 삼고, 모양이 없음(무상)으로 체를 삼

無住爲本。何名爲相無相? 於

| 무 | 주 | 위 | 본 | | 하 | 명 | 위 | 상 | 무 | 상 | ? | 어 |

았으며, 머무름이 없음(무주)으로 근본을 삼는 것을 세웠느니라. 상 에서 상이 없음(무상)은 무슨 이름인가?

相而離相。無念者, 於念而不念

떠날

| 상 | 이 | 리 | 상 | | 무 | 념 | 자 | | 어 | 념 | 이 | 불 | 념 |

상에서 상을 떠난 것이니라. 생각이 없다는 것은 생각에 있데 생각은 하지 않는 것이니라.

。無住者, 爲人本性, 念念不住

| | 무 | 주 | 자 | | 위 | 인 | 본 | 성 | | 념 | 념 | 부 | 주 |

머무름이 없다는 것은 사람의 본래 성품이 생각생각에 머물지 않는 것이니라.

, 前念, 今念, 後念, 念念相續

										이을
전	념		금	념		후	념	념	념	상	속

그러나 앞생각과 지금 생각과 뒷생각이, 생각생각이 서로 이어져서

, 無有斷絶, 若一念斷絶, 法信

	끊을	끊을 간절할							
무	유	단	절	약	일	념	단	절	법	신

끊어짐이 없느니라. 만약 한 생각이라도 끊어진다면, 법신이

卽離色身, 念念時中, 於一切法

		빛모양								
즉	리	색	신	념	념	시	중	어	일	체	법

곧바로 색신을 떠난 것이니라. 생각 생각을 할 때에, 모든 법에

上無住, 一念若住, 念念卽住,

| 상 | 무 | 주 | 일 | 념 | 약 | 주 | 념 | 념 | 즉 | 주 |

머무름이 없으니, 한 생각이라도 만약 머문다면 생각 생각이 곧 머물 것이니,

名繫縛, 於一切法上 念念不住

	맬매달	묶을								
명	계	박	어	일	체	법	상	념	념	부	주

얽매임이라 이름 하느니라. 모든 법에서 생각생각이 머물지 않으면,

, 即無縛也。此是 以無住爲本

		묶을	잇기조사						
즉	무	박	야	차	시	이	무	주	위	본

곧 얽매임이 없으니, 이것이 머무름이 없음(무주)을 근본으로 삼는다는 것이니라.

。善知識, 外離一切相, 是無相

| | 선 | 지 | 식 | 외 | 리 | 일 | 체 | 상 | 시 | 무 | 상 |

선지식 여러분, 밖으로 모든 모양을 떠난 것이 모양이 없는 것이니라.

。但能離相, 性體清淨, 是以無

	다만					맑을	깨끗할			
	단	능	리	상	성	체	청	정	시	이	무

오로지 모양에서 떠날 수만 있다면, 자성의 본체는 깨끗한 것이니, 이것이

相爲體。於一切境上不染, 名爲

			지장경소		물들			
상	위	체	어	일	체	경	상	불	염	명	위

모양이 없음(무상)으로 본체를 삼는 것이니라. 모든 경계에서 물들지 않는 것을 생각

無念。於自念上離境, 不於法上

| 무 | 념 | 어 | 자 | 념 | 상 | 리 | 경 | 불 | 어 | 법 | 상 |

이 없음(무념)이라 이름하니, 자기의 생각 위에서 경계를 떠나면, 법위에서

生念。若百物不思, 念盡除却,

생념 약백물불사 념진제각

생각이 생기지 않느니라. 만약 백 가지 사물에 대하여 생각을 하지 않으면서, 생각을 모두 제거하려고 한다고 하자.

一念斷卽死, 別處受生。學道者

일념단즉사 별처수행 학도자

한 생각이 끊어지면 곧 죽어서 다른 곳에서 생을 받을 뿐이니라. 도를 배우는 이는

用心, 莫不息法意。自錯尚可,

용심 막불식법의 자착상가

마음을 씀에, 법의 뜻을 쉬도록 하라. 스스로 그르친 것만으로도 오히려 됐는데,

更勸他人迷。不自見迷, 又謗經

갱권타인미 부자견미 우방경

다시 남을 미혹하게 권한대서야?! 스스로 미혹하여 보지 못할뿐더러, 더욱이 경전과

法。是以立無念爲宗, 卽緣迷人

법 시이립무념위종 즉연미인

법을 비방하는구나. 이로써 생각이 없음(무념)을 세워 종(근본)을 삼았으되, 곧 미혹

於境上有念, 念上便起邪見, 一

어	경	상	유	념	념	상	변	기	사	견		일
	지장 경소						곧편 안 할	일 어 날	간치 사우 할칠			

한 사람이 경계 위에 생각을 두고, 생각 위에 다시 삿된 견해를 일으키니

切塵勞妄念從此而生。』

체	진	로	망	념	종	차	이	생
	티 끌	일힘 할쓸	허망 망령 할될		쫓나 을아 갈	어접 조속 사사		

모든 번뇌와 망상이 이로부터 생기느니라.

【요점 해설】

무념(無念)

아주 중요한 구절이다. 당나라 때 대이(大耳) 삼장과 혜충(慧忠) 국사의 일화가 있다. 인도의 명승 대이 삼장은 타심통(他心通)을 해서 사람의 마음을 꿰뚫어 보는 신통력이 있었다.

혜충 국사가 처음으로 호수 위의 뱃놀이를 구경하는 것, 다음에는 동물원을 구경하는 것을 생각하는데, 곧바로 신통하게 잘 맞추었다.

세 번째는 혜충 국사가 곧바로 생각이 없는(무념) 선정에 들었다.(入定) 이때 대이 삼장은 고개를 갸우뚱하면서 머뭇거렸다. 도무지 형체가 보이질 않았기 때문이다. 결국 세 번째에 가서 대이 삼장은 혜충 국사의 높은 법력 앞에 손을 들고 말았다는 이야기다.

법의(法意)

경계에 부딪혀서 어떤 고정 관념에 따른 모양이나 형식을 만들어서 지어내는 것으로 무념(無念)이 아닌 유념(有念)을 말한다.

막불식법의(莫不識法意)로 된 원본을 막불식법의(莫不息法意-법의 뜻에 쉬지 않는 짓을 하지 말라.법의 뜻을 쉬도록 하라.)로 강설자가 고쳤다.

○ 第十二科 然此 ~ 因緣

| | | 제 | 12 | 과 | 연 그럴
련 | 차 불
탈 | | 인 인
할
리 | 연 까닭
연 |

----- 제12과 그러므로 에서~ 도를 가로막는 인연이니라. 까지 -----

『然此教門立無念爲宗, 世人

| 연 | 차 | 교 가르칠 | 문 | 립 | 무 설 | 념 | 위 | 종 마루을
높을 | | 세 | 인 |

"그러므로 이 가르침의 문은 무념을 기본 교리(宗)로 세우느니라. 세상 사람은

離境, 不起於念。若無有念, 無

| 리 떠날 | 경 지경
장소 | | 불 | 기 일어날 | 어 | 념 | | 약 | 무 | 유 | 념 | | 무 |

경계를 떠나서 생각을 일으키지 않고, 그래서 만약에 생각이 없다면 무념 역시

念亦不立。無者無何事, 念者念

| 념 | 역 | 불 | 립 | | 무 | 자 | 무 어찌
무엇 | 하 | 사 일섬
길 | | 념 | 자 | 념 |

서지 않느니라. 없다니 무엇이 없다는 것인가, 생각이라니 무엇을 생각한다는 말인가?

何物? 無者離二相諸塵勞, 念

| 하 | 물 만물 | ? | | 무 | 자 | 리 | 이 | 상 | 제 | 진 티끌 | 로 일할
쓸 | | 념 |

없다는 것은 이분법(二分法-두 가지 모습)의 모든 번뇌 티끌에서 떠난 것이고,

者念眞如本性。眞如是念之體,

자 념(참) 진 여 본 성 진 여 시 념 지 체

생각한다는 것은 진여본성을 생각하는 것으로서, 진여는 생각의 본체고

念是眞如之用。自性起念, 雖卽

념 시 진 여 지 용(쓸) 자 성 기(일어날) 념 수(비록) 즉

생각은 진여의 작용이니라. (이런 까닭에) 자성이 생각을 일으키면, 비록

見聞覺知, 不染萬境, 而常自在

견(볼) 문(들을) 각(깨달을) 지 불 염(물들) 만 경(지경장소) 이 상(항상) 자 재(있을)

보고 듣고 깨달아 알지라도 만 가지 경계에 물들지(머물지) 않아 항상 자유자재 하느니라.

。《維摩經》云〈外能善分別諸

유(밧줄반줄칠) 마(만질) 경 운 외 능 선 분 별 제(다를)

《유마경》에서 말씀하시기를, '밖으로는 능히 모든 법의 모양을 잘 분별하나,

法相, 内於第一義而不動〉。

법 상 내 어(안드릴) 제 일 의(옳을) 이 부 동(움직일)

안으로는 첫째 원리(기본원리)에서 움직이지 않느니라.' 하셨느니라.

善知識, 此法門中 坐禪元不

							앉을	줄고요할	으뜸	
선	지	식	차	법	문	중	좌	선	원	불

선지식 여러분, 이 법문 가운데서 좌선은 원래 마음에 집착하지 않는 것이고,

著心, 亦不著淨, 亦不言不動。

잡을(저)				깨끗할					
착	심	역	불	착	정	역	불	언	부	동

또한 깨끗한 것에도 집착하지 않으며, 움직이지 않는다는 말 역시 하지 않느니라.

若言看心, 心元是妄, 妄如幻故

	볼				허망망령할될			변허할깨비	옛연고
약	언	간	심	심	원	시	망	망	여	환	고

(누가) 만약에 마음을 본다고 말을 한다면, 마음은 원래 허망한 자체고, 허망한 자체는

, 無所看也。若言看淨, 人性本

			어조사							
무	소	간	야	약	언	간	정	인	성	본

허깨비와 같아서 볼 것이 없느니라. (누가) 만약에 깨끗함을 본다고 말한다면, 사람 성품은

淨, 爲妄念故, 蓋覆眞如, 離妄

					덮을개	대뒤집힐	참		떠날	
정	위	망	념	고	개	복	진	여	이	망

본래 깨끗한데도 불구하고, 허망한 생각 때문에 진여가 가려졌을 뿐이니, 허망한

제12과 그러므로 에서~도를 가로막는 인연이니라.까지

念	,	本	性	淨	,	不	見	自	性	本	淨	,	起
			깨끗할										일어날
념		본	성	정		불	견	자	성	본	정		기

생각만 떠난다면 본래 성품은 깨끗 하느니라. 자성의 본래 깨끗함을 보지 아니하고,

心	看	淨	,	却	生	淨	妄	。	妄	無	處	所	,
	볼			그물칠리칠		함망부령로될					곳		
심	간	정		각	생	정	망		망	무	처	소	

마음을 일으켜서 깨끗한 것을 보려고 한다면, 오히려 깨긋 하다고 하는 허망한 생각(淨妄)이 생기느니라. 허망한 생각은 처소가 없느니라.

故	知	看	者	却	是	妄	也	。	淨	無	形	相	,
											형상	모서양로	
고	지	간	자	각	시	망	야		정	무	형	상	

그런 까닭에 본다고 하는 것은 바로 허망한 생각 자체임을 알지니라. 깨끗함은 모양이

却	立	淨	相	。	言	是	功	夫	,	作	此	見	者
	설						공보람	대저아비		될지을			
각	립	정	상		언	시	공	부		작	차	견	자

없는데도, 도리어 깨끗한 모양을 주장하고, 이것을 공부라고 말한다면, 이런 견해를

,	障	自	本	性	,	却	被	淨	縛	。	若	修	不
	막을					입미을칠		묶얽을을			닦을		
	장	자	본	성		각	피	정	박		약	수	부

내는 사람은, 스스로 본성을 가로막아 결국 깨끗함에 묶이게 되느니라. 만약

動者, 不見一切人過患, 是性不

動	者			不	見	一	切	人	過	患		是	性	不
움직일							모두(절) 끊을	허물 지날	근심			성품	성질	
동	자			불	견	일	체	인	과	환		시	성	부

움직임이 없음을 닦는 사람이, 모든 사람들의 허물과 병폐를 보지 못한다면,

動, 迷人自身不動, 開口卽説人

動	迷	人	自	身	不	動	開	口	卽	説	人
	헤맬 미혹할			몸			열, 필	입 출구	곧 나아갈	말씀 뺄(열)	기
동	미	인	자	신	부	동	개	구	즉	설	인

이것은 성품이 움직이지 않는 것이니라. 미혹한 사람은 자신의 몸은 움직이지 아니하나, 입을 여는 순간 남의 옳고 그름을 말하나니,

是非, 與道違背。看心看淨, 却

是	非		與	道	違	背	看	心	看	淨	却
이 옳을	아닐 그를		더불 줄	길 이치	어길	등 등질	볼			깨끗할	그물 물리칠
시	비		여	도	위	배	간	심	간	정	각

도(道)와는 어긋나 등진 것이니라. (이로써 볼 때) 마음을 본다거나 깨끗함을 본다고

是障道因緣。』

是	障	道	因	緣							
	막을		까닭 인할	인연 고리							
시	장	도	인	연							

하는 것은, 오히려 도를 가로막는 인연이니라."

【요점 해설】

염자염진여본성(念者念眞如本性)

조계산 송광사를 중창한 보조(普照)스님의 수행 과정이다. 1182년 25세 때, 창평(경기도 창평인지, 혹은 전남 나주 창평인지, 그 외 다른 창평인지 지명을 고증할 수가 없다.) 청원사(淸源寺)에서 지낼 때였다. 도반 10여 명 및 대중들과 함께 정진하면서 《육조단경》을 읽다가 홀연 이 대목에서 깨닫는다.

제12과 그러므로 에서~도를 가로막는 인연이니라.까지 111

경전을 읽다가 깨닫는 이 경우, 참선의 실참실구(實叅實究)와는 어떻게 비교해야 하는가?

마음이 크게 열린 사람은 안내서의 역할밖에 못 한다는 경전이나 어록을 통해서도 능히 가능하다는 점을 보여준 좋은 예가 될 것이다.

○ 第十三科   今旣 ~ 身佛

	차례		조과목정		이오제늘	이벌미써		몸	부처	
	제	13	과		금	기		신	불	

------- 제13과 이제 이미에서~ 3신불.까지 ---------

『今旣如是, 此法門中   何名

	이오제을	이벌미써	같을				문출입구		어무찌엇	
	금	기	여	시	차	법	문	중	하	명

"이제 이미 이와 같나니, 이 법문 가운데 무엇을 이름 하여

坐禪?   此法門中   一切無碍,

앉을	고요할								막끼을리낄	
좌	선	?	차	법	문	중	일	체	무	애

좌선이라고 하는가? 이 법문 가운데는 일체 걸림이 없어서,

外 於 一 切 境 界 上 ,   念 不 起 爲 坐 ,

			지장경소	지이경웃			일어날		앉을	
외	어	일	체	경	계	상	념	불	기	위	좌

밖으로 모든 경계 위에 생각이 일어나지 않는 것이 앉음(坐-좌선)이고, 본래 성품을

見本性不亂爲禪。何名爲禪定?

				어지러울						정할	
견	본	성	불	란	위	선	하	명	위	선	정	?

보아 어지럽지(산란하지)않은 것이 선(禪)이니라. 무엇을 이름 하여 선정이라고 하는

外離相曰禪, 內不亂曰定。外

	外	離	相	曰	禪		內	不	亂	曰	定		外
		떠날		고요할			안드릴(납)	어지러울		정할			
	외	리	상	왈	선		내	불	란	왈	정		외

가? 밖으로 모양을 떠난 것을 선(禪)이라고 하고, 안으로 어지럽지 않은 것을 선정

若著相, 內心卽亂, 外若離相,

若	著	相		內	心	卽	亂		外	若	離	相
	잡지을을(저)											
약	착	상		내	심	즉	란		외	약	리	상

(定)이라고 하느니라. 밖으로 모양에 집착한다면, 내심이 어지러우나, 밖으로 모양을

內性不亂。本性自淨自定, 祗緣

內	性	不	亂		本	性	自	淨	自	定		祗	緣
								맑을				다만공경	고인할리연
내	성	불	란		본	성	자	정	자	정		지	연

떠난다면 안의 성품이 어지럽지 않느니라. 본성은 스스로 깨끗하고(自淨) 스스로 안정(定)

境觸, 觸卽亂, 離相不亂卽定。

境	觸		觸	卽	亂		離	相	不	亂	卽	定
지경소	닿을											
경	촉		촉	즉	란		리	상	불	란	즉	정

하느니라. 다만 경계에 연하여 접촉하면, 접촉한 즉시 어지러워지나니, 모양을 떠나 어지럽지 않은 것이 곧 정(定)이니라.

外離相卽禪, 內不亂卽定。外禪

外	離	相	卽	禪		內	不	亂	卽	定		外	禪
외	리	상	즉	선		내	불	란	즉	정		외	선

밖으로 모양을 떠난 것이 곧 선(禪)이고, 안으로 어지럽지 않은 것이 곧 정(定)이며, 밖으로 선(禪-모양을 떠나고)하고

內定, 故名禪定。《維摩經》云

	정할	연고 고의	고요		밧줄칠 반줄	만질	글지날
내	정	고	명 선	정	유	마 경	운

안으로 정(定-어지럽지 않음)하니, 이런 까닭에 선정이라고 이름 하느니라. 《유마경》에 이르되,

, 〈卽時豁然, 還得本心〉。《

		뚫릴 통할	불그 탈럴	돌아올	얻을 특별할		
	즉	시	활	연	환	득	본 심

'즉시 활연히(확) 본심을 회복하느니라.' 하셨고,

菩薩戒經》云, 〈界本源自性淸

보살 보리수	보살	경계할			지경 이웃	근원		맑을
보	살	계	경	운	계	본 원	자 성	청

《보살계경》에 이르되, '계의 근원인 자성은 깨끗 하느니라.' 하셨느니라.

淨〉。善知識, 見自性自淨, 自

맑을 깨끗할							
정		선 지 식		견 자 성 자 정			자

선지식 여러분, 자기 성품이 스스로 깨끗함(自淨)을 볼지니라. 스스로

修自作 自性法身, 自行佛行,

닦을	될지을						
수	자 작	자 성 법 신		자 행 불 행			

닦아 스스로 지음이, 자기 성품인 법신이고, 스스로 행함이 부처의 행이며,

自作自成佛道。

자	작	자	성	불	도
			길이 치		
자	작	자	성	불	도

스스로 짓고 스스로 이룸이 불도(佛道)니라.

善知識, 總須自體, 與授無相

	善	知	識	總	須	自	體	與	授	無	相
				모두	모름지기			줄더불	줄		
	선	지	식	총	수	자	체	여	수	무	상

선지식 여러분, 모두 모름지기 자기의 몸에게, 무상(無相)계를 줄 것이니,

戒。一時 逐慧能口道, 令善知

戒	一	時	逐	慧	能	口	道	令	善	知
경계할			쫓을달릴	지슬혜기	잘능히	입출입구				
계	일	시	축	혜	능	구	도	영	선	지

똑같이 혜능의 입을 따라 말하라. 선지식 여러분에게

識見自三身佛, 於自色身歸依清

識	見	自	三	身	佛	於	自	色	身	歸	依	清
								빛모양		돌아갈	기의댈지할	맑을
식	견	자	삼	신	불	어	자	색	신	귀	의	청

자신의 3신불을 보게 하리라. 나의 색신, 청정 법신불에 귀의합니다.

淨法身佛, 於自色身 歸依千百

淨	法	身	佛	於	自	色	身	歸	依	千	百
깨끗할											
정	법	신	불	어	자	색	신	귀	의	천	백

나의 색신, 천 백억 화신불에 귀의합니다.

億化身佛, 於自色身, 歸依當來

억	화 할	변 할			빛 모 양			돌 아 갈	기 댈	당 할 땅 히	마 땅 히
억	화	신	불	어	자	색	신	귀	의	당	래

나의 색신, 당래 원만 보신불에 귀의 합니다.

圓滿報身佛。已上三唱。色身是

두 루	찰	갚 을			이 미 미 칠			부 를 주 장 할			
원	만	보	신	불	이	상	삼	창	색	신	시

이상 세 번 부르느니라. 색신은 바로 집인 까닭에

舍宅, 不可言歸。向者三身, 在

집	집						향 할 구 할				있 을
사	택		불	가	언	귀	향	자	삼	신	재

돌아간다고 말할 수 있느니라. 앞의 3신은

自法性, 世人盡有, 爲迷不見。

	성 품 성 질			다 할			헤 미 맬 혹 할			
자	법	성	세	인	진	유	위	미	불	견

자기 법성 안에 있고, 세상 사람이 다 있으나 미혹하여 보지 못하느니라.

外覓三身如來, 不見自色身中三

	찾 을 구 할										
외	멱	삼	신	여	래		불	견	자	색	신	중	삼

밖으로 3신 여래를 찾는다면, 자기 색신 가운데서

身	佛	。	』									
신	불											

3신불을 보지 못하느니라."

【요점 해설】

하명좌선(何名坐禪-무엇을 좌선이라 하는 가)?

선(禪)과 불교에 대한 개인적인 견해에서, 형식과 모양에 사로잡힌 그릇된 견해가 우리 주위에 얼마나 많은지 모른다.

일목요연(一目瞭然-한 눈에 훤한)한 좌선에 대한 해설은, 6조 스님의 근본정신이다.

어자색신(於自色身) 귀의청정법신불(歸依淸淨法身佛)

대승계로 잘 알려진 《범망경(梵網經, 노사나 불설 보살심지계품 제10)》에 실려 있는 내용이다.

재자법성(在自法性)

원본에는 자재법성(自在法性)인 것을 강설자가 고쳤다.

○ 第十四科 先知~知見

제 14 과 선지(먼저 알) 지견

-------- 제14과 선지식아에서~알지 못 하느니라.까지 ----------

『善知識, 聽與善知識說, 令

선지식 청(들을) 여(줄더불) 선지식 설 영

"선지식 여러분은 선지식에 대한 말을 들을지니라.

善知識 於自色身 見自法性

선지식 어 차 색(빛형상) 신 견 자 법 성

선지식들로 하여금 자기 색신 안에 있는 자기의 법성이 세 몸의 부처(3신불)를 가졌음을

有三身佛。此三身佛, 從自性上

유 삼 신 불 차 삼 신 불 종(쫓따을를) 자 성 상

보게 할 것이니라. 이 세 몸의 부처는 자성에서 생기느니라.

生。何名清淨〔法〕身佛? 善

생 하(어무찌엇) 명 청(맑을) 정(깨끗할) 〔법〕 신 불 ? 선

무엇을 청정한 법신의 부처라고 이름 하는가?

제14과 선지식아에서~알지 못 하느니라.까지 119

知	識	,	世	人	性	本	自	淨	,	萬	法	在	自
												있을	
지	식		세	인	본	성	자	정		만	법	재	자

선지식 여러분, 세상 사람의 성품은 본래 스스로 깨끗하여, 만법이 자성 안에 있느니

性	。	思	惟	一	切	惡	事	,	卽	行	於	惡	,
		생각	생각			모질	일섬길						
성		사	유	일	체	악	사		즉	행	어	악	

라. (그러므로) 모든 악한 일을 생각하면, 바로 악을 행하게 되며,

思	量	一	切	善	事	,	便	修	於	善	行	。	知
	헤아릴						곧편안할						11
사	량	일	체	선	사		변	수	어	선	행		지

모든 착한 일을 생각하면, 바로 착한 행을 닦게 되느니라.

如	是	一	切	法	盡	在	自	性	。	自	性	常	淸
2	1	3	3	4	5	7	6	6		8	8	9	10
					다할							항상	
여	시	일	체	법	진	재	자	성		자	성	상	청

이와 같이 모든 법이 다 자성 안에 있어서 자성은 항상 깨끗함을 알지니라.

淨	,	日	月	常	明	,	只	爲	雲	覆	蓋	,	上
10					밝을		뿐다만		구름	덮을집을	덮뒤을개		
정		일	월	상	명		지	위	운	복	개		상

해와 달은 항상 밝으나, 다만 구름이 덮인 까닭에 위는

明	下	暗	,	不	能	了	見	日	月	星	辰	,	忽
	어두울				알마칠				별 별지지	별지		문득소홀할	
명	하	암		불	능	료	견	일	월	성	신		홀

밝고 아래(땅)는 어두워서, 해와 달, 별들이 훤히 보이지 않지만, 홀연히 지혜의 바람

遇	惠	風	吹	散	卷	盡	雲	霧	,	萬	像	森	羅
5	2	3	4	10	9	8	6	7		12	12	11	11
만날	지은혜혜	바람	불	흩을	책쇠뇌	다할	구름	안개		형본상뜰	빽빽할	벌일
우	혜	풍	취	산	권	진	운	무		만	상	삼	라

이 부는 것을 만나면, 구름과 안개를 다 걷어 흩어버리면 삼라만상이 일시에 다 드

,	一	時	皆	現	。	世	人	性	淨	,	猶	如	清
	13	13	14	15									
		때	다	나타날							같을	같을	
	일	시	개	현		세	인	성	정		유	여	청

러 나느니라. 세상 사람의 성품이 깨끗함이 마치 맑은 하늘과 같은데, 지혜(慧-무위의 공리(空理)

天	,	慧	如	日	,	智	如	月	,	智	慧	常	明
		지혜				지혜							
천		혜	여	일		지	여	월		지	혜	상	명

를 통달 하는 것)는 해와 같고 지혜(智-유위(有爲)의 사상(事相)에 통달하는 것)는 달과 같으니라..

。	於	外	著	境	,	妄	念	浮	雲	蓋	覆	,	自
			잡을을(저)	지장경소		허망망령할될	생각	뜰	구름	덮을개	덮을뒤집을		
	어	외	착	경		망	념	부	운	개	복		자

지혜는 항상 밝되, 밖으로 경계에 집착하면 망념의 뜬구름이 덮여서 자성이

性不能明。故遇善知識，開眞正

			연고 고의	만 날				열	참	
성	불	능	명	고	우	선	지	식	개	진	정

밝지 못할 뿐이니라. 이런 까닭에, 선지식을 만나게 되면, 참 정법을 열어주어,

法，吹却迷妄，内外明徹，於自

	불	그물 칠리 칠	헤미 맬혹 할		안드 릴 (납		밝통 을할		
법	취	각	미	망	내	외	명	철	어	자

미혹과 망념을 훅 불어서 싹 쓸어버려 안과 밖이 사무쳐(통하여, 훤히) 밝아서

性中 萬法皆現。一切法自在性

					나 타 날					
성	중	만	법	개	현	일	체	법	자	재	성

자성 가운데 만법이 모두 드러나니, 일체법에 자재한 성품을

，名爲淸淨法身。自歸依者，除

						동 아 갈	기의 댈지 할		덜섬 돌
명	위	청	정	법	신	자	귀	의	자	제

이름 하여 청정법신이라 하느니라. 스스로 돌아가 의지한다는 것은 착하지 못한 마음과

不善心及不善行，是名歸依。何

			및미 칠							
불	선	심	급	불	선	행	시	명	귀	의	하

착하지 못한 행을 없애는 것이며, 이 이름이 돌아가 의지한다고 하는 것이니라.

名	爲	千	百	億	化	身	佛	?		不	思	量	性
				억	화변 할할						생 각	헤 아 릴	
명	위	백	천	억	화	신	불	?		부	사	량	성

무엇을 천 백억 화신 부처라고 이름 하는가? 생각하지 않으면 성품이 공하여 곧 고

卽	空	寂	,	思	量	卽	是	自	化	。	思	量	惡
곧나 아 갈	빌	고 요 할											모 질 럴 (오
즉	공	적		사	량	즉	시	자	화		사	량	악

요하지만, 생각하면 곧 스스로 변하느니라. (그러므로) 악한 법을 생각하면

法		化	爲	地	獄	,	思	量	善	法		化	爲
				땅지 위	우 리								
법		화	위	지	옥		사	량	선	법		화	위

변하여 지옥이 되고, 착한 법을 생각하면 변하여 천당이 되며,

天	堂	,	毒	害	化	爲	畜	生	,	慈	悲	化	爲
	집		독독 할	해 할			쌓기 을를			사 랑	슬 플		
천	당		독	해	화	위	축	생		자	비	화	위

독(3독)으로 해치면 변하여 축생이 되고, 자비하면 변하여 보살이 되며, 지혜로우면

菩	薩	,	智	慧	化	爲	上	界	,	愚	癡	化	爲
보 살	보 살						지경 경계			어 리 석을	어 리 석을		
보	살		지	혜	화	위	상	계		우	치	화	위

변하여 윗 세계(천상.극락)가 되고, 어리석으면 변하여 아랫 세계(지옥)가 되느니라.

下方。	自	性	變	化	甚	多,	迷	人	自	不
모방향			변할		매우	많겹을칠				
하 방	자	성	변	화	심	다	미	인	자	부

자성의 변함이 아주 대단하나, 미혹한 사람은 스스로

知	見 。 』									
지	견									

알지 못하느니라."

【요점 해설】

하명위천백억화신불(何名爲千百億化身佛)

무엇을 천 백억 화신 부처라고 이름 하는가?

《육조단경》이 이(理)의 입장이라면, 경전에 나타난 수월(水月-물과 달)의 비유는 사물(事)의 입장이다. 경전에서는 하늘에 뜬 둥근 달(天月)은 법신불이고, 물에 비친 달(水月)은 천 백억 화신불이라고 설명한다. 개개인은 다 불성(佛性)을 지니고 있고 우리 모두가 근본에서는 부처이기 때문이다.

이와 같이 사(事)와 이(理)라는 두 가지 입장, 현실과 이상, 현상과 본체(본질), 차별과 평등, 체(體)와 용(用) 등 이런 2분법(二分法)은 불자가 반드시 건너야 할 교량이다. 2분법의 교량을 건너면 부처의 영역, 바로 불이(不二-둘 아닌)의 정각(正覺-바른 깨침)으로 통한다.

○ 第十五科　一念~自度

		조과목정			법혜도일(탁)	
제	15	과	일 념	자	도

------ 제15과 한 생각에서~스스로 제도한다. 까지 ------

一念善, 智慧卽生。一燈能除

	생각	잘할착	슬기혜지	지혜혜	곧나갈		등등불잔	잘능히	덜섬돌
일	념	선	지	혜	즉	생	일	등	능	제

"한 생각이 착하면(좋으면) 지혜가 바로 생기나니, 한 등이 능히 천년동안의 (굴속)

千年闇, 一智能滅萬年愚。莫思

	해	어두울			멸할없앨		어리석을		말아닐	생각
천	년	암	일	지	능	멸	만	년	우	막	사

어둠을 몰아내고, 한 지혜는 능히 만년의 어리석음을 없애느니라. 과거(앞)를 생각하지 말고

向前, 常思於後。常後念善, 名

향나할아갈	앞		항상		뒤				좋을	
향	전	상	사	어	후	상	후	념	선	명

항상 미래만(뒤)을 생각할지니, 항상 미래(뒤)의 생각이 착한 것을(좋은 것을)보신(報身

爲報身。一念惡, 報却千年善亡

	갚을				모질럴(오)		그물칠리칠			죽을
위	보	신	일	념	악	보	각	천	년	선	망

-과보로 받은 몸)이라고 이름 하느니라. 한 생각이 악하면(좋지 아니하면) 과보는 곧 천

제15과 한 생각에서~스스로 제도한다. 까지

,	一念善,		報	却	千	年	惡	滅。	無	常
				갚을	그물칠리칠				멸할		
	일	넘 선	보	각	천	년	악	멸	무	상

년의 착함을 없애느니라. 한 생각이 착하면 과보는 곧 천 년의 악을 소멸하느니라.

已	來	後	念	善,	名	爲	報	身,	從	法	身
이미미칠									쫓을따를		
이	래	후	넘	선	명	위	보	신	종	법	신

시작함이 없는 때로부터 미래의 생각이 착함을 보신(報身)이라고 이름 하느니라. 법

思	量,	卽	是	化	身,	念	念	善,	卽	是
	헤아릴									
사	량	즉	시	화	신	넘	넘	선	즉	시

신을 쫓아서(따라서) 생각함이 화신이며, 생각 생각이 착하면 이것이

報	身。	自	悟	自	修,	卽	名	歸	依	也。
		부터스스로	알	닦을				돌아갈	기댈의지할	잇어기조사
보	신	자	오	자	수	즉	명	귀	의	야

보신이니라. 스스로 깨달아서 스스로 닦음이, 곧 돌아가 의지한다는 이름이니라.

皮	肉	是	色	身,	色	身	是	舍	宅,	不	言
가죽	살		빛형상					집	집		
피	육	시	색	신	색	신	시	사	택	불	언

가죽과 살점은 육신(색신)이고 육신이 바로 집인 까닭에, 돌아가 의지할 곳이 아니니

歸依也。但悟三身, 即識大意。

歸	依	也	但	悟	三	身	即	識	大	意
돌아갈	의지할		다만	일				알		뜻생각
귀	의	야	단	오	삼	신	즉	식	대	의

라. 오직 세 몸을 깨달으면 곧 큰 뜻을 알게 되느니라.

今既自歸依三身佛已, 與善知

今	既	自	歸	依	三	身	佛	已	與	善	知
이제늘	이벌미써								이마미칠	줄더불	
금	기	자	귀	의	삼	신	불	이	여	선	지

이제 이미 스스로 세 몸의 부처에게 돌아가 의지함을 마쳤으니, 선지식 여러분과

識發四弘大願。善知識一時 逐

識	發	四	弘	大	願	善	知	識	一	時	逐
	필,낼		넓을		바랄						쫓을내칠
식	발	사	홍	대	원	선	지	식	일	시	축

더불어서 네 가지 넓고 큰 원(사홍서원)을 발하리라. 선지식 여러분은 동시에

慧能道,

慧	能	道
지혜		길이치
혜	능	도

혜능을 따라 말씀하시라.

衆生無邊誓願度, 煩惱無邊誓

衆	生	無	邊	誓	願	度	煩	惱	無	邊	誓
무리			가변두리	맹서할	바랄	법도일(탁)혜	괴로울	괴로울			
중	생	무	변	서	원	도	번	뇌	무	변	서

중생이 한량없이 많아도 다 건지기를 서원합니다. 번뇌가 한량없이 많아도 다

願斷, 法門無邊誓願學, 無上佛

	끊을			가 변 두 리	맹 서 할		배 울		
원	단	법	문	무	변	서	원	학	무	상	불

끊기를 서원합니다. 법문이 한량없이 많아도 다 배우기를 서원합니다. 불도가 한량

道誓願成。三唱。

| 도 | 서 | 원 | 성 | | 삼 | 창 | | | | |

없이 높아도 다 이루기를 서원합니다. (세 번 부름)

善知識,〈衆生無邊誓願度〉

| | 선 | 지 | 식 | < | 중 | 생 | 무 | 변 | 서 | 원 | 도 | > |

선지식 여러분, '중생이 한량없이 많아도 다 건지기를 서원한다.' 함은,

, 不是慧能度。善知識, 心中衆

| | 불 | 시 | 혜 | 능 | 도 | | 선 | 지 | 식 | 심 | 중 | 중 |

혜능이 선지식 여러분을 건짐이 아니라, 마음속의 중생(번뇌)을

生, 各於自身自性自度。』

		각 각				성성 품질	법혜 도일 (탁)			
생		각	어	자	신	자	성	자	도	

각자 자신의 자성에 의해 스스로 제도한다(건진다)는 것이니라."

【요점 해설】
중생무변서원도(衆生無邊誓願度)

대승 보살의 정신이 어디에 있는지를 잘 보여주는 대목이다. 번뇌를 끊는 일에 앞서 중생을 제도하는 일이다.(대승의 관점)

수행자는 흔히 말하기를, 번뇌를 먼저 끊은 다음에 이웃을 제도해야 한다고 한다.(소승의 관점) 그러나 이 말은 바른 표현이 아님을 잘 알 수가 있다. 먼저 이웃을 위해 노력하는 게 보살이고, 그 대표적인 예로 지장보살을 든다.

"다른 중생들이 모두 지옥 고통에서 벗어나, 지옥이 텅 비기 전에는 내 자신이 부처가 되지 않기를 서원합니다."

얼마나 거룩하고 아름다운 서원인지 모른다.

"남을 위하다가 행여 내 자신이 뒤로 처지지나 않을까?"

"산중에 머물지 않아서 불이익이나 받지 않을까?"

"용상(龍象)방 서열에서, 종단(宗團) 서열에서 아래로 떨어지지나 않을까?"

제 각기 먼저 깨달음을 얻기 위해 마라톤 선수처럼 앞서려고 하는 것이 일반이다. 이에 비해 대승 보살의 정신은 세속의 때를 씻어서 맑고 깨끗하다.

또한 이(理)의 입장에서 6조 스님은, 스스로 모든 중생을 건진다고 말씀하신다.

"선지식 여러분, 중생이 한량없이 많아도 다 건지기를 서원한다함은, 혜능이 선지식 여러분을 건짐이 아니라, 마음속의 중생을 각자 자신의 자성에 의해 스스로 건진다는 것이니라."

《육조단경》에는 이런 명쾌한 대목이 책장마다 번쩍인다. 정신이 깨어나게 하는 따끔한 일침(一針)이다.

○ 第十六科　何名 ~ 懺悔

				어무찌엇		뉘우칠	뉘우칠
	제	16	과	하 명		참	회

--- 제16과 어떤 것을 에서~참회라고 하느니라. 까지 -----

『何名自性自度？　自色身中

어무찌엇		성품 성질		법도 혜일(탁)			빛 형상		
하	명	자	성	자	도	?	자	색	신	중

"어떤 것을 자기의 성품으로 자기를 건진다고 이름 하는가? 자기 육신(색신) 가운데,

邪見煩惱,　愚癡迷妄,　自有本覺

간사할		괴로울	괴로울	어리석을	어리석을	혜미 맬혹 할	하망 망령 할될			밑근 본	깨달을
사	견	번	뇌	우	치	미	망	자	유	본	각

삿된 견해와 번뇌, 어리석음, 미망에 본래 깨달음(本覺)의 성품을 스스로 가지고 있기 때문에,

性。將正見度。既悟正見般若之

	가어 질찌				이벌 미써	알			돌	반만 야약	
성	장	정	견	도	기	오	정	견	반	야	지

바른 견해를 가지고 건지는 것이니라. 이미 바른 견해인 반야의 지혜를 깨달아서,

智,　除却愚癡迷妄,　衆生各各自

지슬 혜기	덜섬 돌	그물 칠리 칠					무리		각 각	
지	제	각	우	치	미	망	중	생	각 각	자

어리석음과 미망을 없애 버렸을 때에, 중생은 각자가 스스로 건진 것이니라.

度。邪來正度, 迷來悟度, 愚來

법혜도일(탁)		간사할				미혹할	알		어리석을	
도		사	래	정	도	미	래	오 도	우	래

삿됨이 오면 바름으로 건지고, 미혹함이 오면 깨달음으로 건지고, 어리석음이 오면

智度, 惡來善度, 煩惱來菩薩度

		모질러질(오)				괴로울	괴로울		보살리수	보살
지 도		악	래	선	도	번	뇌	래 보	살	도

지혜로 건지고, 악이 오면 착함으로 건지고, 번뇌가 오면 보리로 건질 것이니,

。如是度者, 是名眞度。〈煩惱

	같을				참				
여	시	도	자	시	명	진	도	〈	번 뇌

이와 같은 건짐을 참된 건짐(제도)이라고 이름 하느니라. '번뇌가 한량없이 많아도

無邊誓願斷〉, 自心除虛妄。〈

	가변두리	맹서할	바랄	끊을			덜섬돌	빌허망할	허망령할될	
무	변	서	원	단	〉	자 심	제	허	망	〈

다 끊기를 서원합니다.' 함은, 자기 마음 안의 허망함을 없애는 것이니라. '법문이 한량

法門無邊誓願學〉, 學無上正法

					배울					
법	문	무	변	서	원	학	〉	학	무	상 정 법

없이 많아도 다 배우기를 서원합니다.' 함은, 위없는 바른 법을 다 배우는 것이니라.

○ 〈 無上佛道誓願成 〉, 常下心

		길이	맹서할	바랄			항상		
	<	무	상	불	도	서	원	성	>	상	하	심

'불도가 위없이 높아도 다 이루기를 서원합니다.' 함은, 항상 마음을 낮추는 행동으로

行, 恭敬一切, 遠離迷執, 覺智

	공손할	공경할		멀	떠날	잡가을질	깨달을
행	공	경	일	체	원	리	미	집	각	지

일체를 공경하며, 잘못된 집착을 멀리 떠나고, 지혜를 깨달아

生般若, 除却迷妄, 即自悟佛道

	돌	반만야약	덜섬돌	그물칠리칠	미혹할			알		
생	반	야	제	각	미	망	즉	자	오	불	도

반야가 생겨 미망을 없애는 것이니라. 곧 스스로 깨달아 불도를

成, 行誓願力。

		힘		
성	행	서	원	력

이루어, 서원의 힘을 행하는 것이니라.

今既發四弘誓願, 説與善知識

이오제늘	이벌미써	필,낼	넓을		줄더불		
금	기	발	사	홍	서	원	설	여	선	지	식

이제 이미 내 가지 큰 서원 세우기를 마쳤으니, 선지식 여러분에게

無相懺悔, 滅三世罪障。』

무	상	참	회		멸	삼	세	죄	장
모서양로	뉘우칠	뉘우칠			멸할 없앨			허물	막을

무상(無相) 참회를 설하여, 3세 죄의 업장을 없애도록 하리라."

大師言『善知識, 前念後念及

대	사	언	선	지	식	전	념	후	념	급
스승	군사					앞		뒤		생각 찰라	및 미칠

대사가 말씀하셨다. "선지식 여러분, 과거의 생각과 미래의 생각 및

今念, 念念不被愚迷染, 從前惡

금	념	념	념	불	피	우	미	염	종	전	악
					입을 미칠	어리석을	미혹할	물들일	따를 쫓을		

현재의 생각, 생각 생각이 어리석음과 미혹에 물들지 말지니, 종전의 악한

行, 一時自性若除, 卽是懺悔。

행	일	시	자	성	약	제	즉	시	참	회

행동을 일시에 자기 성품에서 없애버린다면, 이것을 참회라고 하느니라.

前念後念及今念, 念念不被愚癡

전	념	후	념	급	금	념	념	념	불	피	우	치
												어리석을

과거의 생각과 미래의 생각 및 현재의 생각은, 생각 생각이 어리석음에 물들지 말고,

제16과 어떤 것을 에서~참회라고 하느니라. 까지

染	，	除	却	從	前	矯	誑	，	雜	心	永	斷	，
물들일		덜섬돌	그물칠리칠	쫓따을를		바로잡을	속일		섞잡일될		길길이	끊을	
염		제	각	종	정	교	광		잡	심	영	단	

종전의 거짓과 속이는 마음을 없애버리도록 할지니, 잡심을 영원히 끊어버린다면,

名	爲	自	性	懺	。	前	念	後	念	及	今	念	，
				뉘우칠									
명	위	자	성	참		전	념	후	념	급	금	념	

이것을 자기 성품의 참회라고 하느니라. 과거의 생각과 미래의 생각 및 현재의 생

念	念	不	被	疽	疫	染	，	除	却	從	前	嫉	妬
		입미을칠]	등종창기	염전병염병				미투워기할할	시샘할				
념	념	불	피	저	역	염		제	각	종	전	질	투

각은, 생각 생각이 질투(종기,전염병)에 물들지 말고, 종전의 질투심을 없애버릴 것이니,

心	，	自	性	若	除	，	卽	是	懺	。	已	上	三
				만약을									
심		자	성	약	제		즉	시	참		이	상	삼

자성에서 만약 없애버린다면, 이것을 참회라고 하느니라. (이상 세 번 부름)

唱	。	善	知	識	，	何	名	懺	悔	?	懺
부를								뉘우칠			
창		선	지	식		하	명	참	회	?	참

선지식 여러분, 어떤 것을 참회라고 이름 하는가? 참(懺-뉘우침)이란,

者, 終身不作, 悔者, 知於前非

| | 자 | 끝마칠 종신 | | 될지을 부작 | | 뉘우칠 회 | 자 | | 지 | 아닐 어 | 전 | 그릇될 비 |

온 종신토록 (허물을) 짓지 않는 것이고, 회(悔=뉘우침)란, 종전에 지은 그릇된

惡業, 恒不離心。諸佛前口說無

| 악 | 업 | | 항상 항 | | 떠날 불리 | | 들모든 심 | 제 | 불 | 전 | 구 | 설 | 무 |

악업을 아는 것이니라. (허물을) 항시 마음에서 떠나지 않으면, 모든 부처님 앞에서

益, 我此法門中永斷不作, 名爲

| 더할 익 | 나 아 | 차 | 법 | 문 | 중 | 길이 영 | 길을 단 | 끊을 부 | 작 | | 명 | 위 |

입으로만 (선을) 말하여도 이익이 없느니라. 나의 이 법문 가운데는 영원히 끊어서 (허물을)

懺悔。』

| 뉘우칠 참 | 뉘우칠 회 |

짓지 않는 것을 이름 하여 참회라고 하느니라."

【요점 해설】

자유본각성(自有本覺性)

본각은 시각(始覺)의 상대 용어. 시각은 태어난 이후 수습(修習)을 경과하여 단계별로 무시이래(無始以來)의 미혹(迷惑)을 끊어 부수고, 서서히 태어나기 전부터 갖춘 마음의 근원(心源)을 지각(知覺)하여 계발(啓發)하는 것이다.

본각(本覺)은 태어나기 전부터 갖춘 본유(本有)며, 번뇌의 오염(汚染) 등 미혹의 영

향을 받지 않는다. 마음 바탕인 본성(本性)은 본래 깨끗한 깨달음의 바탕으로 이를 가리켜서 본각(本覺)이라고 한다.

　자유본각성(自有本覺性) 뒤에 지본각성(只本覺性) 네 자가 있으나, 타본을 참고하여 강설자가 삭제하였다.

○ 第十七科   今旣 ~ 依處

제 17 과   금기(今旣)   의처(依處)

-------- 제17과 이제 이미 에서 ~ 의지할 곳이 없느니라. 까지 ---------

『今旣懺悔已, 與善知識 授

今	旣	懺	悔	已	與	善	知	識	授
이제늘	이벌미써	뉘우칠	뉘우회칠할	이마미칠	줄더불		알		줄
금	기	참	회	이	여	선	지	식	수

"이제 이미 참회를 마쳤으니, 선지식 여러분에게

無相三歸依戒。』 大師言『善

無	相	三	歸	依	戒		大	師	言	善
			돌아갈	기댈지할	경계할		스승	승사		
무	상	삼	귀	의	계		대	사	언	선

무상(無相) 삼귀의 계를 주리라." 대사가 말씀하셨다. 선지식 여러분,

知識, 歸依覺兩足尊, 歸依正離

知	識	歸	依	覺	兩	足	尊	歸	依	正	離
					둘	발만족	높을				떠날
지	식	귀	의	각	양	족	존	귀	의	정	이

'깨달으신 양족존(兩足尊)에게 귀의합니다. 올바름의 이욕존(離欲尊)께 귀의합니다.

欲尊, 歸依淨衆中尊。從今已後

欲	尊	歸	依	淨	衆	中	尊	從	今	已	後
하고자할				깨끗할	무리많을			쫓따을를			
욕	존	귀	의	정	중	중	존	종	금	이	후

깨끗함의 중중존(衆中尊)께 귀의합니다. 이제부터 이후는

, 稱佛爲師, 更不歸依邪迷外道

	칭일 컬을			다고 시칠 (경)		돌아 아갈		간사 사할	헤미 맬혹 할	
,	칭	불	위 사	갱	불	귀	의	사	미	외 도

부처님을 스승으로 삼고, 다시는 삿되고 미혹한 외도에게 귀의하지 않겠습니다.

。願自三寶慈悲證明, 善知識,

			보배	사랑	슬플	증알 명릴			
。	원 자	삼	보	자	비	증 명	, 선	지	식 ,

바라건대 자성 삼보께서는, 자비로 증명하소서.' 할지니라. 선지식 여러분,

慧能勸善知識 歸依自性三寶。

		권할							
혜	능	권	선	지 식	귀	의	자 성	삼	보 。

혜능은 선지식 여러분에게 자성 삼보께 귀의할 것을 권(청)하느니라.

佛者, 覺也, 法者, 正也, 僧者

									중	
불	자 ,	각	야 ,	법	자 ,	정	야 ,	승	자

부처란 깨달음이고, 법이란 올바름이며, 승가란

, 淨也。自心歸依覺, 邪迷不生

, 정	야 。	자	심	귀	의	각 ,	사	미 불	생

깨끗함이니라. 자기 마음이 깨달음에 귀의하여, 삿되고 미혹함이 생기지 않고,

, 少欲知足, 離財離色, 名兩足

	적을 을	하고 자할	알	발만 족할		떠날	재물	떠날	빛형 상			둘
	소	욕	지	족		이	재	이	색		명	양	족

작은 욕심으로 넉넉한 줄 알아서, 재물을 떠나고 여색을 떠난 그 이름이 양족존이니

尊。自心歸依正, 念念無邪故,

높을						생찰 각라			간 사	연고 고의
존	자	심	귀	의	정	넘	넘	무	사	고

라. 자기 마음이 올바름에 돌아가 의지하여, 생각 생각이 삿되지 않은 까닭에

卽無愛著, 以無愛著, 名離欲尊

곧나 아 갈		사랑	잡지 을을 (저							
즉	무	애	착		이	무	애	착	명	이	욕	존

곧 애착하는 마음이 없나니, 애착하는 마음이 없는 그 마음이 이욕존(離欲尊)이니라.

。自心歸依淨, 一切塵勞妄念

						티끌	일힘 할쓸		
자	심	귀	의	정	일	체	진	로	망	념

자기 마음이 깨끗함에 돌아가 의지하여, 모든 번뇌와 망념(妄念-허망한 생각)이

雖在自性, 自性不染著, 名衆中

비록	있을				물들			무많 리을
수	재	자	성	자	성	불	염	착	명	중	중

비록 자기 성품 안에 있으나, 자성이 물들지 않은 그 이름이 중중존(衆中尊)이니라.

제17과 이제 이미에서 ~ 의지할 곳이 없느니라. 139

尊。	凡	夫	不	解,	從	日	至	日,	受	三
높을	다무릇	대남저편		풀,알	쫓따을를		이지를극		받을	
존	범	부	불	해	종	일	지	일	수	삼

범부는 알지 못하나, 날이면 날마다 삼귀의 계를 받느니라.

歸	依	戒。	若	言	歸	佛,	佛	在	何	處 ?
돌아갈	의지할	경계할	만같약을					어느	곳,살	
귀	의	계	약	언	귀	불	불	재	하	처 ?

만약 부처님께로 돌아간다고 한다면 부처는 과연 어느 곳에 계시는가?

若	不	見	佛,	卽	無	所	歸。	旣	無	所
약	불	견	불	즉	무	소	귀	기	무	소

만약 부처를 보지 못한다면, 곧 돌아갈 곳이 없으며, 돌아갈 곳이 없으니,

歸,	言	却	是	妄。	善	知	識,	各	自	觀
										볼
귀	언	각	시	망	선	지	식	각	자	관

곧 그 말은 도리어 허망할 뿐이니라. 선지식 여러분, 각자가 스스로 관찰하여, 마음(뜻)을

察,	莫	錯	用	意。	經	中	只	言	自	歸	依
살필	말아니	섞착일	쓸	뜻생각	글지난		뿐다만				
찰	막	착	용	의	경	중	지	언	자	귀	의

잘못 쓰지 말지니라. 경에서는 다만 자기의 부처에게 돌아가 의지하는 것이

佛,	不	言	歸	依	他	佛,	自	性	不	歸,
			돌아갈	기댈지의	남다를		부처스로	성품성질		
불	불	언	귀	의	타	불	자	성	불	귀

지, 다른 부처에게 돌아가 의지한다고 말씀하지 않으셨으니, 자성에게 돌아가 의지하

無	所	依	處。 』							
			곳,살							
무	소	의	처							

지 않는다면, 그 어디에도 돌아가 의지할 곳이 없느니라."

【요점 해설】

자성삼보(自性三寶)

자성(自性)의 범어는 '스바다바(svahava', '스바라끄사나(svalaksana)'다. 자체(自體)의 본성(本性)을 가리킨다.

법상가(法相家 = 唯識家)는 보통 자상(自相)이라고 한다. 곧 모든 법은 각각 스스로 갖추어 있어서 진실하고 변치 않으며, 깨끗하여 다른 것과 섞이지 않는 개성(個性)이 바로 자성(自性)이다. 자성에 관한 뜻을 18공논(空論)에서는 이렇게 말한다.

"자성(自性)에는 두 가지 뜻이 있다. 첫째는 시작이 없고(無始), 둘째는 인(因)이다."

《현식논(顯識論)》에서는, 부잡(不雜)과 불변(不變) 두 가지 뜻을 말한다.

《해심밀경(解深密經 卷二)》의 일체 법상품(一切法相品) 등에서는 말한다.

"모든 법의 성상(性相)에는 변계소집성(遍計所執性), 의타기성(依他起性), 원성실성(圓成實性) 3종으로 나눈다."

그러나 《종논(中論)》에서는 말한다.

"모든 법은 인연(因緣) 인연으로 생기는 까닭에 일정한 자성(自性)이 없다. 이런 까닭에 자성(自性)은 공(空)이다."라고

○ 第十八科　今旣~弟子

차례		조과목정		이오제늘	이벌미써		아우	아자들식	
제		18	과	금	기		제	자	

-------- 제18과 이제 이미 에서~나의 제자가 아니니라. 까지 ----------

『今旣自歸依三寶, 總各各至

	이오제늘	이벌미써		돌아갈	기의댈지할		보배		모두	각각		이지를극
	금	기	자	귀	의	삼	보		총	각	각	지

"이제 이미 자성 삼보에게 돌아가 의지하였으니 모두 각각 지극한

心　與善知識　說摩訶般若波羅

	줄더불					만질	꾸짖을	돌	반만야약	물결	벌일
심	여	선	지	식		설	마	하	반	야	바	라

마음일 것이니, 선지식 여러분에게 마하반야바라밀의 가르침을 설명하리라.

蜜法。善知識雖念不解, 慧能與

꿀					비록	생찰각라		풀,알			
미	법	선	지	식	수	념	불	해	혜	능	여

선지식 여러분, 비록 생각은 하나 알지 못해, 혜능이 설명해 드리니,

說, 各各聽。

			들을						
설	각	각	청						

각자 잘 들으시라.

摩訶般若波羅蜜者, 西國梵語

만질	꾸짖을	돌	반야약 만	물결	벌일	꿀		서녘	나라	불경늘하	말씀
마	하	반	야	바	라	밀	자	서	국	범	어

마하반야바라밀은 서쪽 나라 말인 범어고,

, 唐言 大智慧到彼岸。此法須

다할나라			이를달할	저	언기덕슭			반기드다시릴
당	언	대	지	혜	도	피	안	차	법	수

당나라 말로는 '큰 지혜로 저 언덕에 도달한다.' 는 뜻이니라. 이 법(가르침)은

行, 不在口念, 口念不行, 如幻

			있을							변할깨허비
행	부	재	구	념	구	념	불	행	여	환

행해야만 하고, 입으로 외우는 데에 있지 않느니라. 입으로만 외우고 행동하지 않으면,

如化。修行者法身與佛等也。何

	화변할할	닦마을를				줄더불	같무을리		어무찌엇
여	화	수	행	자	법	신	여	불	등	야	하

환상과 같고 허깨비와 같지만, 수행하는 사람은 법신과 부처가 같으니라.

名摩訶？ 摩訶者是大, 心量廣

									헤아릴	넓을
명	마	하	?	마	하	자	시	대	심	량	광

마하가 무슨 말인가? 마하는 크다는 것이니 마음의 도량이 넓고

제18과 이제 이미에서~나의 제자가 아니니라.

大	,	猶	如	虛	空	。	若	空	心	禪	,	卽	落
		같을	같을	빌허망	빌					고요할			떨어질
대		유	여	허	공		약	공	심	선		즉	낙

큰 것이 마치 허공과 같으니라. 그렇다고 빈 마음으로 선을 한다면 곧

無	記	空	。	世	界	虛	空	,	能	含	日	月	星
	적을			인간	지경경계					품을			별
무	기	공		세	계	허	공		능	함	일	월	성

무기(無記)공에 떨어지느니라. 세계 허공은 능히 일월성신,

辰	,	大	地	山	河	,	一	切	草	木	,	惡	人
별			땅지위		큰물				풀	나무			
신		대	지	산	하		일	체	초	목		악	인

대지산하, 모든 초목, 악인

善	人	,	惡	法	善	法	,	天	堂	地	獄	,	盡
								집		우리			다할
선	인		악	법	선	법		천	당	지	옥		진

선인, 악법 선법, 천당 지옥이 다

在	空	中	。	世	人	性	空	,	亦	復	如	是	。
									또	또다시			
재	공	중		세	인	성	공		역	부	여	시	

허공 가운데 있느니라. 세상 사람의 자성이 빈 것도 또한 다시 이와 같으니라.

性含萬法是大, 萬法盡是自性。

| 성 | 함(품을) | 만 | 법 | 시 | 대 | 만 | 법 | 진(다할) | 시 | 자 | 성 |

자성이 만 가지 사물을 다 포함한 이것이 큰 것이며, 만법(만 가지 사물)은 모두가

見一切人及非人, 惡之與善, 惡

| 견 | 일 | 체 | 인 | 급(및미칠) | 비(아닐그닐) | 인 | 악 | 지 | 여(줄더불) | 선 | 악 |

다 자성이니라. 모든 사람, 사람 아닌 존재, 악함과 착함, 악한

法善法, 盡皆不捨, 不可染著,

| 법 | 선 | 법 | 진 | 개(다) | 불 | 사(버릴) | 불 | 가 | 염(물들을) | 착(잡을(저) |

법과 착한 법을 보되, 모두 다 버리지 않으며, 물들어 집착하지 않는 것이

猶如虛空, 名之爲大。此是摩訶

| 유(마치같을) | 여 | 허(빌허망) | 공(빌) | 명 | 지 | 위 | 대 | 차 | 시 | 마(만질) | 하(꾸짖을) |

마치 허공과 같아 크다고 이름 하나니, 이것이 곧 마하니라.

。迷人口念, 智者心行。又有迷

| 미(헤맬미혹할) | 인 | 구 | 념 | 지 | 자 | 심 | 행 | 우(또) | 유 | 미 |

미혹한 사람은 입으로 외우지만, 지혜로운 사람은 마음을 다해 행하느니라. 또한

人		空	心	不	思	，	名	之	爲	大	。	此	亦
		빌			생각								또
인		공	심	불	사		명	지	위	대		차	역

미혹한 사람은 마음을 비워 생각하지 않는 것을 이름 하여 크다고 하나, 이것 역시

不	是	。	心	量	大	，	不	行	是	小	。	若	口
				헤아릴									
불	시		심	량	대		불	행	시	소		약	구

옳지 않느니라. 마음의 도량이 크다고 해도, 행동하지 않으면 곧 작은 것이니라.

空	說	，	不	修	此	行	，	非	我	弟	子	。	』
공	설		불	수	차	행		비	아	제	자		

만약 입으로만 공연히 설명하고, 이 행을 닦지 아니하면, 나의 제자가 아니니라.

【요점 해설】

《지대방》

　범명(梵名)은 마하비르(Mahavir)고, 의역(意譯)은 대웅(大雄)이다. 곧 니간타야리자(尼乾陀若提子)는, 인도 자이나 교의 개조(開祖)며 6사외도(六師外道)의 한 사람이다.

　부처님과 동시대에 산 것으로 알려져 있다. 30세에 출가, 12년 고행을 겪고 대오(大悟)하였다. 바라문의 나쁜 점을 고치라고 부르짖고 새로운 교단을 만들어서, 자이나 교라고 부른다. 큰 법당인 대웅전(大雄殿)의 대웅(大雄)이란 말의 출전(出典)이 여기에 있다.

○ 第十九科　何名~定慧

| 제 | 십 | 구 | 과 | | 하 | 명 | 정(정할) | 혜(지혜) |

---- 제19과 무엇을 에서 ~ 계, 정, 혜를 이룬 것이니라. 까지 ----------

『何名般也？　般也是智慧。

| 하 | 명 | 반(어무찌엇) | 야(돌잇기) | ？ | 반 | 야 | 시 | 지 | 혜 |

"무엇을 반야라고 이름 하는가? 반야는 지혜니라.

一切時中，念念不愚，常行智慧

| 일 | 체 | 시 | 중 | 넘(생찰각라) | 넘 | 불 | 우(어리석을) | 상(항상) | 행 | 지 | 혜 |

언제나 계속되는 항상 생각 생각이 어리석지 않고, 항상 지혜롭게 행하는 것을

，卽名般若行。一念愚卽般若絶

| 즉 | 명 | 반 | 야(반만야약) | 행 | 일 | 넘 | 우 | 즉 | 반 | 야 | 절(끊간을절할) |

곧 반야행(지혜로운 행)이라고 하느니라. 한 생각이 어리석으면 곧 반야가 끊기지만,

，一念智卽般若生。世人心中常

| 일 | 넘 | 지 | 즉 | 반 | 야 | 생 | 세 | 인 | 심 | 중 | 상 |

한 생각이 지혜로우면 반야가 곧 생기느니라. 세상 사람들은 마음속이 늘

제19과 무엇을 에서 ~ 계, 정, 혜를 이룬 것이니라.

愚	，	自	言	我	修	般	若	。	般	若	無	形	相
어리석을				나	닦을마을를	돌반야	반만야약				꼴	모서양로	
우		자	언	아	수	반	야		반	야	무	형	상

어리석으면서 스스로 '나는 반야를 닦는다.'고 말하느니라. 반야는 형상이 없으니,

，	智	慧	性	卽	是	。	何	名	波	羅	蜜	？
									물결	벌일	꿀	
	지	혜	성	즉	시		하	명	바	라	밀	？

지혜의 성질이 바로 이것이니라. 무엇을 바라밀이라고 이름 하는가? 이 말은 서쪽

此	是	西	國	梵	音	，	唐	言	到	彼	岸	，	解
		서녘	나라	불경하늘	소리		당당할나라		이를도달할	저덕	언기덕슭		알,풀
차	시	서	국	범	음		당	언	도	피	안		해

나라 (인도)말인 범어 발음이고, 당나라 말로는 '저 언덕에 닿는다.'는 뜻이며, 뜻을 풀

義	離	生	滅	。	著	境	生	滅	起	，	如	水	有
뜻의리	떠날		멸없할앨		잡지을을(저	지장경소			일				
의	리	생	멸		착	경	생	멸	기		여	수	유

이하면, '생멸을 떠나는 것.'이니라. 경계(환경)에 집착하여 생멸이 일어남은, 마치 물에

波	浪	，	卽	是	爲	此	岸	，	離	境	無	生	滅
물결	물결												
파	랑		즉	시	위	차	안		이	경	무	생	멸

서 물결이 생기는 것과 같아, 바로 이것이 이 언덕이며, 경계를 떠나서 생멸이 사라

, 如水承長流, 故卽名到彼岸,

	마치	이반을들	길어른	흐를		옛연고		이도를달	저	언기덕岸	
	여	수	승	장	류	고	즉	명	도	피	안

짐은, 마치 물의 흐름이 (끊이지 않고) 오래 흐르는 것과 같나니, 그래서 '곧 저 언덕에 닿는다.'고 이름 하며 그러므로

故名波羅蜜。迷人口念, 智者心

		물결	벌일	꿀	헤맬미혹할		생찰각라		
고	명	바	라	밀	미	인	구	념	지	자	심

바라밀이라고 이름 하느니라. 미혹한 사람은 입으로만 외우나, 지혜로운 사람은

行。當念時有妄, 有妄卽非眞有

	당마할땅할		허망망령할될			아닐그를닐	참를	
행	당	념	시	유	망	유	망	즉	비	진	유

마음을 다해 행하느니라. 지금 생각을 하고 있을 때에 망상이 있다면, 그 망상이 있는

。念念若行, 是名眞有。悟此法

		만같약을					알		
	념	념	약	행	시	명	진	유	오	차	법

것은 곧 진실로 있는 것이 아니니라. 생각 생각을 만약 행한다면, 이것을 진실로 있다고 말하느니라.

者, 悟般若法, 修般若行。不修

		돌	반야					
자	오	반	야	법	수	반	야	행	불	수

이 법을 깨달은 사람은 반야의 법을 깨달은 것이며, 반야의 행을 닦는 것이니라. 닦지 않으면

제19과 무엇을 에서 ~ 계, 정, 혜를 이룬 것이니라. 149

卽	凡	。	一	念	修	行	，	法	身	等	佛	。	善
	다무 릇									무같 리을			
즉	범		일	념	수	행		법	신	등	불		선

곧 범부고 한 생각으로 수행하면 (여러분의) 법신은 부처와 같으니라.

知	識	，	卽	煩	惱	是	菩	提	。	前	念	迷	卽
				괴 로 울	괴 로 울		보 살	끌,들					
지	식		즉	번	뇌	시	보	리		전	념	미	즉

선지식 여러분, 번뇌가 바로 보리니, 앞(과거) 생각에 미혹하면 곧

凡	，	後	念	悟	卽	佛	。	善	知	識	，	摩	訶
		뒤		알								만 질	꾸 짖을
범		후	념	오	즉	불		선	지	식		마	하

범부이나, 뒷(미래) 생각을 깨달으면 곧 부처니라. 선지식 여러분, 마하반야바라밀은

般	若	波	羅	蜜	，	最	尊	最	上	第	一	，	無
돌	반 야	물 결	벌 일	꿀		가 장	높 을			차 례			
반	야	바	라	밀		최	존	최	상	제	일		무

가장 높고, 가장 위이고, 제일이라, 머무름도 없고, 가는 것도 없고,

住	無	去	無	來	，	三	世	諸	佛	從	中	出	，
머 물		갈		올						쫓따 을를		날	
주	무	거	무	래		삼	세	제	불	종	중	출	

오는 것도 없느니라. 3세의 모든 부처님이 여기에서 나와, 큰 지혜로

將大智慧到彼岸。打破五陰煩惱

將	大	智	慧	到	彼	岸	打	破	五	陰	煩	惱
장차느릴				이를달할	저	언기덕있	칠	깨뜨릴		그늘	괴로울	괴로울
장	대	지	혜	도	피	안	타	파	오	음	번	뇌

저 언덕에 닿아서, 5음의 번뇌와 망상을 때려 부수나니,

塵勞, 最尊最上第一。讚最上乘

塵	勞	最	尊	最	上	第	一	讚	最	上	乘
티끌	일힘할쓸	가장	높을					칭찬찬탄			탈오를
진	로	최	존	최	상	제	일	찬	최	상	승

가장 높고, 가장 위이고, 제일이니라. 최상승의 법을 칭찬하여, (반야바라밀을)수행하

法, 修行定成佛。無去無住無來

法	修	行	定	成	佛	無	去	無	住	無	來
	닦마을를		정할				갈		머물		올
법	수	행	정	성	불	무	거	무	주	무	래

면 반드시 부처를 이룰 것이니라. 가는 것도 없고, 머무는 것도 없고, 오고 가는 것도 없으니,

往, 是定慧等, 不染一切法, 三

往	是	定	慧	等	不	染	一	切	法	三
갈향할			지혜	무리같을		물들				
왕	시	정	혜	등	불	염	일	체	법	삼

이것이 선정과 지혜가 균등하고, 모든 법에 물들지 아니한 것이라. 3세의 모든 부처님

世諸佛從中出, 變三毒爲戒定慧

世	諸	佛	從	中	出	變	三	毒	爲	戒	定	慧
	들모든		쫓따을를		날나타낼	변할		독독할		경계할		
세	제	불	종	중	출	변	삼	독	위	계	정	혜

이 이 (반야바라밀)가운데서 나와, 3독을 변화시켜서 계, 정, 혜를 이룬 것이니라."

【요점 해설】
삼세제불종중출(三世諸佛從中出)

화두(話頭) 공안(公案-공문서)으로,
"모든 부처가 나오신 곳은 어디입니까?(如何是諸佛出身處)"하고 물으면,
"동산이 물위로 갑니다(東山水上行)." 혹은
"훈훈한 바람이 남쪽에서 불어와 전각(殿閣)에서 서늘한 바람이 인다(薰風自南來殿閣生微凉.)"하는 대답이 선어록(禪語錄)에 나온다.

《육조단경》의 대답은 아주 간명(簡明)하다. "모든 부처가 나오신 곳은 어디입니까?" 하는 질문에, "마하반야바라밀이니라." 하였다.

마하반야바라밀! 여기가 바로 제불(諸佛)의 출신 처다.

○ 第二十科　善知~如是

| 제 | 20 | 과 | 선 | 지 | 여 | 시 |

---------- 제20과 선지식 에서 ~또한 이와 같으니라.까지 ----------

『善知識, 我此法門　從一般

| 잘착할 | 알 | 알 | 나 | | | | 쫓따을를 | 돌 |
| 선 | 지 | 식 | 아 | 차 | 법 | 문 | 종 | 일 | 반 |

"선지식 여러분, 나의 이 법문은 한 반야에서

若生八萬四千智慧。何以故？

| 반야만약 | | | | | | | 어찌무엇 | 예연고 | |
| 야 | 생 | 팔 | 만 | 사 | 천 | 지 | 혜 | 하 | 이 | 고 | ? |

8만 4천의 지혜가 나온 것이니라. 무엇 때문인가?

爲世人有八萬四千塵勞。若無塵

| | | | | | | | 티끌 | 일할힘쓸 | | | |
| 위 | 세 | 인 | 유 | 팔 | 만 | 사 | 천 | 진 | 로 | 약 | 무 | 진 |

세상 사람에게는 8만 4천 진로(번뇌,근심)가 있기 때문이니라. 만약 진로가 없으면

勞, 般若常在, 不離自性。悟此

| | | 항상 | 있을 | | 떠날 | | | 알 | |
| 로 | 반 | 야 | 상 | 재 | 불 | 리 | 자 | 성 | 오 | 차 |

반야는 항상 있어서, 자기 성품을 떠나지 않느니라. 이 법을 깨달은

法	者	,	卽	是	無	念	,	無	憶	,	無	著	。
			곧나 아갈		생각 찰라			추억 기억할			잡을 을(저		
법	자		즉	시	무	념		무	억		무	착	

사람은, 곧 무념이며, 기억이 없고 집착이 없느니라.

莫	起	雜	妄	,	卽	自	是	眞	如	性	。	用	智
말	일	섞잡 일될						참				쓸	
막	기	잡	망		즉	자	시	진	여	성		용	지

잡념과 망상을 일으키지 말라. 곧 스스로가 바로 진여의 성품이니라. 지혜로

慧	觀	照	,	於	一	切	法	不	取	不	捨	,
	볼	비칠						가취 질할		버놓 릴을		
혜	관	조		어	일	체	법	불	취	불	사	

비춰보면(관조해보면), 모든 법은 얻을 것도 없고 버릴 것도 없나니,

卽	見	性	成	佛	道	。	善	知	識	,	若	欲
			길이 치								하고 자할	
즉	견	성	성	불	도		선	지	식		약	욕

곧 자성을 보아 부처님의 도를 이루느니라. 선지식 여러분, 만약

入	甚	深	法	界	,	入	般	若	三	昧	者	,	直
	매우	깊을	경계 계경										
입	심	심	법	계		입	반	야	삼	매	자		직

아주 깊게 법의 세계에 들어가고자 하고, 반야삼매에 들어가고자 하는 사람은, 바로

須 修 般 若 波 羅 蜜 行, 但 持 《金 剛

모름지기	닦을마을를	돌	반야만야	물결	벌일	꿀	갈행할		뿐다만	가질		쇠	단단할
수	수	반	야	바	라	밀	행		단	지		금	강

반야바라밀의 행을 오로지 닦을지니라. 오직

般 若 波 羅 蜜 經》 一 卷, 即 得 見 性

					글지날		책쇠뇌		얻특을별		
반	야	바	라	밀	경	일	권	즉	득	견	성

《금강반야바라밀》한 권만 지니고 읽으면, 곧 자성을 보아

入 般 若 三 昧。 當 知 此 人 功 德 無 量

들					다마항땅할¹	⁷	²	³	공보람⁴	큰은혜		⁶헤아릴⁵
입	반	야	삼	매	당	지	차	인	공	덕	무	량

반야삼매에 들어가느니라. 마땅히 이 사람의 공덕이 한량없는 줄을 알지니라.

。 經 中 分 明 讚 嘆, 不 能 具 説。 此

		나눌	밝을	칭찬찬탄	탄식할			갖출		
경	중	분	명	찬		불	능	구	설	차

경 가운데서 분명히 찬탄하셨으니, 능히 다 설명할 수가 없느니라.

是 最 上 乘 法, 爲 大 智 上 根 人 説。

	가장	탈오를						뿌극리기			
시	최	상	승	법	위	대	지	상	근	인	설

이것은 최상승법이며, 큰 지혜와 높은 근기의 사람을 위해서 설하였느니라.

제20과 선지식에서 또한 이와 같으니라.까지

小	根	智	人	若	聞	法,	心	不	生	信。
적을				같을	들을 맡을					믿을 진실
소	근	지	인	약	문	법	심	불	생	신

작은 근기와 작은 지혜가 있는 사람은 설사 법을 듣는다고 해도, 마음에서 믿음이

何	以	故?	譬	如	大	龍,	若	下	大	雨
			비유할	같을		용	같을 만약			비
하	이	고	비	여	대	용	약	하	대	우

생기지 않느니라. 무엇 때문인가? 비유하자면 큰 용이 큰비를 내리는 것과 같으니라.

,	雨	於	閻	浮	提,	城	邑	聚	落,	悉	皆
			염라 여염	뜰	끌,들	성	고을	마을 모일	떨어질	다	다
	우	어	염	부	제	성	읍	취	락	실	개

남섬주부에 비가 내리면, 도시와 시골 마을이 모두 표류(떠다니는 것)하는 것이

漂	流,	如	漂	草	葉,	若	下	大	雨,	雨
뜰 표류	흐를		또 로	풀	잎					
표	류	여	표	초	엽	약	하	대	우	우

마치 풀과 잎사귀가 떠다니는 것과 같지만, 만약 큰 비가

於	大	海,	不	增	不	減。			若	大
	바다			더할		덜				
어	대	해	부	증	불	감			약	대

큰 바다에 내리면 (바다가) 늘지도 않고 줄지도 않는 것과 같으니라. 만약

乘	者,	聞	說	《	金	剛	經	》,	心	開	悟
탈오를		들을 맡을			단단할	단단할	글날 지날			열, 필	알
승	자	문	설		금	강	경		심	개	오

대승의 사람이 《금강경》의 설법을 들으면, 마음이 열려서 깨닫고

解	。	故	知	本	性	自	有	般	若	之	智,	自
풀, 알		옛 고	연									
해		고	지	본	성	자	유	반	야	지	지	자

아느니라. 따라서 본래 성품 자체에 반야의 지혜가 갖추어져 있어, 자체 지혜를

用	智	慧	觀	照,	不	假	文	字	。	譬	如	其
쓸			볼	비칠		거짓 가령	글	글자		비유할	깨달을	
용	지	혜	관	조	불	가	문	자		비	여	기

써서 관조할 뿐, 문자를 빌리지 않는 것을 알지니라. 비유하자면, 그

雨	水,	不	從	天	有,	元	是	龍	王	於
			쫓을 따를			으뜸		용		
우	수	불	종	천	유	원	시	용	왕	어

빗물이 하늘에 있지 않는 것과 같으니라. 원래 용왕이

江	海	中	將	身	引	此	水,	令	一	切	衆
강	바다		장차 거느릴		끌						무리 많을
강	해	중	장	신	인	차	수	영	일	체	중

강과 바다 가운데서 몸을 가지고, 이 물을 이끌어 모든 중생,

生,	一	切	草	木,	一	切	有	情	無	情,
			풀	나무				뜻마음		
생	일	체	초	목	일	체	유	정	무	정

모든 초목, 모든 유정과 무정을

悉	皆	蒙	潤。	諸	水	衆	流,	却	入	大	海
다	다	입을	뿌윤를택			흐를		그물칠리칠			
실	개	몽	윤	제	수	중	류	각	입	대	해

다 윤택하게 하고, 모든 물의 여러 갈래 흐름(강)은 드디어 큰 바다에 들어가고,

,	海	納	衆	水,	合	爲	一	體。	衆	生	本
		드릴			섞합일할		몸				
	해	납	중	수	합	위	일	체	중	생	본

바다는 모든 물을 받아들여 합하여 한 몸이 되는 것과 같나니, 중생의 본래

性		般	若	之	智,	亦	復	如	是。』
						또다시			
성		반	야	지	지	역	부	여	시

성품인 반야의 지혜도 또한 이와 같으니라."

【요점 해설】

단지 《금강반야바라밀경(金剛般若波羅蜜經)》

단경에서는 《금강반야바라밀경》을 읽는 것이 으뜸이다. 다음은 달마 스님의 이입사행(二入四行)론에서 첫머리에 보이는 법문이다.

"도에 들어가는 길은 많으나, 요약해서 말한다면 두 가지 종류를 벗어나지 않으니, 첫째는, 이치로 들어가는 것이고,

둘째는, 행으로 들어가는 것이다.

이치로 들어간다는 것은, 경전을 통해서 근본을 깨달아 중생은 참 성품과 한 가지지만, 다만 객진(客塵) 망상(妄想)에 덮여서 나타내지 못하였을 뿐이라고 깊이 믿어야 하느니라.

만약 망상을 버리고 참 성품으로 돌아가, 벽처럼 움직임이 없는 관조(觀照)에 머물러서 조금도 옮겨지지 않고, 다시 문자의 가르침에 따라가지 않는다면, 이것이 곧 도(道)와 완벽하게 하나 됨이며, 분별이 있지 않아서, 고요하고 지어냄이 없어서, 이를 이름 하여 이치로 들어가는 것이라고 하느니라."

第二十一科 小根~無別

제 21과 소근 무별

------- 제21과 작은 뿌리(근기)에서 ~다름이 없느니라. 까지 -------

『小根之人, 聞說此頓教, 猶

적을	뿌리			들을	말씀을		조그마할 아리간	가르칠		가을
소	근	지	인	문	설	차	돈	교		유

"작은 뿌리(근기)의 사람은, 이 단박에 깨닫는 가르침(頓敎)의 설법을 듣고, 마치

如大地草木根性自小者, 若被大

같을			풀	나무					입을 미칠	
여	대	지	초	목	근	성	자	소	자	약	피	대

너른 땅의 풀과 나무 성질 자체의 작은 것이, 만약 큰

雨一沃, 悉皆自倒, 不能增長,

비	무윤댈택할		다	다	넘어꾸질로			더할	길어른	
우	일	옥	실	개	자	도	불	능	증	장

비가 한꺼번에 쏟아진다면, 모두 다 쓰러지게 되어 더 이상 자랄 수가 없게 되는 것과 같느니라.

小根之人 亦復如是。有般若之

					또다시					
소	근	지	인	역	부	여	시	유	반	야	지

작은 뿌리의 사람도 또한 이와 같느니라. 반야의 지혜가 있다는 점에서는

智與大智之人, 亦無差別, 因何

지	여	대	지	지	인	역	무	차	별	인	하
	줄더불					어긋날	다를		인까할닭		

큰 지혜를 가진 사람과 또한 차별이 없으니, 무슨 까닭으로

聞法卽不悟? 緣邪見障重, 煩

문	법	즉	불	오	?	연	사	견	장	중	번
			알			고인리연	간사할		막을	거무듭거울	괴로울

법문을 듣고도 곧 깨닫지 못하겠느냐? 삿된 견해에 연하여 방해됨이 무섭고, 번뇌의

惱根深, 猶如大雲 蓋覆於日,

뇌	근	심	유	여	대	운	개	복	어	일
괴로울	깊을	마같치을		구름			덮덮을개	덮뒤을집을		

뿌리가 깊은 것이, 마치 큰 구름장이 해를 덮어 가려서,

復得風吹, 日無能現。般若之智

부	득	풍	취	일	무	능	현	반	야	지	지
또다시	얻특을별히	바람	불				나타날				

바람이 불지 않으면, 해가 나타날 수 없는 것과 같느니라. 반야의 지혜는

亦無大小。爲一切衆生 自有

역	무	대	소	위	일	체	중	생	자	유

또한 크지도 않고 작지도 않느니라. 모든 중생은 스스로

제21과 작은 뿌리(근기)에서 ~ 다름이 없느니라.

迷	心	,	外	修	覓	佛	,	未	悟	自	性	,	卽
헤매혹할미할				닦을마을를	찾을구할			아닐	알오				
미	심		외	수	멱	불		미	오	자	성		즉

미혹한 마음을 가져서, 밖으로 닦아 부처를 구하여, 자성을 깨닫지 못해, 이 사람이

是	小	根	人	。	聞	其	頓	敎	,	不	假	外	修
		뿌리					조아릴벼 아란간	가르칠			거짓가 짓령		
시	소	근	인		문	기	돈	교		불	가	외	수

곧 작은 뿌리의 사람이니라. 이 단박에 깨닫는 가르침을 듣고, 밖으로 닦음에 의하지

,	但	於	自	心	,	令	自	本	性		常	起	正
	뿐다만										일		
	단	어	자	심		영	자	본	성		상	기	정

않으면서, 단지 자기 마음에서 자기 본성이 항상 바른 견해를 일으킨다면,

見	,	一	切	邪	見	煩	惱	塵	勞	衆	生	,	當
				간사할		괴로울	괴로울	티끌	일할 힘쓸				당반할드시
견		일	체	사	견	번	뇌	진	로	중	생		당

모든 삿된 견해와 번뇌와 진로의 중생일지라도, 당장

時	盡	悟	,	猶	如	大	海	納	於	衆	流	,	小
	다할			오히려 같을			바다	드릴			흐를		
시	진	오		유	여	대	해	납	아	중	류		소

깨닫기를 마치느니라. 마치 큰 바다가 여러 물줄기를 받아들여서 작은

水大水合爲一體，卽是見性。內

| 수 | 대 | 수 | 합
섞합
일할 | 위 | 일 | 체 | | 즉 | 시 | 견 | 성 | | 내 |

물 큰물이 한 몸으로 합쳐지니, 이것이 곧 성품을 본 것이니라. 안에도

外復住，來去自由，能除執心，

| 외 | 부
또다시 | 주
머물 | | 래
올 | 거
갈 | 자 | 유
말미암을 | | 능 | 제
덜섬돌 | 집
잡을 | 심 |

밖에도 머물지 않고 오고 감이 자유로우며, 능히 집착심을 없애서,

通達無碍。心修此行，卽與《般

| 통
통할 | 달
사무칠 | 무 | 애
막꺼을리낄 | | 심 | 수 | 차 | 행 | | 즉 | 여
줄더불 | | 반
돌돌아올 |

통달함에 걸림이 없느니라. 마음 깊이 이 행을 닦는다면, 곧

若波羅蜜經》本無差別。

| 야
반만야약 | 바
물결 | 라
벌일 | 밀
꿀 | 경
글지날 | | 본 | 무 | 차
어긋날 | 별
다를 |

《반야바라밀경(금강경)》과 근본에서는 차별이 없느니라.

一切經書及文字，大小二乘

| 일 | 체 | 경 | 서 | 급
및미칠 | 문
글자 | 자 | | 대 | 소 | 이 | 승
탈오를 |

모든 경서와 문자, 대소 2승

十二部經， 皆因人置， 因智慧性

		나거눌느릴			다	인까할닭		둘만날		
십	이	부	경		개	인	치	인	지	혜	성

12부경은, 모두 사람으로 인하여 있느니라. 지혜의 성품으로 인한 까닭으로,

故， 故然能建立。若無世人， 一

		그럴탈불		세울	설			
고	고	연	능	건	립	약	무	세	인	일

그러므로 그렇게 건립될 수가 있느니라. 만약 세상 사람이 없다면, 모든

切萬法 本亦不有。故知萬法，

| 체 | 만 | 법 | 본 | 역 | 불 | 유 | 고 | 지 | 만 | 법 |

만법도 근본이 또한 있지 않느니라. 그런 까닭에 만법은

本從人興， 一切經書， 因人説有

	쫓따을를									
본	종	인	흥	일	체	경	서	인	인	설	유

본래 사람에 의지하여 일어났으며, 모든 경서가 사람으로 인하여 설하게 된 것인 줄을 알지니라.

。緣在人中， 有愚有智。愚爲小

	인연					어리석을				
연	재	인	중	유	우	유	지	우	위	소

인연은 사람 가운데 있어 어리석은 사람도 있고 지혜 있는 사람도 있느니라. 어리석은 사람은 소인이라 하고,

人, 智爲大人。迷人問於智者,

인 지위대인 미인문어지자

지혜 있는 사람은 대인이라 하느니라. 미혹한 사람이 지혜 있는 사람에게 묻고,

智人與愚人說法, 令彼愚者悟

지인여우인설법 영피우자 오

지혜 있는 사람은 어리석은 사람에게 설법하여, 어리석은 사람이 깨달아

解心開。迷人若悟解心開, 與大

해심개 미인약오해심개 여대

마음이 열리도록 해야 하느니라. 미혹한 사람이 만약 깨달아서 마음이 열리면, 큰

智人無別。』

지인무별

지혜 있는 사람과 다름이 없느니라."

【요점 해설】
즉여 《반야바라밀경(卽與般若波羅蜜經)》 본무차별(本無差別)

《금강경》과 근본에서 차별이 없다는 말씀은, 《금강경》의 소중함을 일깨워 주는 중요한 대목이다. 역시 경전 구절을 접해서 깨달음을 얻는다는 내용이 있는 달마 스님의 이입사행(二入四行論)은 초기 선종사의 흐름을 말해준다. 문자에 집착하거나 매이지 않는다는 것이지, 문자를 떠난다는 뜻이 전혀 아님을 알 수가 있다.

상근기(上根機), 중근기(中根機), 하근기(下根機)의 구별이 어디에 있는가. 중생은 어린아이와 같아 본래 한 가지 불성을 가졌으나, 삿된 견해, 번뇌 뿌리의 깊음, 정법 신심의 잦음으로 어린아이의 소견이다. 따라서 지금 당장 어린아이의 좁은 견해를 버리고 어른의 성숙한 열린 마음을 가진다면 상근기(上根機)이다.

○ 第二十二科 故知 ~ 無念

제 이 십 이 과   고 지 　 무 념

------- 제22과 이런 까닭에~에서~ 무념까지 -------

『故知不悟, 即佛是衆生, 一

옛연 고	알	알 아 갈	곧 나		무많 리을	날,살
고	지	불	오	즉 불 시	중	생	일

"이런 까닭에, 깨닫지 못하면 부처가 바로 중생이고, 한

念若悟, 即衆生是佛。故知一切

생찰 각나	만같 약을					
념	약	오	즉 중 생 시 불	고	지	일 체

생각 깨달으면, 곧 중생이 부처인 줄을 알지니라. 이런 까닭에, 모든

萬法盡在自身心中。何不從於自

		다 할	있을				쫓따 을를		
만	법	진	재	자 신 심 중	하	불	종	어	자

만법이 다 자기 몸과 마음 가운데 있는 줄을 알지니라. 그럼에도 어찌하여 자기

心, 頓見眞如本性。《菩薩戒經

	조벼 아란 릴간	참				보보 살리 수	보 살	경계 계할	글지 날
심	돈	견	진	여	본	성	보	살	계	경

마음에서 단박에 진여 본성을 나타내지 못하는가. 《보살계경》에

》云,〈戒本源自性清淨。〉

	이를		경계	근원			맑을	깨끗할	
	운	,〈	계	본	원	자	성	청	정 。〉

이르셨느니라. '계의 근원인 자성은 본래 깨끗하느니라.'

識心見性, 自成佛道。《淨名經

알									
식	심	견	성	자	성	불	도	정	명 경

마음을 알아 자성을 보면, 스스로 부처의 도를 이루느니라. 《정명경》에서

》云,〈即時豁然, 還得本心〉

			뚫릴통할	그럴불탈		돌아올			
	운	,〈	즉 시	활 연	,	환	득	본 심 〉

이르셨느니라. '즉시 활연히 (깨달아서) 본래의 마음을 되찾느니라.'

善知識, 我於忍和尚處一聞,

		나	참을	고루목	화할오히려	곳,살	한	들을맡을	
선	지 식	아	어	인	화	상	처	일	문

선지식 여러분, 내가 홍인 화상의 처소에서 한 번 듣자,

言下大悟, 頓見眞如本性。是故

언	하	대	오	돈	견	진	여	본 성	시 고

그 말씀 끝에 크게 깨달아서, 단박에 진여의 본성을 보았느니라. 이런 까닭에,

將此教法　流行後代,　令學道者

장차	이	가르칠		흐를	뒤	시대,대신할		배울		
장	차	교	법	유	행	후	대	영	학	도	자

이런 가르침을 가져 후대에 유행하도록 하여, 도를 배우는 사람들이

頓悟菩提,　各自觀心,　令自本性

		보살	끌,들			볼				
돈	오	보	리	각	자	관	심	영	자	본	성

보리를 단박에 깨닫게 하고, 각자 마음을 보아, 각자 본성을

頓悟。若不能自悟者,　須覓大善

								찾을,구할		
돈	오	약	불	능	자	오	자	수	멱	대	선

단박에 깨닫게 하는 것이니라. 만약 스스로 깨닫지 못한 사람은, 반드시 큰 선지식을 찾아서

知識示道見性。

		보일			
지	식	시	도	견	성

도의 깨우침을 받아 자성을 보아야 하느니라.

何名大善知識?　解最上乘法

							풀,알	가장	탈,오를	
하	명	대	선	지	식	?	해	최	상	승	법

큰 선지식이란 어떤 이름인가? 최상승법이

, 直示正路, 是大善知識, 是大

	값을 곧을	보일	길 드러날								
	직	시	정	로		시	대	선	지	식		시	대

곧바로 바른 길을 가리키는 것임을 아는 사람이 곧 큰 선지식이며, 곧 큰

因緣。所謂化道, 令得見性。一

인할 까닭	고리 인연		이를 생각할	화할 변할			필,낼	일	
인	연	소	위	화	도	영	득	견	성	일

인연이니라. 이른바, 이끌어 제도하여 자성을 보도록 하는 것이니,

切善法, 皆因大善知識能發起故

		다						필,낼	일	
체	선	법	개	인	대	선	지	식	능	발	기	고

모든 착한 법은 다 큰 선지식이 일으킨 까닭이니라.

。三世諸佛, 十二部經, 云在人

				나눌			이를	있을	
삼	세	제	불	십	이	부	경	운	재	인

3세의 모든 부처님과 《12부경》에서, '비록 사람의

性中本自具有, 不能自悟, 須得

			갖출					반기드다시릴	
성	중	본	자	구	유	불	능	자	오	수	득

자성 가운데 본래부터 스스로 갖추어져 있다고 말할지라도, 스스로 깨닫지 못한다면,

善	知	識	示	道	見	性	。	若	自	悟	者	,	不
				보일						알			
선	지	식	시	도	견	성		약	자	오	자		불

반드시 도를 가르쳐 주고 자성을 보게 하는 선지식을 얻어야 하느니라.' 라고 하셨느니라. 만약 스스로 깨달은 사람은,

假	外	求	善	知	識	。	若	取	外	求	善	知	識
거짓/가령	바깥	구할/찾을					가질/취할						
가	외	구	선	지	식		약	취	외	구	선	지	식

밖으로 선지식을 구해 의지하지 않느니라. 만약 밖으로 선지식을 구해 취해서

,	望	得	解	脱	,	無	有	是	處	。	識	自	心
	바랄	풀,알	벗을						곳,살				
	망	득	해	탈		무	유	시	처		식	자	심

해탈하기를 바란다면, 그러한 곳은 있지 않느니라. 자기 마음

内	善	知	識	,	卽	得	解	脱	。	若	自	心	邪
안드릴(납)							벗을						간사할
내	선	지	식		즉	득	해	탈		약	자	심	사

안의 선지식을 알아야 곧 해탈하느니라. 만약 자기 마음이 삿되고

迷	,	妄	念	顚	倒	,	外	善	知	識	卽	有	教
헤맬/미혹할		허망/망령될	생각/찰나	넘어질/뒤집힐	넘어질/꺼꾸로								
미		망	념	전	도		외	선	지	식	즉	유	교

미혹하여, 망념에 기울어져 쓰러졌다면, 밖의 선지식 곧 교수가 있을지라도

제22과 이런 까닭에서~무념까지

授, 救不可得。汝若不得自悟,
수, 구불가득. 여약부득자오,
구제를 받지 못하느니라. 너희가 만약 스스로 깨닫지 못하였다면,

當起般若觀照, 刹那間, 妄念俱
당기반야관조, 찰나간, 망념구
마땅히 반야의 관조함을 일으킬지니라. 찰나 간에 망념이 모두

滅, 卽是自眞正善知識, 一悟卽
멸, 즉시자진정선지식, 일오즉
없어질 것이니, 이것이 곧 자기의 진정한 선지식이라. 한 번 깨달음에 곧

至佛地。自性心地, 以智慧觀照
지불지. 자성심지, 이지혜관조
불지에 이르느니라. 자성의 마음 자리가 지혜로써 관조하여,

, 內外明徹, 識自本心。若識本
, 내외명철, 식자본심. 약식본
안과 밖이 투철히 밝아, 자기의 본심을 아느니라. 자기의 본심을 알면

心, 卽是解脫。旣得解脫, 卽是

| | | 풀,알 | 벗을 | | | | | |
| 심 | 즉 | 시 | 해 | 탈 | 기 | 득 | 해 | 탈 | 즉 | 시 |

곧 해탈이고, 해탈을 얻으면 곧

般若三昧。悟般若三昧, 卽是無

| 돌 | 반만야약 | | 어두울 | 알 | | | | |
| 반 | 야 | 삼 | 매 | 오 | 반 | 야 | 삼 | 매 | 즉 | 시 | 무 |

반야삼매이며, 반야삼매를 깨달으면 이것이 곧

念。』

| | | | | | | | | | | |
| 념 | | | | | | | | | | |

무념이니라.

【요점 해설】

일체만법진재자신심중(一切萬法盡在自身心中)

《화엄경》의 4구게(四句偈)에 일체유심조(一切唯心造)가 나온다.

약인 욕요지(若人 欲了知) - 만약 여러분이 명백하게 알고자하는가?
삼세 일체불(三世 一切佛) - 과거, 현재, 미래 모든 부처를,
응관 법계성(應觀 法界性) - (그렇다면) 법계의 근본을 잘 관조해 보라.
일체 유심조(一切 唯心造) - 모두가 오직 (자기) 마음이 지은 바니라.

소위화도(所謂化道)

'이른바, 이끌어 제도하여'의 뜻에서 화도(化道)는 화도(化導)와 같다.

○ 第二十三科　何名～種性

제이십삼과　하명　종성(씨가지)

------- 제23과 무엇을 에서~ 종성까지 ----------

『何名無念?　無念法者,　見

하명무념(어찌/무엇/생각)?　무념법자(살필/각나)　견

"무엇을 무념이라고 이름 하는가? 무념법은

一切法,　不著一切法,　遍一切處

일체법,　불착(잡지을을/저)일체법,　변(두루)일체처

모든 법을 보더라도 모든 법에 집착하지 않으며, 여러 곳을 두루 다니되

,　不著一切處,　常淨自性,　使六

불착일체처,　상(항상)정(깨끗할)자성,　사(부릴/하여금)육

어느 곳에도 집착하지 않으며, 항상 자기 성품을 깨끗이 하려, 여섯

賊從六門走出,　於六塵中不離不

적(도적)종(쫓을/따를)육문주(달릴)출(날),　어육진(티끌)중불리(떠날)불

도둑이 여섯 문으로 달아나게 하나, 여섯 티끌 가운데서도 떠나지도 않고

染, 來去自由, 即是般若三昧,

물들		올	갈	말미암을				돌아올	반야 만야		어두울
염		래	거	자	유		즉	시	반	야	삼	매

물들지도 않아서, 오고 감에 자유로운 것이니라. 이것이 곧 반야삼매이며,

自在解脫, 名無念行。若百物不

	있을	풀,알	벗을							만물	
자	재	해	탈		명	무	념	행	약	백	물	불

자재해탈이니, 무념의 행이라 이름 하느니라. 만약 백 가지 사물들을

思, 當令念絶, 即是法縛, 即名

	당당할 마땅히		끊을 간절할					묶을 얽을		
사	당	령	념	절	즉	시	법	박	즉	명

생각하지 않으면서, 당장에 생각이 끊어지게 해버린다면, 이것은 곧 법의 얽매임이니,

邊見。悟無念法者, 萬法盡通。

가		알						다할	통할
변	경	오	무	념	법	자	만	법	진	통

곧 벗어난 견해라 이름 하느니라. 무념법을 깨달은 사람은 만법에 다 통달하며,

悟無念法者, 見諸佛境界。悟無

							경계장소	지경 경계		
오	무	념	법	자	견	제	불	경	계	오	무

무념법을 깨달은 사람은 모두 부처의 경계를 보며,

念頓法者, 至佛位地。

| 념 | 돈
조벼
아란
릴간 | 법 | 자 | | 이지
를극
할 | | 불
자지
리위 | 위
땅지
위 | 지 | | |

무념의 돈법을 깨달은 사람은 부처의 지위에 오르느니라.

善知識, 後代得吾法者, 常見

					시대 대신 할	얻특 을별 할	나				
선	지	식		후	대	득	오	법	자		상	견

선지식 여러분, 후대에도 나의 법을 얻은 사람은,

吾法身不離汝左右。善知識, 將

				떠 날	너	왼	오 른				
오	법	신	불	리	여	좌	우		선	지	식	장

나의 법신이 여러분의 좌우에서 항상 떠나지 않음을 보게 될 것이니라. 선지식이여,

此頓敎法門於　同見同行, 發願

						같 을				필,낼	바랄
차	돈	교	법	문	어	동	견	동	행	발	원

이 단박에 깨닫는 가르침의 법문을 가져서, 함께 살펴보고 함께 행하여, 원을 세워

受持, 如事佛敎, 終身受持而不

받 을	가 질			일섬 길			끝마 칠				
수	지		여	사	불	교	종	신	수	지	이	불

받아 지니되, 부처님을 섬기듯 하는 가르침을, 종신토록 받아 지녀

退者, 欲入聖位, 然須傳受。從

물러날		하고자할	들	성스러울	자리위		그럴탈[불릴]	반드시	전할	받을	쫓을따를
퇴	자	욕	입	성	위		연	수	전	수	종

물러나지 않는 사람이, 만약 성인의 지위에 오르고자한다면 반드시 그렇게 전수될

上已來, 默然而付於法, 發大誓

	이마미칠		묵고묵요			줄부칠				맹서
상	이	래	묵	연	이	부	어	법	발	대	서

것이니라. 옛날부터 묵묵히 법을 부촉하였으니, 큰 서원을 내어서

願, 不退菩提, 卽須分付。若不

바랄		보살	끌,들			나눌			
원	불	퇴	보	리	즉	수	분	부	약	부

보리에서 물러나지 않아야만, 곧 곧 반드시 분부하느니라. 만약

同見解, 無有志願, 在在處處,

같을	풀,알			뜻		있을	곳,살	
동	견	해	무	유	지	원	재	재	처	처

견해를 함께 하지 못하거나, 뜻과 원이 없다면, 가는 곳곳마다 (돈오법(頓悟法))

勿妄宣傳, 損彼前人, 究竟無益

말	허망망령할될	펼베풀	전할	덜	저	앞	다궁구할할	다할	더할
물	망	선	전	손	피	전	인	구	경	무	익

함부로 퍼뜨려서, 저 사람들을 해치지 말지니라. 끝내 이익이 없느니라.

。	若	愚	人	不	解，	謗	此	法	門，	百	劫
		어리석을			풀,알	비헐방뜯을					세월
	약	우	인	불	해	방	차	법	문	백	겁
만약 어리석은 사람이 알지 못해서, 이 법문을 비방한다면, 백 겁											

千	生，	斷	佛	種	性	。	』				
		끊을		씨가지	성성품질						
천	생	단	불	종	성						
천생토록 부처의 종자를 끊게 되리라."											

【요점 해설】

사육적종육문주출(使六賊從六門走出)

6문(六門)은 안(眼), 이(耳), 비(鼻), 설(舌), 신(身), 의(意) 등 6근(六根)이며, 6적(六賊)은 색(色), 성(聲), 향(香), 미(味), 촉(觸), 법(法) 등 6경(六境)이다.

약백물불사(若百物不思) 당령념절(當令念絶)

《열반경(涅槃經 8卷)》에서는 10지 보살(十地菩薩)도 오히려 자성을 밝게 보지 못한다고 하였다. 오직 식심견성(識心見性)한 사람, 구경각(究竟覺)만이 부처의 지위에 오르는 것이다.

여기에서는 37조도품이니, 52위계니 하는 말이 사라진다. 단계별로 점차 깨닫는 것을 인정하지 않기 때문이다.

○ 第二十四科   大師~未聞

제 24과 대사 미문

-------- 제24과 대사에서- 듣지 못하다. 까지 ---------

大師言『善知識, 聽吾說《無

| 대사 | 언 | | 선 | 지 | 식 | | 청 | 오 | 설 | | 무 |

대사가 말씀하셨다. "선지식 여러분, 내가 설하는 《무상송》을 잘 들을지니라.

相頌》, 令汝迷者罪滅。亦名《

| 상 | 송 | | | 영 | 여 | 미 | 자 | 죄 | 멸 | | 역 | 명 |

너희 미혹한 사람의 죄를 없앨 것이니, 또한 《멸죄송》이라고 이름 하느니라.

滅罪頌》。』   頌曰,

| 멸 | 죄 | 송 | | | | | 송 | 왈 |

게송에 이르셨다.

愚人修福 不修道, 謂言修福

| 우 | 인 | 수 | 복 | | 불 | 수 | 도 | | 위 | 언 | 수 | 복 |

어리석은 사람은 복만을 닦고 수도를 하지 않으면서, 복을 닦는 것이

제24과 대사에서- 듣지 못하다. 까지

便	是	道。	布	施	供	養		福	無	邊,
곳편안			베삼풀베풀할	베풀	이바지할	기를		복		가변두리
변	시	도	보	시	공	양		복	무	변

바로 도라고 말하느니라. 보시 공양하여 복이 한량없지만,

心	中	三	惡		元	來	造。	若	將	修	福
					만들			장차거느릴			
심	중	삼	악		원	래	조	약	장	수	복

마음 가운데에 3악은 원래처럼 생기느니라. 만약 복을 닦아 가져서

欲	滅	罪,	後	世	得	福		罪	元	在。	若
하고자할	멸할		뒤						으뜸		
욕	멸	죄	후	세	득	복		죄	원	재	약

죄를 없애려고 한다면, 뒷세상에 복을 얻어도 죄는 원래대로 있는 것. 만약

解	向	心		除	罪	緣,	各	自	性	中		眞
풀,알	향할	나아갈		덜섬돌	고인리	인연	각각					참
해	향	심		제	죄	연	각	자	성	중		진

마음을 향해 죄의 연을 없앨 줄을 안다면, 각자 자성 가운데의 참된 참회이니라.

懺	悔。	若	悟	大	乘		眞	懺	悔		除	邪
뉘우칠	뉘우칠후회할		알		탈오를							간사할
참	회	약	오	대	승		진	참	회		제	사

만약 대승의 참된 참회를 깨닫는다면, 삿됨을 없애고

行正 卽無罪。學道之人 能自
행 정 즉 무 죄 학 도 지 인 능 자

바름을 행하여, 곧 죄가 없어지느니라. 도를 배우는 사람이 스스로를 잘 관조한다면,

觀, 卽與悟人 同一類。大師令

| 볼 | | 줄더불 | 알 | | 같을 | 같종을류 | | | |

관 즉 여 오 인 동 일 류 대 사 령

곧 깨달은 사람과 같은 부류니라. (5조) 대사가

傳 此頓敎, 願學之人 同一體

| 전할 | | 조벼아란릴간 | 가르칠 | 바랄 | | | | | 몸 |

전 차 돈 교 원 학 지 인 동 일 체

단박 깨닫는 가르침을 전하심은, 배우는 사람이 같은 한 몸이 되기를 원해서니라.

。若欲當來 覓本身, 三毒惡緣

| | | | | 찾구을할 | | | 독독할 | | |

약 욕 당 래 멱 본 신 삼 독 악 연

만약 미래에 본래의 몸을 찾고자 한다면, 3독의 나쁜 연을

心裏洗。努力修道 莫悠悠,

| | 속 | 씻을 | 힘쓸 | | | 말 | 멀 | |

심 리 세 노 력 수 도 막 유 유

마음 가운데서 씻을지니라. 수도에 노력을 할 것이지, 허송세월을 보내지 말며,

忽然虛度 一世休。若遇大乘

忽	然	虛	度		一	世	休		若	遇	大	乘
문득 소홀할	그럴 불탈	빌 허망할	법도 헤일(탁)			쉴			만약 우연할	만날		탈 오를
홀	연	허	도		일	세	휴		약	우	대	승

홀연 일생을 헛되이 보내면 끝장이니라. 만약 대승의

頓敎法, 虔誠合掌 志心求。

頓	敎	法		虔	誠	合	掌		志	心	求	
조아릴 버란간				정성 공경	정성 공경	섞을 합할	손바닥		뜻		구할 찾을	
돈	교	법		건	성	합	장		지	심	구	

단박 깨닫는 법을 만났다면, 경건하고 정성스럽게 합장하고 뜻과 마음을 다해 구할

大師說法了, 韋使君, 官僚,

大	師	說	法	了		韋	使	君		官	僚	
				알마칠		부드러울	부릴 하여금	임금		벼슬 관리	관리 예쁠	
대	사	설	법	료		위	사	군		관	료	

지니라. 대사가 설법을 마치시자, 위사군과 관료와

僧衆, 道俗, 讚言無盡, 昔所未

僧	衆		道	俗		讚	言	無	盡		昔	所	未
중	무리 많을		속될 풍속			칭찬			다할		옛		아닐
승	중		도	속		찬	언	무	진		석	소	미

스님들과 도교인과 속인들의 찬탄하는 말이 끊이지 않았다. "일찍

聞。

聞	
들을 맡을	
문	

들어보지 못한 것이다."

【요점 해설】

우인수복 불수도(愚人修福 不修道)

어리석은 사람은 예나 지금이나 대다수 대중이며, 복을 노래하듯 구할 줄은 알지만, 정작 마음 밝히는 일은 뒷전에 두고 있다.

아주 적은 수의 사람들이 쓰는 단박 깨닫는 법, 단박 깨닫는 가르침은 시간과 장소를 뛰어넘어서, 산중이나 시장을 같은 장소로 보고, 부처님 당시의 불멸 후 오늘날 같은 장소로 보아서, 잘못된 문제들을 제 자신에게 돌린다. 이것이 참된 가르침이며, 깨닫고 나서 단계별로 차츰차츰 깨달은 사람과 같아지는 일은 없다고 역설한다.

대사령전(大師令傳)

원본에서는 대사금전(大師今傳)이나 타본을 참고하여 고쳤다.

제25과 사군(자사)에서 허물이 있다.까지

○ 第二十五科. 使君~有過

차례	조목정	부릴여금	임금	허지물날
제	25과	사	군	유 과

────── 제25과 사군(자사)에서 허물이 있다.까지 ──────

使君禮拜, 白言『和尚説法,

부릴여금	임금	예도	절할	흰알릴		고화루목할	오숭히상려할	말기씀쁠(열	법형상
사	군	예	배	백	언	화	상	설	법

자사(使君사군-한(漢)대에 주(州)의 장관. 자사(刺史),사신(使臣)의 존칭. 칙사(勅使),)위거는 예배

實不思議。弟子嘗有少疑, 欲問

참열매	생각	의논		아우	아자들식	맛볼	젊적을을	의심할	하고자할	물문을안할
실	부	사	의	제	자	상	유	소	의	욕	문

하고 여쭈어 말하였다. "화상의 설법은 실로 불가사의합니다. 제자가 일찍이 조그만 의심이

和尚, 望意和尚大慈大悲, 爲弟

		바랄	뜻생각			사랑		슬플	
화	상	망	의	화	상	대	자	대	비	위	제

있어서, 화상께 여쭙고자합니다. 화상께서는 바라건대, 대자대비로

子説。』

자	설										

제자를 위하여 말씀하여 주소서."

大師言『有疑卽問, 何須再三』

대사가 말씀하셨다. "의심이 있거든 곧 물을지니라. 어찌 두 번 세 번 물을 필요가 있겠느냐."

使君問『〔和尙所說〕法, 可

자사 위거가 여쭈었다. "[화상이 설하신] 법은,

不是西國第一祖 達摩祖師宗旨

서쪽 나라 제1조가 되신 달마 조사의 종지가 아닙니까?"

?』大師言『是』。

대사가 말씀하셨다. "그렇느니라."

〔使君問〕『弟子見說達摩大

[자사 위거가 여쭈었다.] "제자는 달마 대사가

師化　梁武帝, 帝問達摩,〈朕

스승 사	화할 화 변할		들보 량	군셀 무	임금 제			사무칠 제	만질 마		나 짐
사	화		양	무	제		제	문	달	마	짐

양무제를 교화하실 때에 설하신 것을 들었습니다. 양무제가 달마 대사에게 물었습니

一生已來造寺, 布施, 供養, 有

	이미 미칠		만들	절		베풀 보 베풀	베풀 시		이바지할 공	기를 양	
일	생	이	래	조	사	보	시		공	양	유

다. '짐은 일생 동안 절을 지었고 보시를 하였으며 공양을 올렸는데,

功德否?〉　達摩答言,〈並無

공 보람	큰은혜	아니				대답			함께 아우를		
공	덕	부	?		달	마	답	언		병	무

공덕이 있지 않습니까?' 달마 대사가 대답하셨습니다. '공덕이 없습니다.'

功德〉。武帝惆悵, 遂遣達摩出

				실할 심탄할	슬플 창 망할	이미칠 수	보낼 견			날 타날
공	덕		무	제	추	창	수	견	달	마	출

양무제가 언짢게 여겨, 마침내 달마 대사를 나라 밖으로 내보냈다고 하는데,

境。未審此言, 請和尚說。』

지경 경		아닐 미	살필 심			청할 청			
경		미	심	차	언	청	화	상	설

이 말씀을 잘 알지 못하여 화상께 말씀을 청하옵니다."

六祖言『實無功德, 使君勿疑

				참열매		일보람			부하릴여금		말	의심할
육	조	언		실	무	공	덕		사	군	물	의

6조 스님이 말씀하셨다. "진실로 공덕이 없으니, 자사 위거는 달마 대사의 말씀을

。達摩大師言武帝著邪道, 不識

	사무칠	만질			군셀	임금	잡을지을	간사할(저)			알
	달	마	대	사	언	무	제	착	사	도		불 식

의심하지 말지니라. 양무제는 삿된 도에 집착해서

正法。』

정	법											

정법을 알지 못하였느니라."

使君問『何以無功德?』

	사	군	문		하	이	무	공	덕	?		

자사 위거가 여쭈었다. "어찌하여 공덕이 없습니까?"

和尚言『造寺, 布施, 供養,

				만들	절	베삼풀베	베풀			기를	
화	상	언		조	사	보	시		공	양	

화상이 말씀하셨다. "절을 지었고 보시를 하였으며, 공양을 올렸던 것은

제25과 사군(자사)에서 허물이 있다.까지

只是修福, 不可將福以爲功德。
지(뿐다만) 시 수(복) 복　불 가 장 복(복) 이 위 공 덕

단지 복을 닦는 것이니라. 복을 공덕이라고 하지 말지니라.

功德在法身, 非在於福田。自法
공 덕 재 법 신　비(아닐) 재 어 복(밭) 전　자 법

공덕은 법신에 있지, 복전에 있지 않느니라.

性有功德。見性是功, 平直是德
성 유 공 덕　견 성 시(곧을/값을) 공　평(바를/평평) 직 시 덕

공덕은 법성 안에 있으니, 자성이 공이며, 평등하고 곧은 것이 덕이니라.

, 〔内見〕佛性, 外行恭敬。若
내(안드릴(납)) 견　불 성　외 행 공(공순할) 경(공경할)　약

안으로 불성을 보고, 밖으로 공경을 행할지니라. 만약

輕一切人, 吾我不斷, 卽自無功
경(가벼울) 일 체 인　오(나) 아(나) 부 단(끊을)　즉 자 무 공(일보람)

모든 사람을 경멸하고 내 아상을 끊지 못한다면, 곧 스스로 공덕이 없고,

德。自性虛妄, 法身無功德。念念德行平等直心, 德卽不輕。常

자성이 허망하여 법신에 공덕이 없느니라. 생각마다 덕을 행하고 평등하고 곧은 마음이면 덕이 곧 가볍지 않느니라. 항상

行於敬, 自修身卽功, 自修心卽德。功德自心作, 福與功德別。

공경하고, 스스로 몸을 닦는 것이 바로 공이고, 스스로 마음을 닦는 것이 곧 덕이니라. 공덕은 자기 마음으로 짓는 것이고, 복이나 공덕과는 다르니라.

武帝不識正理, 非祖大師有過』

양무제가 바른 이치를 알지 못한 것이고, 대사께서는 허물이 있지 않느니라."

【요점 해설】
념념덕행평등직심(念念德行平等直心)
《유마경》에 같은 내용이 나온다.
"곧은 마음이 곧 수행의 장소니라(直心是道場)."
덕(德)자는 원본에 없으나 타본을 참고하여 덧붙였다.

○ 第二十六科　使君 ~ 得達

| | | | | | | 제 | | 26 | 과 | 사
부리여금 | 군
임금 | | 득
언특을별히 | 달
사무칠 | |

-------- 제26과 사군(자사)에서 ~도달하겠느냐?!까지 ---------

使君　　禮拜。又問『弟子見僧												
사	군	예 예도	배 절할	우 또	문					제	자	견	승 중

"자사 위거가 예배를 하고 다시 여쭈었다. 제자는 스님과

俗　　常念阿彌陀佛，　願往生西方										
속 속될속 풍속		상 항상	념 생각 찰나	아 언덕	미 찰	타 비탈	불		원 바랄	왕 갈	생	서	방

속인이 항상 아미타불을 염하며, 서방에 왕생 발원하는 것을 보았습니다.

。請和尚說得生彼否？　　望爲破									
	청 청할	화 고루목 화루	상	설	득	생	피 저	부 아니	?	망 바랄	위	파 깨뜨릴

청컨대, 화상께서는 설하여 주소서, 저기에 날 수 있습니까? 없습니까? 바라건대

疑。』												
의 의심												
의												

의심을 풀어주소서."

제26과 사군(자사)에서 ~도달하겠느냐?!까지

大師言 『使君,		聽慧能與說。			
	스군 승사		들을		줄더 불
대 사 언	사 군	청	혜 능	여	설

대사가 말씀하셨다. "위거 거사 들을지니라. 혜능이 설해 주리라.

世尊在舍衛城				說西方引化,				經
높을	있을	집	지 칠	성		끌	화변 할할	글지 날
세 존 재	사	위	성	설 서	방	인	화	경

세존이 사위성에 계실 때에, 서방으로 인도하여 교화해 설하신 (방편인) 것이며,

文分明,			去此不遠。			只爲下根說				
글			갈		멀	뿐다 만			뿌근 리기	
문 분 명			거 차	불	원	지	위	하	근	설

경문에서는 분명히 여기서 멀지 않다고 하셨느니라. 단지 멀다고 함은 뿌리(근기)가 낮은 사람을 위한 것이며,

遠,	說近只緣上智。					人有兩種,			
	가 까 울		고인 리연				비	씨가 지	
원	설	근	지	연	상 지	인	유	양	종

가깝다고 함은 단지 지혜가 뛰어난 사람과 연한 것이니라. 사람에게는 자연히 두 가지 종류가 있으나,

法無兩般。			迷悟有殊,			見有遲疾			
	돌			다죽 를일			늦더 을딜	병빠 를	
법 무 양	반		미 오	유	수	견	유	지	질

법에는 두 가지 종류가 없느니라. 미혹함과 깨달음의 다름이 있어서, 견해에 더디고 빠름이 있느니라.

○ 迷人念佛生彼, 悟者自淨其心

| 미
헤맬
미혹할 | 인 | 염 | 불 | 생 | 저
피 | 알
오 | 자 | 자 | 깨끗할
정 | 기 | 심 |

미혹한 사람은 염불하여 저기에 나고자하나, 깨달은 사람은 자기 마음을 스스로

○ 所以佛言, 隨其心淨則佛土淨

| 소 | 이 | 불 | 언 | 따를
수 | 기 | 심 | 정 | 곧
즉 | 불 | 토 | 정 |

맑게 하느니라. 이런 까닭에 부처님이 말씀하셨느니라. '그 마음이 깨끗함을 따라서, 부처님의 국토가 깨끗하느니라.

○ 使君, 東方人 但淨心卽無罪

| 사 | 군 | 동 | 방 | 인 | 뿐다만
단 | 정 | 심 | 즉 | 무 | 모질
죄 |

위거 거사, 동방 사람일지라도 다만 마음이 깨끗하면 곧 죄가 없고,

, 西方人 心不淨 亦有愆, 迷

| 서 | 방 | 인 | 심 | 부 | 정 | 역 | 유 | 죄허물
건 | 미 |

서방 사람일지라도 마음이 깨끗하지 않으면 또한 허물이 있느니라. 미혹한

人願生東方。兩者 所在處, 竝

| 인 | 원 | 생 | 동 | 방 | 둘
양 | 자 | 소 | 재 | 처 | 함께아우를
병 |

사람은 동방에 태어나기를 발원하나, 두 사람이 있는 곳은 다 같이

皆一種心地, 但無不淨。西方去

다	씨가지							갈	
개	일	종	심	지	단	무	부	정	서	방	거

한 종류의 마음 땅이니라. 다만 (마음이) 깨끗하면, 서방이

此不遠, 心起不淨之心, 念佛往

	멀		일						갈
차	불	원	심	기	부	정	지	심	염	불	왕

여기서 멀지 않고, 마음에 깨끗하지 못한 마음이 일어나면, 염불하여 왕생하려고

生難到。除十惡卽行十萬, 無八

어려울	이르를달할	덜섬돌							
생	난	도	제	십	악	즉	행	십	만	무	팔

해도 도달하기가 어려우니라. 열 가지 악을 없애면 곧 10만 국토를 가고, 8가지

邪卽過八千, 但行直心, 到如彈

간사	허지물날				값곧을			퉁탄길알	
사	즉	과	팔	천	단	행	직	심	도	여	탄

삿됨을 없애면 곧 8천 국토를 지나느니라. 다만 곧은 마음을 행한다면, 도달하는 것이 손가락을 퉁기는 것과 같은 짧은 순간이니라.

指。使君, 但行十善, 何須更願

손가락	부하여릴금	뿐단지			모름지기	다고시칠(경)	바랄
지	사	군	단	행	십	선	하	수	갱	원

위거 거사, 10가지 선만을 행할지니, 어찌 다시 왕생을 발원할 필요가

往生? 不斷十惡之心, 何佛卽

갈이따금			끊을						
왕	생	?	부	단	십	악	지	심	하	불	즉

있느냐? 10가지 악한 마음을 끊지 못하면, 어느 부처님이 곧

來迎請? 若悟無生頓法, 見西

올	맞을	청할			알			조벼아란릴간		
래	영	청	?	약	오	무	생	돈	법	견	서

오셔서 맞이하겠느냐? 만약 무생의 도법을 깨닫는다면, 서방을 보는 것이

方只在刹那, 不悟頓敎大乘, 念

	뿐다만	절찰나	어찌						탈오를
방	지	재	찰	나	불	오	돈	교	대	승	염

단지 찰나에 있고, 만약 돈교의 대승을 깨닫지 못한다면, 염불하여도

佛往生路遠 如何得達?!』

	갈이따금		길드러날	멀				사무칠
불	왕	생	로	원	여	하	득	달	?

왕생의 길은 멀어서, 어찌 도달하겠느냐?!"

【요점 해설】

제십악즉행십만(除十惡卽行十萬)

10악 8사를 10만억 8천 국토에 비유하는 것은 매우 탁월한 발상이다.

고지식하게 서방 극락세계가 정말 서쪽으로 10만억 8천 국토를 지나서 있다고 믿는 사람들이 요즘은 없을 것이나, 당시 미혹한 사람들은 그렇게 믿었

던 것이다.

 10만억 8천 국토 실은 인도인이 무수한 수를 나타내는 8만 4천 수처럼 중국식으로 무수한 수를 나타낸 것이다.

○ 第二十七科　六祖～到彼

						이를	저
제	이	십	칠	과	육 조	도	피

------ 제27과 6조에서 피안에 이를 수가 있겠는가?까지 ------

六祖言『慧能與使君　移西方

六 祖 言	할애비		줄더불	부하릴여금		옮길	
	육 조 언	혜	능	여	사 군	이	서 방

6조 스님이 말씀하셨다. "혜능이 자사에게 서방을 찰나 사이에 옮겨,

刹那間, 目前便見。使君　願見

절찰라	어찌	틈사이	눈	곧			바랄	
찰	나	간	목	전 변	견	사 군	원	견

눈앞에 바로 보여주리라. 자사는 보기를 원하는가?"

否?』 使君禮拜, 〔言〕, 『

아니			예도	절할	
부	?	사 군	예	배	언

위거 자사 예배하고 [말하였다.],

若此得見, 何須往生。願和尚慈

				마기땅다히닐	갈이따금		고루할	오숭히상려할	사랑
약	차	득	견	하	수	왕 생	원	화 상	자

만약 여기서 볼 수 있다면, 어찌 왕생을 바라겠습니까? 원컨대, 화상께서 자비로

悲, 爲現西方, 大善。』

슬플			나타날			
비		위	현	서	방	대 선

서방을 나타내 주신다면, 대단히 훌륭하겠습니다."

大師言『一時見西方, 無疑卽

								의심	
대	사	언	일	시 견 서	방		무	의	즉

대사가 말씀하셨다. "일시에 서방을 보는 것은, 의심이 없느니라. 당장

散』。 大衆愕然, 莫知何事。

흩을			놀랄 갑자기		없을 저물		일 섬길	
산			대 중	악 연	막	지	하	사

흩어질지니라." 대중이 놀라서 어떤 일인지 알지 못하였다.

大師曰『大衆大衆作意聽, 世

						뜻생각	들을	
대	사	왈	대 중 대 중	작	의	청		세

대사가 말씀하셨다. "대중 여러분, 대중 여러분은 잘 생각해서 들을지니라. 세상

人自色身是城, 眼耳鼻舌身卽是

					성	눈 귀 코 혀 몸	
인	자	색 신	시	성	안 이 비 설 신	즉	시

사람의 자기 색신이 바로 성(城)이고, 눈, 귀, 코, 혀, 몸이 바로

城門, 外有五門, 內有意門。心
성문, 외유오문, 내유의문. 심

성문이며, 밖에는 다섯 문이 있고, 안에는 의식의 문이 있느니라. 마음이

卽是地, 性卽是王。性在王在,
즉시지, 성즉시왕. 성재왕재,

바로 국토이고, 자성이 바로 왕이며, 자성이 있으면 왕이 있고,

性去王無。性在身心存, 性去身
성거왕무. 성재신심존, 성거신

자성이 사라지면 왕도 없어지느니라. 자성이 있으면 몸과 마음이 존재하고, 자성이

心壞。佛是自性作, 莫向身外求
심괴. 불시자성작, 막향신외구

떠나면 몸과 마음이 무너지느니라. 부처는 바로 자성이 지었으니, 몸 밖으로 향해 구

。自性迷, 佛卽是衆生, 自性悟
자성미, 불즉시중생, 자성오

하지 말지니라. 자성에 미혹하면 부처가 바로 중생이고, 자성을 깨달으면

衆生卽是佛。慈悲卽是觀音,

| | 중 | 생 | 즉 | 시 | 불 | 자 | 비 | 즉 | 시 | 볼관 | 음 |

중생이 바로 부처니라. 자비가 바로 관세음보살이고,

喜捨名爲勢至, 能淨是釋迦, 平

| 기쁠 | 버릴 | | 세력 | 이를극 | | | | 놓을 | 막만을날 | 평평 |
| 희 | 사 | 명 | 위 | 세 | 지 | 능 | 정 | 시 | 석 | 가 | 평 |

희사가 바로 대세지보살이며, 한없이 깨끗함이 석가모니불이고, 평등하고

直卽是彌勒。人我卽是須彌, 邪

| 곧을 | | | 찰 | 굴레갈자 | 나 | | | | | 간사 |
| 직 | 즉 | 시 | 미 | 륵 | 인 | 아 | 즉 | 시 | 미 | 륵 | 사 |

곧음이 바로 미륵불이니라. 인상과 아상이 바로 수미산이고, 삿된

心卽是海水, 煩惱卽是波浪, 毒

| | | 바다 | | 괴로울 | 괴로울 | | | 물결 | 물결 | 독독할 |
| 심 | 즉 | 시 | 해 | 수 | 번 | 뇌 | 즉 | 시 | 파 | 랑 | 독 |

마음이 바로 바닷물이며, 번뇌가 바로 파도니라. 독이 있는

心卽是惡龍, 塵勞卽是魚鱉, 虛

| | | | 용 | 티끌 | 일힘할쓸 | | | 물고기 | 자라 | 빌허망할 |
| 심 | 즉 | 시 | 악 | 용 | 진 | 로 | 즉 | 시 | 어 | 별 | 허 |

마음이 바로 독용이고, 번뇌와 괴로움이 바로 물고기와 자라이며, 허망한

妄卽是鬼神, 三毒卽是地獄, 愚

허망 망령 할될		귀 신	귀 신		독독 할			우 리	어 리 석을
망	즉	시	귀	신	삼	독	즉	시	지	옥	우

마음이 바로 귀신이고, 3독심이 바로 지옥이며, 어리석은 마음이

癡卽是畜生, 十善卽是天堂。無

어 리 석을		쌓기 을를						집	
치	즉	시	축	생	십	선	즉	시	천	당	무

바로 축생이고, 10가지 선행이 바로 천당이니라.

人我, 須彌自倒, 除邪心, 海水

		모 름 지기	찰	엎꺼 어꾸 질로		덜섬 돌	간 사 할		바 다	
인	아	수	미	자	도	제	사	심	해	수

인상과 아상이 없으면 수미산이 저절로 거꾸러지느니라. 삿된 마음을 없애면 바닷물

竭, 煩惱無, 波浪滅, 毒害除,

다마 할를		괴로 울	괴로 울		물 결	물 결	멸없 할앨		해 할	
갈	번	뇌	무	파	랑	멸	독	해	제

이 마르고, 번뇌가 없어지면 파도가 없어지며, 독해가 제거되면

魚龍絶。自心地上覺性如來, 施

물 고 기	용	끊간 을절 할				깨 달 을			베 풀
오	용	절	자	심	지	상	각	성	여	래	시

물고기와 용이 없어지느니라. 자신의 심지에서 깨달은 자성의 여래가,

大	智	慧	光	明,	照	耀	六	門	清	淨,	照
	지슬기혜	지혜	빛	밝을	비칠	빛날			맑을	깨끗할	
대	지	혜	광	명	조	요	육	문	청	정	조

큰 지혜의 광명을 놓아서, 6개의 문을 깨끗하게 비추면,

破	六	欲	諸	天	下,	照	三	毒	若	除,	地
깨뜨릴		하고자할						독		덜섬돌	
파	육	욕	제	천	하	조	삼	독	약	제	지

6가지 욕망의 여러 천하를 비추어 깨고, 3독을 비추어 없애버리면, 지옥이

獄	一	時	消	滅。	內	外	明	徹,	不	異	西
우리			사라질	멸할	안드릴(납)		밝을통할		다를		
옥	일	시	소	멸	내	외	명	철	불	이	서

일시에 없어지느니라. 안과 밖으로 사무쳐 밝으면, 서방과 다르지 않으니,

方。	不	作	此	修,	如	何	到	彼?』
							이르를달	저
방	부	작	차	수	여	하	도	피 ?

이렇게 수행치 않고 어찌 피안에 이를 수가 있겠는가?"

【요점 해설】

내외명철(內外明徹) 불이서방(不異西方)

영화는 각본과 연출에 따른 것인 줄을 잘 알지만 재미있게 즐기며, 곧 가짜인줄 알지만 진실처럼 믿고 감상하는 것이 성숙한 감상자다.

비밀은 드러내서 말하였을 때 이미 비밀이 아니고, 망상 번뇌는 망상 번뇌인 줄을 깨달았을 때 이미 망상 번뇌가 아니며, 허상(虛相)과 환(幻)은 그것

을 깨달았을 때 공(空)은 곧 실(實)인 것이다.

○ 第二十八科　座下~無餘

제이십팔과　좌하(자리)　무여(남을)

-------- 제28과 법좌 아래서~ 남음이 없는 데까지 ----------

座下聞說, 讚聲徹天, 應是迷

座	下	聞	說	讚	聲	徹	天	應	是	迷
자리		들을 맡을		칭찬 찬탄	소리	통할 밝을		응할 마땅		헤맬 미혹할
좌	하	문	설	찬	성	철	천	응	시	미

법좌 아래서 설법을 듣고 찬탄하는 소리가 하늘에 사무쳤으며, 반응은 바로 미혹한

人了然便見。使君禮拜, 讚言『

人	了	然	便	見	使	君	禮	拜	讚	言
	알 마칠	그럴 불탈	곧 편안				예도	절할		
인	료	연	변	견	사	군	예	배	찬	언

사람들이 밝게 보게 되었다. 자사 위거가 예배를 올리고 찬탄하여 말하였다.

善哉! 善哉! 普願法界衆生

善	哉	善	哉	普	願	法	界	衆	生
잘할 착할	어조사			널리 두루	바랄		지경 경계	무리 많을	
선	재	선	재	보	원	법	계	중	생

"훌륭하십니다! 훌륭하십니다! 널리 원하옵나니, 법계의 중생들은

, 聞者一時悟解。』

聞	者	一	時	悟	解
				알	풀, 알
문	자	일	시	오	해

듣는 사람 모두가 일시에 일시에 깨달아 지이다."

大師言『善知識, 若欲修行,

대사 언 선지식 약 욕 수 행

대사가 말씀하셨다. "선지식 여러분, 만약 수행을 하고자 한다면,

在家亦得, 不由在寺。在寺不修

재 가 역 득 불 유 재 사 재 사 불 수

재가 역시 얻을 수가 있으며, 절에서 지내는 것만으로 되지 않느니라. 절에서 지나면서 닦지 않는다면,

, 如西方心惡之人。在家若修行

여 서 방 심 악 지 인 재 가 약 수 행

마치 서방에 사는 마음이 나쁜 사람과 같고, 재가자가 수행을 한다면,

, 如東方人修善, 但願自家修清

여 동 방 인 수 선 단 원 자 가 수 청

마치 동방 사람이 착한 행을 닦는 것과 같느니라. 오직 바라기는, 자기 집에서 깨끗

淨, 即是西方。』 使君問『和

정 즉 시 서 방 사 군 문 화

함을 닦을지니라. (그러면) 바로 이 자리가 서방정토니라." 자사 위거가 여쭈었다.

尚, 在家如何修? 願爲指授』

| 오히려할 상 | | 집 재 | 가 | 여 | 하 | 수 | ? | | 손가락킬 원 | 줄 위 | 지 | 수 |

화상, 재가자는 어떻게 닦아야 합니까? 원컨대, 가르쳐 주소서."

大師言『善知識, 慧能與道俗

| | 대 | 사 | 언 | 선 | 지 | 식 | 줄더불 혜 | 길이치 능 | 여 | 속풍될속 도 | 속 |

대사가 말씀하셨다. "선지식 여러분, 혜능이 (도교) 도인과 재가자들에게

作《無相頌》, 盡誦取, 依此修

| 작 | | 기울릴을 무 | 상 | 송 | 다할 진 | 외일 송 | 가취질할 취 | 기의댈지 의 | 차 | 수 |

무상송을 지어주리니, 다들 외워 가질지니라. 이것에 따라 수행한다면,

行, 常與慧能一處無別。』頌曰

| 행 | 상 | 여 | 혜 | 능 | 일 | 곳,살 처 | 무 | 다를 별 | | 송 | 왈 |

항상 혜능과 한 곳에 있는 것과 다름이 없느니라." 송하여 이르셨다.

説通及心通, 如日處虛空,

| 설 | 통할 통 | 및미칠 급 | 심 | 통 | 여 | 일 | 처 | 빌 허 | 공 |

설법에 달통하고 심종에 달통함이여, 마치 해가 허공에 이른 것과 같나니,

惟傳頓敎法, 出世破邪宗。

	유	전	돈	교	법		출	세	파	사	종
	꾀할/생각할	전할	조아릴/벼란간	가르칠			날/나타날		깨뜨릴	간사할	높을/마을

오직 돈교의 법만을 전하여, 세속을 벗어나와 삿된 종을 깨뜨리니라.

敎卽無頓漸, 迷悟有遲疾,

교	즉	무	돈	점		미	오	유	지	질
				점점			알		더딜/늦을	병/빠를

가르침에는 곧 빠름과 늦음이 없지만, 미혹함과 깨달음에서 느림과 빠름이 있나니,

若學頓法門, 愚人不可迷。

약	학	돈	법	문		우	인	불	가	미

만약 돈교의 법문을 배우면, 어리석은 사람도 미혹하지 않느니라.

説卽雖萬般, 合離還歸一,

설	즉	수	만	반		합	리	환	귀	일
		비록		돌			떠날	돌아올	돌아갈	

설명은 곧 만 가지지만, 흩어진 것을 모으면 다시 하나로 돌아오나니,

煩惱闇宅中, 常須生慧日。

번	뇌	암	택	중		상	수	생	혜	일
괴로울	괴로울	어두울	집				구할/기다릴			

번뇌의 깜깜한 집안에, 항상 지혜의 해가 뜨기를 구할지니라.

邪	來	因	煩	惱	,	正	來	煩	惱	除	,
간사	올	인까할닭	괴로울	괴로울						덜섬돌	
사	래	인	번	뇌		정	래	번	뇌	제	

삿됨과 번뇌로 인하여 오고, 바름이 오면 번뇌가 제거되나니,

邪	正	悉	不	用	,	清	淨	至	無	餘	。
		다	쓸			이를지극		남을			
사	정	실	불	용		청	정	지	무	여	

삿됨과 바름을 다 쓰지 않으면, 깨끗하여 남음이 없는 데(열반)에 이르느니라.

【요점 해설】

재가역득(在家亦得)

대승 불교의 입장은 출가와 재가를 묻지 않으며, 수행 위주의 실천 불교, 혹은 생활 불교이다. 원효 스님 역시 《발심수행장》에서, '산에 들어가 마음을 닦지 못할지라도, 자신의 힘에 따라 착한 행을 버리지 말지니라.(然而不歸 山藪修心, 隨自身力 不捨善行)'라고 하셨다.

현대 사회, 특히 오늘의 한국 불교 현실에서는 재가자의 수행문을 활짝 열어두고, 주 5일 근무제 직장인을 위해서는 주말 프로그램, 혹은 늘어나는 노년층을 위해서는 노년 정진 프로그램 개발이 필요하다.

설통급심통(說通及心通)

언설에 달통함과 심종(心宗 = 근본 이치)에 통달한 것이다.

第二十九科 菩提~那間

제29과 보리에서 ~찰나의 순간이니라.까지

菩提本清淨, 起心卽是妄,

보리는 본래 깨끗하나, 마음을 일으키는 것이 곧 망상이니라.

淨性於妄中, 但正除三障。

깨끗한 자성은 망상 중에 있으며, 다만 바르기만 하면 세 가지 장애를 없애느니라.

世間若修道, 一切盡不妨,

세간에서 만약 도를 닦아도, 일체가 다 방해되지 않느니라.

常見在己過, 與道卽相當。

항상 자기 허물이 있음을 보면, 도와는 서로 합해지느니라.

제29과 보리에서 ~찰나의 순간이니라.까지

色類自有道, 離道別覓道,

	같을					떠날		다를	찾을구할	
색	류	자	유	도		이	도	별	멱	도

(형상을 가진) 중생은 스스로 도를 가지고 있으면서, 도를 떠나 따로 도를 찾느니라.

覓道不見道, 到頭還自懊。

					이도를달	머리	돌아올		한괴할로울	
멱	도	불	견	도	도	두	환	자	오	

도를 찾아도 도를 보지 못하고, 최후에 도달하여서는 도리어 스스로 망연하느니라.

若欲覓眞道, 行正卽是道,

약	욕	멱	진	도		행	정	즉	시	도

만약 참된 도를 구하고자한다면, 행을 바르게 할지니, 이것이 곧 도니라.

自若無正心, 暗行不見道。

					어두울				
자	약	무	정	심	암	행	불	견	도

스스로에게 만약 바른 마음이 없으면, 어둠 속을 걷고 있어서 도를 보지 못하느니라.

若眞修道人, 不見世間過,

							지날허물		
약	진	수	도	인	불	견	세	간	과

참으로 도를 닦는 사람은, 세간의 허물을 보지 않느니라.

若見世間非, 自非却是左。

	약	견	세	간	비	자	비	각	시	좌
				사이 틈	그닐를 아			그칠 칠리 물		윈

세간의 잘못을 본다면, 자기의 잘못이라 도리어 허물이니라.

他非我有罪, 我非自有罪,

	타	비	아	유	죄	아	비	자	유	죄
	다를		나							

남의 잘못은 나의 죄과이고, 나의 잘못도 스스로 죄과가 있느니라.

但自去非心, 打破煩惱碎。

	단	자	거	비	심	타	파	번	뇌	쇄
						칠	깨뜨릴	괴로울	괴로울	부술

단지 스스로 잘못된 마음을 버리면, 번뇌는 깨어져 부서지리라.

若欲化愚人, 事須有方便,

	약	욕	화	우	인	사	수	유	방	편
		하고자할	될변할	어리석을		일섬길	모름지기		모방법	곧편할

만약 어리석은 사람을 교화하려면, 일에서는 반드시 방편이 필요하느니라.

勿令彼有疑, 即是菩提現。

	물	령	피	유	의	즉	시	보	리	현
	말		저		의심			보살	끝,들	나타날

저들로 하여금 의심이 있게 하지 말지니라. 이것이 곧 보리가 나타나는 것이니라.

法元在世間, 於世出世間,

	으뜸								
법	원	재	세	간	어	세	출	세	간

법은 원래 세간에 있고, 세간에 있으면서 세간을 벗어나느니,

勿離世間上, 外求出世間。

	말	떠날							
물	리	세	간	상	외	구	출	세	간

세간을 떠나서 밖에서 출세간의 (법을) 구하지 말지니라.

邪見是世間, 正見出世間,

	간사								
사	견	시	세	간	정	견	출	세	간

삿된 견해는 곧 세간이고, 바른 견해는 출세간이니라.

邪正悉打却, 菩提性宛然。

		다	칠	물리칠				굽을 완연할	
사	정	실	타	각	보	리	성	완	연

삿됨과 바름을 다 쳐서 물리치면, 보리 자성이 뚜렷하게 드러날 것이니라.

此但是頓教, 亦名爲大乘,

								탈 오를	
차	단	시	돈	교	역	명	위	대	승

이것은 오직 돈교의 가르침이고, 또한 대승이라고 하느니라.

迷	來	經	累	劫,		悟	則	刹	那	間。		
헤매미 혹할		글지 날	얽혀 힐러	세월		알깨 달 을	곧법 칙 칙	절찰 라	어찌	틈사 이		
미	래	경	루	겁		오	즉	찰	나	간		

미혹하면 여러 겁을 경과하지만, 깨달으면 찰나의 순간이니라.

【요점 해설】

보리본청정(菩提本淸淨)

평상심시도(平常心是道)에서 뜻이 드러난다.

　조주(趙州) 스님이 깨달음을 이룰 때에, 스승 남전 원(南泉 普願) 스님은 평상심시도(平常心是道) 법문을 내렸다.

　조주 스님이 남전 스님에게 여쭈었다.

　"무엇이 도입니까?"

　남전 스님이 말하였다.

　"평상심이 도니라."

　조주 스님이 여쭈었다.

　"다시 다가갈 수가 있습니까?"

　남전 스님이 말씀하였다.

　"다가가려고 하면 곧 어긋나느니라!"

　"다가가려고 하지 않는다면 어떻게 도를 알 수가 있습니까?"

　"도는 아는 데에 있지 않으며, 알지 못하는 데에 있지도 않느니라. 안다고 하면 망상이고 알지 못한다고 하면 무기니라.

　만약 참으로 '다가가지 않는 도'를 통달하고자한다면 저 확 트인 허공과 같아야 하느니라. 어찌 시비하는 것으로 일삼을까 보냐!"

　홀연 이 말끝에 주주 스님은 깊은 뜻(玄旨)을 단박 깨달아서, 마음이 마치 밝은 달과 같았다.

타비아유죄(他非我有罪)

원본에서는 유죄(有罪)가 아니고 부죄(不罪)이지만, 타본을 참고하여 고쳤다. 전체 내용으로 보면 고친 쪽이 타당하다.

○ 第三十科　大師~違背

						어길	질등질
	제	30	과	대	사	위	배

-------- 제30과 대사에서~어긋나는 것이다.까지 ----------

大師言『善知識, 汝等盡誦取

				너리을	무같을	다할	외일	가취질할
대	사	언	선지식	여	등	진	송	취

대사가 말씀하셨다. "선지식 여러분, 여러분들은 다들 이 게송을 외워 가질지니라.

此偈, 依此偈修行, 去慧能千里

글을귀을		기의댈지				갈			거리을마
차	게	의	차	게	수	행	거	혜	능	천	리

이 게송을 의지하여 수행하면, 혜능과는 천리 떨어져 있더라도

, 常在能邊。依此不修, 對面千

			가					대답대상	얼굴표면
상	재	능	변	의	차	불	수	대	면	천

항상 혜능의 곁에 있는 것이며, 이 게송을 의지하여 수행하지 않으면, 얼굴을 맞대고

里遠。各各自修, 法不相待。衆

멀								대기비다릴	
리	원	각	각	자	수	법	불	상	대	중

있을지라도 천리 떨어진 곳에 있는 것이니라. 각각 스스로 수행하라. 법은 누구도 기다리지 않느니라. 대중은

人且散, 慧能歸曹溪山。衆生若

인 차 산 혜 능 귀 조 계 산 중 생 약

(또잠깐) (흩을) (돌아갈) (마을이리) (시내)

그럼 흩어질지니라. 혜능도 조계산으로 돌아가리라. 대중이 만약

有大疑, 來彼山間, 爲汝破疑,

유 대 의 래 피 산 간 위 여 파 의

(의심) (저) (깨뜨릴)

큰 의심이 있다면, 이 산중으로 올지니라. 여러분을 위하여 의심을 깨뜨려서

同見佛性。』

동 견 불 성

함께 부처의 성품을 보게 하리라."

合座官僚道俗, 禮拜和尚, 無

합 좌 관 료 도 속 예 배 화 상 무

(합할맞을) (자리) (벼슬관리) (동료예쁠) (풍속속될) (예도) (절할) (화할변할)

같이 앉아 있던 관료와 도교의 도인과 속인이 화상께 예배하며

不嗟嘆, 『善哉大悟, 昔所未聞

불 차 탄 선 재 대 오 석 소 미 문

(탄식탄할감탄할) (탄식탄할한숨쉴할) (어조사) (알) (옛오랠)

찬탄을 금치 못하였다. "훌륭하십니다. 크게 깨달으심이여. 전에는 미처 들어보지 못한 말씀입니다.

『嶺南有福, 生佛在此, 誰能得知。』一時盡散。

영남 사람은 복이 있어서 생불이 여기에 계시니, 누가 능히 (이런 사실을) 알았으리요." 대중이 한꺼번에 다 흩어졌다.

大師住曹溪山, 韶, 廣二州行化四十餘年。若論門人, 僧之與俗, 約有三五千人, 說不可盡。

대사가 조계산에 머물면서 소주, 광주 두 고을에서 교화한 기간은 40여년이었다. 문인으로 말하면, 스님과 속인이 대략 3~5천 명이며, 말로써 다 헤아릴 수가 없었다.

若	論	宗	旨,	傳	授	《壇	經》,	以	此
	논말 할할	높마 을루	뜻취 지		전 할	줄받 을	단,뜰	글지 날	
약	논	종	지	전	수	단	경	이	차

논지로 말하면 《단경》을 전수하여, 이로써

爲	依	約。	若	不	得	《壇	經》,	卽	無
	기의 댈지	묶약 을속							
위	의	약	약	부	득	단	경	즉	무

의지하여 믿음으로 삼게 하셨다. 만약 《단경》을 얻지 못하면, 곧

稟	受。	須	知	去	處,	年	月	日,	姓	名
녹받 을	받 을			갈					성 씨	
품	수	수	지	거	처	년	월	일	성	명

법을 이어받지 못한 것이었으며, 모름지기 간 곳과 연월일, 성명을 알아서

, 遞	相	付	囑。	無	《壇	經》	稟	承,
전번 할갈 아		줄붙 일	맡부 길탁 할				이반 을들	
체	상	부	촉	무	단	경	품	승

서로서로 부촉하되, 《단경》을 이어받지 못하면,

非	南	宗	弟	子	也。	未	得	稟	承	者,	雖
											비 록
비	남	종	제	자	야	미	득	품	승	자	수

남종의 제자가 어나었다. (《단경》을) 이어받지 못한 사람이, 비록

説	頓	敎	法	,	未	知	根	本	,	終	不	免	諍
마기 씀쁠 (열	조벼 아란 릴간	가 르 칠				뿌 리				끝마 칠	면벗 할을	간다 할툴	
설	돈	교	법		미	지	근	본		종	불	면	쟁

돈교의 법을 설법하나, 근본을 알지 못하기 때문에, 끝내는 다툼을 면치 못하는 것이

。	但	得	法	者	,	只	勸	修	行	。	諍	是	勝
	뿐다 만					뿐다 만	권 할				다간 툴할	이수 길승	
	단	득	법	자		지	권	수	행		쟁	시	승

다. 오직 법을 얻은 사람에게만 (돈교법의) 수행함을 권하라. 다툼은 이기고

負	之	心	,	與	佛	道	違	背	。
길짐 질					어 길	질등 질			
부	지	심		여	불	도	위	배	

지는 싸움이며, 불도와는 어긋나는 것이다.

【요점 해설】

가혜능천리(去慧能千里) 상재능변(常在能邊)

부처님도 같은 말씀을 하셨다. 《금강경》제12장 존중정교분(尊重正敎分)에는 다음과 같은 구절이 있다.

약시경전 소재지처(若是經典 所在之處) - 이 경전이 있는 곳이
즉위유불 약존중제자(卽爲有佛 若尊重弟子) - 바로 부처님이 계신 곳이고 제자가 있는 곳이니라.

몸이 붙어 있다고 해서 함께 있는 것이 아니며, 생각이 다르다면 동상이몽(同床異夢)이다.

뜻을 함께 하는 사람은 시간과 장소를 뛰어넘어서, 늘 불보살과 자리를 같이 한다는 《금강경》구절이 외로운 중생에게 큰 위안이고 감동이다.

○ 第三十一科　世人～教示

									보일
	제	삼	십	일	과	세	인	교	시

---- 제31과 세상 사람들이 에서 ~가르쳐 주시기 바라옵니다. 까지 ---

世人盡傳南能北秀, 未知根本

		다할	전할			빼어날		아닐	뿌리
세	인	진	전	남	능	북	수	미	지	근	본

세상 사람들이 다 전하기를, 남쪽에는 혜능이고 북쪽에는 신수라고 하면서도, 아직

事由。且秀禪師於南荊府當陽縣

일섬길	따를연유		또잠깐		고요할	스승군사		매묘목	마을관청	당마할땅	별밝을	매달
사	유		차	수	선	사	어	남	형	부	당	양	현

근본 사유는 알지 못함이라. 또 신수 선사가 남형부 당양현

玉泉寺　住持修行, 慧能大師於

구슬	샘	절		머물	가질					
옥	천	사	주	지	수	행	혜	능	대	사	어

옥천사에서 주지하며 수행하실 때에, 혜능 대사는 소주성에서

韶州城東三十五里曹溪山住。法

풍이류을	마을	성						마무을리	시내		
소	주	성	동	삼	십	오	리	조	계	산	주	법

동쪽 35리 떨어진 조계산에서 머물고 계셔서, 법은

제31과 세상 사람에서~가르쳐 주시기 바라옵니다.

卽	一	宗,	人	有	南	北,	因	此	便	立	南
	마루 높을						인할 인원				
즉	일	종	인	유	남	북	인	차	변	립	남

한 종(근본)이지만 사람에게 남쪽과 북쪽이 있어서, 이로써 비로소 남쪽과 북쪽이 성

北。	何	以	漸	頓？	法	卽	一	種,	見
		점 점	조란 벼아 간릴				씨가 지		
북	하	이	돈	점?	법	즉	일	종	견

립한 것이다. 어떤 것을 돈과 점이라고 하는가? 법은 한 종류지만, 견해에서

有	遲	疾,	見	遲	卽	漸,	見	疾	卽	頓。
	더늦 딜을	병빠 를								
유	지	질	견	지	즉	점	견	질	즉	돈

늦음과 빠름이 있을 뿐이며, 견해가 늦음은 곧 점(漸)이고 견해가 빠름은 곧 돈(頓)이다.

法	無	漸	頓,	人	有	利	鈍,	故	名	漸	頓
						이날 로카 울롤	무둔 딜할				
법	무	점	돈	인	유	이	둔	고	명	점	돈

법에는 돈과 점이 없으나 사람에게 영리함과 우둔함이 있어서 그래서 돈과 점이라고 이름한다.

。	神	秀	師	常	見	人	說	慧	能	法	疾,
	1	2	3	13	4	12	5		6	7	
	귀 신	빼어 날									
	신	수	사	상	견	인	설	혜	능	법	질

신수 스님은 항상 사람들이, 혜능 스님의 법은 빨라서 바로 가리켜서 길을 보여준

直指見路, 秀師遂喚門人志誠曰

直	指	見	路		秀	師	遂	喚	門	人	志	誠	曰
곧을	손가락킬	길드러날	길		빼어날	스승사	이미를칠	부를칠			뜻의지	정성경할공	
직	지	견	로		수	사	수	환	문	인	지	성	왈

다고 말하는 것을 보셨다. 신수 스님은 드디어 문인 지성 스님을 불러 말씀하셨다,

『汝聰明多智。汝與吾至曹溪山

汝	聰	明	多	智		汝	與	吾	至	曹	溪	山
너	총명밝을귀	밝을	많을겹칠				줄더불	나	이를지극할	마을리	시내	
여	총	명	다	지		여	여	오	지	조	계	산

"자네는 총명하고 지혜가 많지. 자네는 나를 위해 조계산에 가서

到慧能所, 禮拜但聽, 莫言吾使

到	慧	能	所		禮	拜	但	聽		莫	言	吾	使
이를달					예도	절할	뿐다만	들을		없을물저			
도	혜	능	소		예	배	단	청		막	언	오	사

혜능 스님의 처소에 이를지니라. 예배하고 다만 듣기만 할 뿐 내가 자네를 시켜서 (여기에)왔

汝來。所聽得意旨, 記取却來與

汝	來		所	聽	得	意	旨		記	取	却	來	與
						뜻	뜻		적을	가질취할	그물칠리칠		
여	래		소	청	득	의	지		기	취	각	래	여

다는 말은 하지 말지니라. 들어서 얻은 뜻을 기억해 가지고 돌아와

吾說, 看慧能見解, 與吾誰疾遲

吾	說		看	慧	能	見	解		與	吾	誰	疾	遲
			볼				풀,알				누구	병빠를	더딜늦을
오	설		간	혜	능	견	해		여	오	수	질	지

내게 말할지니라. 혜능의 견해와 나와, 누가 빠르고 늦은지 볼 것이니라.

○ 汝第一早來, 勿令吾怪。』

여	제	일	조	래	물	령	오	괴
너	차례	아침			말	하여할	나	기이할

자네는 제일 빠르게 올 지니라. 그래서 내가 괴이쩍게(의심하게) 여기지 않도록 할지

志誠奉使歡喜, 遂行, 半月中

지	성	봉	사	환	희	수	행	반	월	중
뜻	정성공경	받들		기쁠	기쁠	이마침		반한창		

니라." 지성 스님은 소임을 받들고 환희하였다. 마침내 걸어서

間, 卽至曹溪山, 見慧能和尙,

간	즉	지	조	계	산	견	혜	능	화	상

조계산에 도착한 것은 반달쯤 지나서였다. 혜능 화상을 친견하고는

禮拜卽聽, 不言來處。志誠聞法

예	배	즉	청	불	언	래	처	지	성	문	법
			들을			올 곳, 살				들을	말을

예배를 올리고 법문을 경청하였으나, 온 곳은 말씀드리지 않았다. 지성 스님은 법문을

, 言下便悟, 卽契本心, 起立卽

언	하	변	오	즉	계	본	심	기	립	즉
		곧	알		맺을맞을			일	설	

듣고는 말씀 끝에 바로 깨달아서, 곧 본래 마음에 계합하였다. 그는 일어서서

禮拜, 白言『和尚, 弟子從玉泉寺來。秀師處, 不得契悟, 聞和尚說, 便契本心。和尚慈悲, 願當教示。』

예배를 올리고 고하여 말하였다. "화상이시여, 제자는 옥천사에서 왔습니다. 신수 스님의 처소에서는 깨달음에 계합하지 못하였으나, 화상의 설법을 듣고는 바로 본래 마음에 계합하였습니다. 화상은 자비로써 가르쳐 보여 주시기 바라옵니다."

【요점 해설】

점돈(漸頓)

원본에서는 돈점(頓漸) 혹은 점돈(漸頓)을 섞어 쓰고 있으나, 타본을 참고하여 모두 점돈(漸頓)으로 고쳤다.

수사처(秀師處) 부득계오(不得契悟)

두 가지의 뜻이 있다.

첫째 - 인연처다. 부처님의 깨달음을 얻기 전, 장소의 인연이 마땅치 않아 자리를 옮기신 대목이 부처님 전기에 보인다. 곧 가야산(伽倻山)에서 3일을 보낸 후에 전정각산(前正覺山)으로 자리를 옮기신 것이다.

임제 스님의 경우처럼, 스승의 인연도 마찬가지다. 처음 황벽 스님 회상에서 정진을 하며 가르침을 받았으나 깨닫지 못하였다. 그 후 대우 스님에게 가서, 곧 대우 스님의 말끝에 깨닫는다. 깨달음의 경우, 스승과 처소의 인연이 있다는 좋은 예이다.

들째 - 스승의 탁월함이다.

눈 뜬 스승을 만나면, 전광석화(電光石火)처럼 눈빛이 오고가서 교감(交感)이 이루어진 즉시 본래 마음에 계합(닿는다)하는데, 마치 둥근 통의 뚜껑이 네모나게 맞아떨어지는 것과 같은 것이다.

○ 第三十二科   慧能～性慧

| 제 | 32 | 과 | 혜 | 능 | 성 | 혜 |

-제32과 혜능 대사가 에서 ~자기 성품의 지혜니라. 까지 ----------

慧能大師曰『汝從彼來, 應是

| | | | 너 | 쫓따
을를 | 저 | | 응마
할딸
할 | |
| 혜 | 능 | 대 | 사 | 왈 | 여 | 종 | 피 | 래 | 응 | 시 |

혜능 대사가 말씀하셨다. "자네는 거기서 왔으니, 필시

細作。』。志誠曰『不是。』。

| 가
늘 | | | 뜻 | 정
성 | | | |
| 세 | 작 | | 지 | 성 | 왈 | 불 | 시 |

정탐꾼이겠군!" 지성이 말하였다. "그렇지 않습니다."

六祖曰『何以不是?』 志誠曰

| 육 | 조 | 왈 | 하 | 이 | 불 | 시 | | 지 | 성 | 왈 |

6조 스님이 말씀하셨다, "왜 그렇지 않느냐?" 지성이 말하였다.

『未説時即是, 説了即不是。』

| | | | | | 알마
칠 | | |
| 미 | 설 | 시 | 즉 | 시 | 설 | 료 | 즉 | 불 | 시 |

"말을 하지 않았을 때에는 그러하오나, 이미 말을 하였으니 그렇지 않습니다."

六祖言『煩惱卽是菩提, 亦復

			괴로울	괴로울		보살	끌,들		또다시
육	조	언	번	뇌	즉 시	보	리		역 부

6조 스님이 말씀하셨다. "번뇌가 바로 보리인 것이, 또한

如是。』 大師謂志誠曰『吾聞

				이를생각할				
여 시			대 사 위 지 성 왈					오 문

이와 같으니라." 대사가 지성에게 일러 말씀하셨다. "내가 듣기로는

汝禪師敎人　唯傳戒定慧。汝和

	고요할				오직	전할	경계할	정할	지혜		화할변할
여	선	사	교	인	유	전	계	정	혜		여 화

자네 선사(스승)가 사람들을 가르치기를 계정혜만을 전하신다고 하였네.

尙敎人戒定慧如何？　當爲吾説

상	교	인	계	정	혜	여	하	？	당	위	오	설

자네 화상(스님)이 사람들을 가르치시는 계정혜란 무엇인가? 나를 위해 말해주게."

。』 志誠曰『秀和尙言戒定慧

					빼어날					
	지 성 왈				수	화	상	언	계 정 혜

지성이 말하였다. "신수 화상은 계정혜를 말씀하십니다.

, 諸惡不作 名爲戒, 諸善奉行

	들 모						받 들	
제	악	부	작	명 위 계	제	선	봉	행

'모든 악을 짓지 않는 것을 계라고 이름 하고, 모든 선을 행하는 것을

名爲慧, 自淨其意 名爲定。

		맑을	뜻			
명 위 혜	자	정	기	의	명 위 정

혜라고 이름 하며, 뜻을 스스로 정화하는 것을 정이라고 이름 하니,

此卽名爲戒定慧。彼作如是説,

							저			
차	즉	명	위	계	정	혜	피	작	여 시 설

이것을 곧 계정혜라고 이름 한다,' 라고 하십니다. 저 어른은 이와 같이 설하고 계십

不知和尚所見如何?』

부	지	화	상	소	견	여	하	?

니다. 만, 화상(스승-신수)의 소견은 어떠하신지 알지 못합니다."

慧能和尚答曰『此説不可思議

				대답				생각	의논
혜	능	화	상	답 왈	차	설	불 가	사	의

혜능 화상이 대답하여 말씀하셨다. "이 설명은 불가사의하구나.

제32과 혜능 대사가.에서~자기 성품의 지혜니라.

。慧能所見又別。』志誠問『

혜능 소견 우별 (또 다를) 지성 문

그러나 혜능의 소견은 또 다르니라." 지성이 여쭈었다.

何以別？』慧能答曰『見有遲

하 이 별 ? 혜능 답 왈 (대답) 견 유 지 (늦더을딜)

"어떻게 다릅니까?" 혜능 스님이 대답하셨다. "견해에서 늦은 것과

疾。』志誠請和尚説所見戒定慧

질 (병빠를) 지성 (뜻정성) 청 (청할) 화상 설 소견 계 (경계할) 정 (정할) 혜 (지혜)

빠른 것이 있느니라." 지성이 화상께 계정혜 소견을 설명해 주시기를 청하였다.

。大師言『汝聽吾説，看吾所見

대사 언 여(너) 청(들을) 오 설 간(볼) 오 소견

대사가 말씀하셨다. "자네는 내 말을 듣고 나서 나의 소견을 살펴보게나. 심지(心地-마음)에

處，心地無非 自性戒，心地無

처 심지 무 비(아그닐를) 자성계 심지 무

그릇됨이 없는 것이 자기 성품의 계(戒)이고, 심지에 어지러움이 없

亂		自	性	定,	心	地	無	癡		自	性	慧
어지러울							어리석을					
난		자	성	정	심	지	무	치		자	성	혜

는 것이 자기 성품의 정(定)이며, 심지에 어리석음이 없는 것이 자기 성품의 지혜

이다.

(慧)니라."

【요점 해설】

번뇌즉시보리(煩惱卽是菩提-번뇌가 곧 보리(도)다.)

번뇌가 번뇌인 줄을 모르면 번뇌 그대로지만, 번뇌인 줄 깨달았을 때 이미 번뇌가 아니다.

심지무비자성계(心地無非自性戒)

자성(自性), 곧 자기 성품 안에서 모든 해결점을 찾고자하는 것이 선(禪)의 정신이며, 또한 6조 스님의 뜻이다. 《화엄경》의 일체유심조(一切唯心造)란 법문과 일맥상통한다.

신수 스님의 삼학이 부처님의 교(敎)의 내용이라면, 6조 스님의 삼학은 한 걸음 나아간 선(禪)의 내용이다. 선(禪)은 이렇게 때때로 교(敎)의 배반자면서 거역자다.

예컨대, 계를 말할 때에 5계, 10계, 250계 등을 내세우는 것은 율장의 정신으로 아주 당연하다. 허나, 이 대목에서 6조 스님은 심지(心地)에 그릇됨이 없는 것이 자기 성품의 계라고 사자후(獅子吼)한다.

어리석은 사람들이 계(戒)란 형상에만 집착하고 부처님의 근본정신에는 눈을 두지 않기 때문이다.

○ 第三十三科　大師 ~ 除疑

제 33 과 　대사 　제의

------ 제33과 대사에서~의심을 씻어주시기 바랍니다. 까지 ------

大師言『汝師戒定慧, 勸小根

| 대사 | 언 | 여 | 사 | 계 | 정 | 혜 | 권 | 소 | 근 |

(스승/승사) (너) (경계할) (정할) (지혜) (권할) (뿌리)

대사가 말씀하셨다. "자네 스승의 계정혜는 근기와 지혜가 작은 사람들에게 권하는

智人, 吾戒定慧　勸上智人, 得

| 지 | 인 | 오 | 계 | 정 | 혜 | 권 | 상 | 지 | 인 | 득 |

(나)

것이고, 나의 계정혜는 높은 지혜가 있는 이에게 권하는 것이니라.

悟自性, 亦不立戒定慧。』

| 오 | 자 | 성 | 역 | 불 | 립 | 계 | 정 | 혜 |

(알) (설세울)

자기의 성품만 깨닫고 보면 또한 계정혜도 세우지 않느니라."

志誠言『請大師説不立如何?』

| 지 | 성 | 언 | 청 | 대 | 사 | 설 | 불 | 립 | 여 | 하 | ? |

(뜻) (정성) (청할)

지성이 말하되, "청하옵니다. 대사께서 세우지 않는다고 설하심은 무슨 까닭입니까?

大師言『自性無非無亂無癡,

| 대 | 사 | 언 | 자 | 성 | 무 | 비 | 무 | 난(어지러울) | 무 | 처(어리석을) |

대사가 말씀하셨다. "자기의 성품은 그릇됨이 없고 어지러움도 없고 어리석음도 없

念念般若觀照, 常離法相, 有何

| 념(생각할) | 념(찰나) | 반(돌) | 야(반야) | 관(볼) | 조(비칠) | 상(항상) | 리(떠날) | 법 | 상(모양) | 유 | 하 |

느니라. 생각마다 반야로 관찰하고 비추어서, 항상 법의 모양[법상]을 떠났는데 무엇

可立? 自性頓修, 亦無漸次,

| 가(설세울) | 립 | ? | 자 | 성 | 돈(벼락간) | 수(닦을) | 역 | 무 | 점(점점) | 차(다음) |

을 세우는 것이 있겠느냐? 자기의 성품은 단박 닦음과 또한 점차도 없느니라.

所以不立。』

| 소 | 이 | 불 | 립 |

이런 이유로 세우지 않느니라."

志誠禮拜, 便不離曹溪山, 卽

| 지 | 성 | 예 | 배 | 변(곧편안) | 불 | 리(마무리) | 조 | 계 | 산 | 즉(시내) |

지성이 예배를 올리고 나서 조계산을 떠나지 않고, 곧

제33과 대사에서~씻어주시기 바랍니다.

爲門人, 不離大師左右。又有一

위 문 인　　불 리 대 사 좌 우　　우 유 일

문인이 되어 대사의 좌우 곁을 떠나지 않았다. 또한 한 스님이 있어

僧名法達, 常誦《妙法蓮華經》

승 명 법 달　　상 송　　묘 법 연 화 경

법달이라고 이름 하였다. 항상 《묘법연화경》을 외워

七年, 心迷不知正法之處。來至

칠 년　　심 미 부 지 정 법 지 처　　래 지

7년이 되었으나, 마음이 미혹하여 정법의 당처(當處)를 알지 못하였다.

曹溪山, 禮拜, 問大師言『弟子

조 계 산　　예 배　　문 대 사 언　　제 자

조계산에 와 이르러서, 대사에게 예배를 올리고 여쭈었다. "제자는

嘗誦　《妙法蓮華經》七年, 心

상 송　　묘 법 연 화 경　　칠 년　　심

일찍부터 《묘법연화경》을 외워 7년이 되었는데, 마음이

迷 不 知 正 法 之 處, 經 上　　有 疑。

| 미 | 부 | 지 | 정 | 법 | 지 | 처 | 경 | 상 | 유 | 의
심 |

미혹하여 정법의 당처를 알지 못합니다. 경에 대한 의문이 있습니다.

大 師 智 慧 廣 大, 願 爲 除 疑。』

| | | | | 넓
을 | | | | | 덜섬
돌 | |
| 대 | 사 | 지 | 혜 | 광 | 대 | | 원 | 위 | 제 | 의 |

대사께서는 지혜가 넓고 크시니, 의심을 씻어주시기 바랍니다."

【요점 해설】

부처님의 가르침과 조사의 도(祖師道)

《육조단경》은 조사(祖師)도의 이론을 명백하게 드러낸다. 내용은 부처님의 가르침에 대한 반격(反擊)이고 배반이다. 그래도 후세 사람들은 부처님의 가르침인 불교를 가장 잘 살린 것이라고 칭송한다. 모순같이 들릴지 모르나, 그게 사실이다.

선종사에서 상황이 달라지고 있을 때에는 조사들은 대담하게 계율이나 교리에 매이지 않고 당당하게 처신한다.

예를 들면 백장 스님의 경우다. 일을 하지 말라는 게 비구계지만, 일을 하지 않으면 먹지 말라고 하여 반격하고 반역을 저지른다.

부처님의 계율도 상황에 따라서는 이렇게 달라진다. 눈뜬 사람의 안목에서는 원칙이란 게 있으나 그것에 매이지 않는 것이다.

《육조단경》은 이런 사자와 같은 용맹스러운 선사를 길러내는 산파 역할을 한 것이다.

부처님이 애초에 단계별 수행으로 점차 닦음을 말씀하셨으나, 6조 스님은 단박 닦음을 주장하여 반격과 반역을 시도한다. 점차가 아닌 단박 닦음의 주장은 당시 분위기에서 가히 혁명에 가까운 파격적인 사상이었다.

중요한 점은 신수 스님과 웃어른을 공격하고 나섰어도 6조 스님은 그들을 가장 잘 살렸다는 사실이다.

역설적으로 공격을 한 것은 단지 치우침에 빠진 사람을 정도(正道)로 들게 하기 위함이며, 법을 세우기 위함이었다.

이와 같이 새로운 시대에는 그 시대 사람들을 깨우치기 위한 새 가르침과 청규(淸規)가 늘 필요한 것이다.

○ 第三十四科　大師～出世

제　　34　과　　대　사　　출　세

---------- 제34과 대사 에서~ 세상에 나오는 것이니라. 까지 ----------

大師言『法達, 法卽甚達, 汝

| 대 | 사 | 언 | 법 | 달(사무칠) | 법 | 즉(곧나아갈) | 심(매우) | 달 | 여(너) |

대사가 말씀하셨다. "법달아, 법에는 제법 통달하였으나 자네는

心不達, 經上無疑, 汝心自疑。

| 심 | 부 | 달 | 경 | 상 | 무 | 의(글지날) | 여 | 심 | 자 | 의(의심) |

마음을 통달하지 못하였느니라. 경 자체에는 의심이 없거늘 자네 마음이 스스로 의심하는구나.

汝心自邪, 而求正法。吾心正定

| 여 | 심 | 자 | 사(간사) | 이 | 구(구찾할을) | 정 | 법 | 오(나) | 심 | 정(정할) | 정 |

자네 마음이 스스로 삿되면서 바른 법을 구하는구나. 나의 마음의 바른 선정이,

, 卽是持經。吾一生已來, 不識

| 즉 | 시 | 지(가질) | 경 | 오(나) | 일 | 생 | 이(이마미칠) | 래 | 불 | 식(알) |

곧 경을 지니는 것이니라. 나는 일생동안 문자를 알지 못하였으니,

제34과 대사에서~세상에 나오는 것이니라. 235

文	字	。	汝	將	《	法	華	經	》	來	，	對	吾
글	글자		너	장차 거느릴		꽃	빛날			올		대할	대
문	자		여	장		법	화	경		래		대	오

자네가 《법화경》을 가져와서 나와 마주하고

讀	一	遍	，	吾	聞	卽	知	。	』
읽을		두루루		들을	말을		알		
독	일	편		오	문	즉	지		

한편(한번)을 읽어라. 내가 들으면 곧 알 것이니라."

	法	達	取	經	，	對	大	師	讀	一	遍	。	六
		가질 취할											
	법	달	취	경		대	대	사	독	일	편		육

법달이 경을 가져와서 대사와 마주하고 한 편을 읽었을 때였다.

祖	聞	已	，	卽	識	佛	意	，	便	與	法	達	說
					뜻 생각				곧편안	줄더불			
조	문	이		즉	식	불	의		변	여	법	달	설

6조 스님은 듣고 나서 곧 부처님의 뜻을 아셨고, 바로 법달에게

《	法	華	經	》	。	六	祖	言	『	法	達	，	《
	법	화	경			육	조	언		법	달		

《법화경》을 설명하여 주시었다. 6조 스님이 말씀하셨다. "법달아,

法	華	經	》		無	多	語	，	七	卷	盡	是	譬
	꽃빛날	글지날			많을칠	겹칠	말씀		책쇠뇌	다할			비유할
법	화	경			무	다	어		칠	권	진	시	비

《법화경》은 많은 말씀이 없느니라. 7권 전부가

喻	因	緣	。	如	來	廣	説	三	乘	，	只	爲	世
비유할칠	인할까닭	고리연				넓을			탈오를		뿐다만		
유	인	연		여	래	광	설	삼	승		지	위	세

비유와 인연이니라. 여래께서 광범위하게 설하신 3승은, 다만 세상

人	根	鈍	，	經	文	分	明	，	無	有	餘	乘	，
	뿌리	무딜둔할									남을		
인	근	둔		경	문	분	명		무	유	여	승	

사람의 둔한 근기를 위한 것이니라. 경의 문장에는 '다른 승은 없고

唯	有	一	佛	乘	。	』							
오직													
유	유	일	불	승									

오직 일불승뿐이라.' 고 분명히 하셨느니라."

大	師	〔	言	〕	，	『	法	達	，	汝	聽	一	
											들을		
대	사		언				법	달		여	청	일	

대사가 말씀하셨다. "법달아, 자네는 일불승을 들었을 것이니,

제34과 대사에서~세상에 나오는 것이니라. 237

佛乘,		莫	求	二	佛乘,		迷	却	汝	性	。
	탈오를	말저물 7	2	1			헤미맬혹할 6	그물칠리칠 3	4	5	
불	승	막	구	이	불	승	미	각	여	성	

2불승을 구하여 너의 성품을 미혹하게 하지 말지니라.

經	中	何	處	是	一	佛	乘	?	吾	與	汝	說
										줄더불		
경	중	하	처	시	일	불	승	?	오	여	여	설

경 가운데서 어느곳(어떤 부문)이 1불승인지 내가 자네에게 설명하리라.

。	經	云,	〈	諸	佛	世	尊,	唯	以	一	大
	경	운		제	불	세	존	유	이	일	대

경에서 이르시기를, '여러 부처님과 세존께서는 오직

事	因	緣	故,	出	現	於	世	。	〉	(	以	上
일섬길		연고고의		날나타날	나타날							
사	인	연	고	출	현	어	세			(	이	상

일대사인연 때문에 이 세상에 출현하신 것이니라.' (이상16글자의 말씀이 진정한 법이니라)

十	六	字	是	正	法	)	此	法	如	何	解
십	육	자	시	정	법	)	차	법	여	하	해

하셨느니라. 이 법을 어떻게 알 것인가?

？　此法如何修？

이 법을 어떻게 닦을 것인가?

汝聽吾說。　人心不思本源空

여	청	오	설			인	심	부	사	본	원	공
너	들을	나							생각		근원	빌

자네는 내말을 들을지니라. 사람의 마음은 생각을 하지 않으면 본래 근원이 텅 비고

寂，離却邪見，卽一大事因緣。

적		이	각	사	견		즉	일	대	사	인	연
고요할		떠날	그물칠	간사할				일섬길			인할	인연

고요하여 삿된 견해를 떠나느니라. 이것이 곧 일대사인연이니라.

內外不迷，卽離兩邊。外迷著相

내	외	불	미		즉	리	양	변		외	미	착	상
안드릴(납)			헤미맬혹할				비	가				잡지을을(저)	

안팎으로 미혹하지 않는다면, 곧 양변을 떠나느니라. 밖으로 미혹하면 모양에 집착하

，內迷著空，於相離相，於空離

	내	미	착	공		어	상	리	상		어	공	리

고, 안으로 미혹하면 공에 집착하느니라. 모양에서 모양을 떠나고 공에서 공을 떠난

空, 卽是內外不迷。若悟此法,
공 즉시 내외 불미 약오차법
것이 곧 안팎으로 미혹하지 않는 것이니라. 만약 이 법을 깨달아

一念 心開。出現於世, 心開何
열,필
일념 심개 출현어세 심개하
한 생각에 마음이 열리면 세상에 나오는 것이니라. 마음에 무엇을 여는가?

物? 開佛知見。佛猶覺也, 分
만물 같오 깨달 잇어
을히 달 기조
려 을 사
물? 개불지견 불유각야 분
부처님의 지견을 여느니라. 부처님은 곧 깨달음과 같으니라.

爲四門, 開覺知見, 示覺知見,
보일
위사문 개각지견 시각지견
네 군데 문으로 나누나니, 깨달음의 지견을 여는 것과, 깨달음의 지견을 보이는 것과,

悟覺知見, 入覺知見。開, 示,
오각지견 입각지견 개 시
깨달음의 지견을 깨닫는 것과, 깨달음의 지견으로 들어가는 것이니라. 열고 보이고

悟, 入, 從一處入, 即覺知見,

오, 입, 종일처입(쫓따을를), 즉각지견

깨닫고 들어가는 것은, 한 곳으로부터 들어가는 것이니라. 곧 깨달음의

見自本性, 即得出世。』

견자본성, 즉득출세

지견으로, 자기의 본래 성품을 보는 것이 곧 세상에 나오는 것이니라."

【요점 해설】

○ 第三十五科　大師～悟者

| 제 | 35 | 과 | 대 | 사 | 오
(알) | 자 |

---- 제35과 대사에서~ 깨닫지 않는 사람이 없었다. 까지 ------

大師言『法達, 吾常願一切世

| 대 | 사 | 언 | 법 | 달 | 오 | 상
(항상) | 원
(바랄) | 일 | 체 | 세 |

대사가 말씀하셨다. "법달아, 나는 항상 모든 세상사람들이

人心地　常自開佛知見, 莫開衆

| 인 | 심 | 지 | 상
(열,필) | 자 | 개 | 불 | 지
(알) | 견
(볼) | 막
(말저물) | 개
(무많을리을) | 중 |

마음자리에 늘 부처님의 지견을 스스로 열고, 중생의 지견을 열지 않기를

生知見。世人心邪, 愚迷造惡,

| 생 | 지 | 견 | 세 | 인 | 심 | 사
(간사할) | 우
(어리석을) | 미
(헤미맬혹할) | 조
(만들) | 악 |

발원하느니라. 세상 사람이 마음이 삿되면, 어리석고 미혹하여 악을 지어서,

自開衆生知見, 世人心正, 起智

| 자 | 개 | 중 | 생 | 지 | 견 | 세 | 인 | 심 | 정 | 기
(일) | 지 |

스스로 중생의 지견을 여느니라. 세상 사람이 마음이 발라서 지혜를 일으켜

慧	觀	照	，	自	開	佛	知	見	。	莫	開	衆	生
지혜	볼	비칠			열,필					말저물			
혜	관	조		자	개	불	지	견		막	개	중	생

관찰하여 비추면, 스스로 부처님의 지견을 여느니라. 중생의 지견은 열지 말지니,

知	見	，	開	佛	知	見	，	卽	出	世	。	』
지	견		개	불	지	견		즉	출	세		

부처님의 지견을 연다면, 곧 세상에 나오느니라.[출세]"

大	師	言	『	法	達	，	此	是	《	法	華	經
										꽃빛날	글지날	
대	사	언		법	달		차	시		법	화	경

대사가 말씀하셨다. "법달아, 여기 이《법화경》은

》	一	乘	法	，	向	下	分	三	，	爲	迷	人	故
		탈오를			향나할아갈								연고고의
	일	승	법		향	하	분	삼		위	미	인	고

일승법이며, 아래로 세 가지로 분류한 것은 미혹한 사람들을 위한 때문이니라.

。	汝	但	依	一	佛	乘	。	』	大	師	言	『
	너	뿐다만	디의댈지									
	여	단	의	일	불	승			대	사	언	

자네는 오직 일불승에만 의지토록 하라." 대사가 말씀하셨다.

法達, 心行轉《法華》, 不行《法華》轉, 心正轉《法華》, 心邪《法華》轉, 開佛知見轉《法華》, 開衆生知見被《法華》轉。』

법달, 심행전 법화, 불행 법화 전, 심정전 법화, 심사 법화 전, 개불지견전 법화, 개중생지견피 법화 전.

"법달아, 마음으로 행하면《법화경》을 굴리고, 행하지 아니하면《법화경》에게 굴림을 당하느니라. 마음이 바르면《법화경》을 굴리고,(내가 굴리고) 마음이 삿되면《법화경》에게 굴림을 당하느니라. 부처님의 지견을 열면《법화경》을 굴리고, 중생의 지견을 열면《법화경》에게 굴림을 당하느니라.(끌려다니느니라.)"

大師言『努力依法修行,

대사 언 노력 의법 수행,

대사가 말씀하셨다. "노력하여 법에 의지해 수행하면,

即是轉經。』 法達一聞, 言下

	구울 를길	글지 날			사무 칠	들맡 을을	
즉	시	전	경	법	달	일	문	언	하

이것이 곧 경을 구리는 것이니라." 법달은 한 번 듣고 말씀 끝에

大悟, 涕淚悲泣, 白言『和尚,

	알		울눈 물	눈물 흘릴	슬플	울눈 물		흰알 릴		화화 할합	오승 히상 려할
대	오	체	루	비	읍	백	언	화	상

크게 깨달아, 눈물을 흘리고 슬피 울며 고하여 말하였다. "화상이시여,

實未曾轉《法華》, 七年被《法

참열 매	아닐	일찍							
실	미	증	전	법	화	칠	년	피	법

진실로 여태까지 《법화경》을 굴리지 못하였으며, 7년 동안 《법화경》에게

華》轉。已後轉《法華》, 念念

		이미 미칠	뒤					생찰 각나
화	전	이	후	전	법	화	념	념

굴림을 당했습니다.(굴려다녔습니다.) 이제부터는 《법화경》을 굴려서, 생각 생각이

修行佛行。』 大師言『卽佛行

수	행	불	행	대	사	언	즉	불	행

부처님의 행을 수행하겠습니다." 대사가 말씀하셨다. "부처의 행이 곧

是	佛	。	』	其	實	聽	人	無	不	悟	者	。
				참열매	들을				알			
시	불			기	실	청	인	무	불	오	자	

부처님이니라." 그때 실로 듣는 사람마다 깨닫지 않는 사람이 없었다.

【요점 해설】
개시오입(開示悟入)

[1] 개(開)는 개발(開發)의 뜻. - 곧 중생의 무명을 깨서 없애고, 여래장(如來藏)을 개발하여, 실상(實相)의 이치를 연다.

[2] 시(示)는 현시(顯示)의 뜻. - 번뇌 의혹의 장애(惑障)가 이미 없어지고 지견(知見)이 다 드러나서, 법계(法界)의 만덕(萬德)이 분명하게 나타난다.

[3] 오(悟)는 증오(證悟)의 뜻. - 번뇌가 없어지고 지견이 드러난 후에 현상(現象, 事)과 본체(本體, 理)가 융통하여, 깨달음을 증득하는 것이다.

[4] 입(入)은 증입(證入)의 뜻. - 이사(理事)가 이미 융통(融通)하고, 자재무애(自在無礙)하여, 반야 지혜(智慧)의 바다에 증입(證入-깨달아 들어 감)한 것을 말한다.

《법화경(法華經 卷一)》 방편품(方便品)에 따르면, 모든 부처님은 일대사인연(一大事因緣)을 위하여 세간에 출현하셨으니, 곧 중생들이 부처님의 지견(佛知見)을 개, 시, 오, 입(開示悟入)하도록 하신 것이다.

개시오입(開示悟入)에 관한 해석은 《法華文句 卷四》에 4위(四位), 4지(四智), 4문(四門), 관심(觀心) 등 4가지로 서로 같지 않은 입장에서 개시오입(開示悟入)의 이치를 밝혔다.

[1] 4위(四位)

4위(四位)는 보살 수행 과정 중에서 10주(十住), 10행(十行), 10회향(十回向), 10지(十地) 등 4가지 큰 단계이다.

① 개(開)는 10주의 계위(十住位)에 해당한다. 이 계위(階位)의 처음에, 무명을 깨서 없애고, 여래장(如來藏)을 열어서, 실상의 이치를 보는 것을 말한다.

② 시(示)는 10행의 계위(十行位)에 해당한다. 이 계위(階位)에서는, 번뇌 혹업의 장애(惑障)가 이미 없어져, 지견(知見)의 체(體)가 또한 저절로 비춰 나타나, 이 체(體)가 만덕(萬德)을 원만히 갖추며, 이런 까닭에 법계(法界)의 여러 덕을 들어, 하나 하나 나타내지 아니함이 없이 분명한 것을 말한다.

③ 오(悟)는 10회향의 계위(十回向位)에 해당한다. 이 계위에서는, 이미 번뇌 장

애가 없어지고 체(體)가 나타나, 법계(法界)의 여러 덕이 명료하며, 사리(事理)가 융통(融通)해진 것을 말한다.

④ 입(入)은 10지의 계위(十地位)에 해당한다. 이 계위에서는, 이사(理事)가 이미 융통하여, 이런 까닭에 자재무애(自在無礙)하고 임운자여(任運自如-마음대로 스스로 여여함)하여, 살바야(薩婆若, 一切智)의 바다에 들어간 것을 말한다.

[2] 4지(四地)

① 개(開)는 도의 지혜(道慧)에 해당한다. 실상의 성품 중(實性中) 불지견(佛知見)을 연다.

② 시(示)는 도종의 지혜(道種慧)에 해당한다. 10법계중(十法界中) 여러 도(道)의 종류를 잘 알 뿐만 아니라, 혹(惑)의 상(相)도 알아서, 낱낱이 다 불지견(佛知見)이 나타나 보인다.

③ 오(悟)는 일체지(一切智)에 해당한다. 일체법(一切法)의 '일상적멸(一相寂滅)'을 잘 알며, 곧 불지견(佛知見)을 깨닫는다.

④ 입(入)은 일체종지(一切種智)에 해당한다. 일체법(一切法)의 '일상적멸상(一相寂滅相)'을 잘 알고, 가지가지 행위의 종류와 모양을 알아서, 곧 불지견(佛知見)에 들어간다.

[3] 4문(四門)

4문(四門)은 천태원교(天台圓敎)에서 세운 4법문(四法門)이다.

① 개(開)는 공문(空門)에 해당한다. 공문(空門)에서 말하는 '일공일체공(一空一切空)'의 이치 중(理中)에서 불지견(佛知見)을 연다.

② 시(示)는 유문(有門-존재)에 해당한다. 유문(有門)에서 말하는 '일유일체유(一有一切有)'의 이치에서, 곧 불지견(佛知見)이 나타나 보인다.

③ 오(悟)는 역공역유문(亦空亦有門-공도 잇고 유도 있음)에 해당한다. '일체역공 일체역유(一切亦空 一切亦有)'의 이치를 요달하여, 곧 불지견(佛知見)을 철저하게 깨닫는다.

④ 입(入)은 비공비유문(非空非有門-공도 아니요 유도 아닌 것)에 해당한다. '일체비공 일체비유(一切非空 一切非有)'의 이치를 증득하며, 곧 불지견(佛知見)에 들어간다.

[4] 관심(觀心)

천태종에서 설명하는 일심삼관(一心三觀) 가운데서 바로 게시오입(開示悟入)의 이치를 밝힌 것이다. 삼관(三觀)은 공(空), 가(假), 중(中)의 세 가지 관법(觀)이다.

① 심성삼제(心性三諦-마음의 성품에 삼제가 잇다)의 이치가 불가사의한 것을

관찰함을 말하며, 또한 이 관찰이 밝고 깨끗하며, 의심과 막힘이 없어서 개(開)라고 이름 한다.

② 또한 이 관찰이 불가사의하나, 공(空), 가(假), 중(中)이 심중(心中)에 뚜렷하고 나누어져 흐트러지지 않아서, 시(示)라고 이름 한다.

③ 공(空), 가(假), 중(中)의 마음, 곧 셋이 하나고 하나가 셋이니, 오(悟)라고 이름 한다.

④ 공(空), 가(假), 중(中)의 세 관찰이 나란하여 개별로 나눠져 있지 않고 공(空), 가(假), 중(中) 셋이 있어도, 공(空), 가(假), 중(中)이 한마음 가운데서 가지런히 비추어서, 입(入)이라고 이름 한다.

○ 第三十六科　時有~不見

| | 제 | | 36 | 과 | 시 | 유 | 불 | 견 |

------ 제36과 그 무렵이다. 에서 ~보지 않기도 합니까? 까지 ----------

時有一僧名智常,　來曹溪山

| | 때 | | 중 | 지을
헤기 | 항상 | | 올 | 마우
을리 | 시
내 | |
| | 시 | 유 | 일 | 승 | 명 | 지 | 상 | 래 | 조 | 계 | 산 |

그 무렵이다. 지상이라고 이름 하는 한 스님이 조계산에 와서

禮拜和尙,　問四乘法義。智常問

| 예
도 | 절
할 | 화화
할합 | | 물
을안 | | 탈오
를 | | 뜻의
치 | | | |
| 예 | 배 | 화 | 상 | 문 | 사 | 승 | 법 | 의 | 지 | 상 | 문 |

화상에게 예배하고 4승법의 뜻을 여쭈었다. 지상이

和尙曰『佛說三乘,　又言最上乘

| | | | | | | 또 | | 가장 | | |
| 화 | 상 | 왈 | 불 | 설 | 삼 | 승 | 우 | 언 | 최 | 상 | 승 |

화상에게 여쭈었다. "부처님은 3승을 설하셨으나, (화상은) 또한 최상승을 말씀하셨

。弟子不解,　望爲敎示。』

| | 아우 | | 풀,알 | | 바랄 | | 보일 | |
| 제 | 자 | 불 | 해 | 망 | 위 | 교 | 시 |

습니다. 제자는 알지 못합니다. 바라건대, 가르침을 주십시오."

제36과 그 무렵이다. 에서 ~보지 않기도 합니까?

慧	能	大	師	曰	『汝	自	身	心	見,	莫
					너					말 저물
혜능	대	사	왈		여	자	신	심	견	막

혜능 대사가 말씀하셨다. "자네는 자신의 마음으로 볼 것이며,

著	外	法	相。	元	無	四	乘	法。	人	心	量
잡을 지을(저)		모서 양로		으뜸			탈오 를				헤아릴
착	외	법	상	원	무	사	승	법	인	심	량

밖으로 법의 모양에 집착하지 말지니라. 원래가 4승법이란 없으나, 사람 마음의 크기

四	等,	法	有	四	乘,	見	聞	讀	誦	是	小
	같무 을리						들말 을을	읽을	외일		
사	등	법	유	사	승	견	문	독	송	시	소

에 따라 4등급이 있어, 법에 4승이 있을 뿐이니라. 보고, 듣고, 읽고, 외우는 것은

乘,	悟	法	解	義	是	中	乘,	依	法	修	行
	알							기의 댈지		닦마 을를	
승	오	법	해	의	시	중	승	의	법	수	행

소승이고, 법을 깨달아 (법의) 뜻을 아는 것은 중승이며, 법에 의지해서 수행하는 것은

是	大	乘,	萬	法	盡	通,	萬	行	俱	備,
					다할	통할			갖함 출게	갖준 출비
시	대	승	만	법	진	통	만	행	구	비

대승이니라. 만 가지 법에 다 통달하고 만 가지 행을 갖추어,

一切不離, 但離法相, 作無所得

일체불리 단리법상 작무소득

일체를 떠나지 않고 다만 법의 모양만 벗어나 짓지만, 얻는 바가 없는 것은

, 是最上乘。最上乘是最上行義

시최상승 최상승시최상행의

최상승이니라. 최상승은 최상의 행의 뜻이며,

, 不在口諍。汝須自修, 莫問吾

부재구쟁 여수자수 막문오

말로 다투는데 있지 않느니라. 자네는 오로지 스스로 닦을 뿐, 나에게 묻지 말지니라."

也。』

야

又有一僧名神會, 南陽人也,

우유일승명신회 남양인야

또 한 스님이 있어 이름이 신회이며, 남양 사람이다.

제36과 그 무렵이다. 에서 ~보지 않기도 합니까?

至	曹	溪	山	禮	拜	,	問	言	『	和	尙	坐	禪
이를지극	마을리	시내										앉을	고요할
지	조	계	산	예	배		문	언		화	상	좌	선

조계산에 와서 예배하고 여쭈었다. "화상께서는 좌선을 할 때에

,	見	不	見	?	』	大	師	起	,	把	打	神
								일		잡을	칠	
	견	불	견	?		대	사	기		파	타	신

보십니까? 보지 않습니까?" 대사가 일어나서 주장자를 들고 신회를

會	三	下	,	却	問	神	會	『	吾	打	汝	,	痛
모일만날				그물칠리칠					나	칠	너		아플
회	삼	하		각	문	신	회		오	타	여		통

세 차례 때리고 나서 거꾸로 신회에게 물었다. "내가 너를 때렸는데 아프냐?

不	痛	?	』	神	會	答	言	『	亦	通	亦	不
						대답						
불	통			신	회	답	언		역	통	역	불

아프지 않느냐? 신회가 대답하였다. "아프기도 하고 아프지 않기도 합니다."

通	。	』	六	祖	言	曰	『	吾	亦	見	亦	不
통			육	조	언	왈		오	역	견	역	불

6조 스님이 말씀하셨다. "나는 보기도 하고 보지 않기도 하느니라."

神會又問大師『何以亦見。』

견				신	회	우	문		대	사		하	이	역
볼견				귀신신	모일회	또우	물을문		스승대	스승사		어찌하	어무찌엇	또역

신회가 다시 대사에게 여쭈었다. "무엇으로써

見亦不見?』

견	역	불	견	?

보기도 하고 보지 않기도 합니까?"

【요점 해설】

신회(神會, 668 ~ 760)

당나라 때 선승(禪僧). 하택종(荷澤宗)의 종조(宗祖)이며, 양양(襄陽, 湖北襄陽) 사람으로, 속성은 고(高)씨다.

어려서 5경(五經), 노장(老莊), 여러 역사책을 공부하고 나서 뒷날 국창사(國昌寺)에서 호원(顥元) 노스님을 의지해 출가를 하였다. 많은 경전을 읽고 외우는 것이 쉬워서 마치 손바닥을 뒤집는 것처럼 하였다.

나이 13살 때에 6조 혜능 스님을 참배하였다. 혜능 스님이 열반한 뒤에는 사방을 참방하고 다닌 거리가 천리였다.

개원(開元) 8년, 720년에 칙령을 받들어서 남양(南陽) 용흥사(龍興寺)에 머물러, 참선법을 크게 드날렸기 때문에 남양(南陽) 화상이라고 불렀다.

6조 스님이 열반한 후 20년간은 조계(曹溪)의 돈오(頓悟) 요지(要旨)가 침체되었고, 낙양과 장안의 양경(兩京)에서는 모두가 신수(神秀) 스님의 가르침을 근본으로 삼고 있었다. 이것은 보적(普寂) 스님 등 신수 스님의 제자들이 법을 번성하게 이어나간 데에 까닭이 있었다.

신회 스님은 처음에 낙양(洛陽)에 가서 6조 스님의 가풍을 일으키려고 하였다. 개원(開元) 20년, 732년에 하남(河南) 활대(滑臺) 대운사(大雲寺)에서 무차대회(無遮大會-귀,천,,상,하를 막론하고 재시(財施),법시(法施))를 평등하게 행하는 법회) 열고, 산동(山東) 숭원(崇遠) 스님과 논쟁을 하였다.

'신수 일문(神秀 一門)이 법통을 이은 것은 방계(傍系)고, 법문은 점수(漸修)다.' 하고 물리치면서, 남종 혜능계를 정통으로 세워서 종통과 종지를 확립시키고자하였다.

아울러 천보(天寶) 4년, 745년에《현종기(顯宗記)》를 지어서 남돈(南頓)과 북점(北漸)의 두 문으로 정했는데, 곧 남쪽 혜능 스님은 돈종(頓宗)이고, 북쪽의 신수 스님은 점교(漸敎)라고 하였다. 남돈북점(南頓北漸)이란 이름은 이런 연유로 생겼다.

신회 스님이 힘을 다해 신수 스님의 점문(漸門)을 공격한 끝에, 나날이 남종이 번성하였고, 반면에 북종은 크게 쇠퇴하였다.

천보(天寶) 12년, 어사(御史) 노혁(盧奕)의 모함을 받아 칙령을 받들어 낙양 하택사(荷澤寺)에서 쫓겨나서, 강서(江西)의 익양(弋陽)과 호북(湖北)의 무당(武當) 등지로 떠도는 신세가 되었다.

이듬해에는 양양(襄陽)으로 옮겼고, 또다시 형주(荊州) 개원사(開元寺) 반야원(般若院)으로 거처를 옮겼다.

안녹산의 난이 일어났을 때였다. 낙양과 장안의 양경(兩京-두 서울)을 싹 쓸어버렸다. 이때에 큰 도시마다 계단을 세워서 많은 불자들이 수계하게 하고, 여기서 거두어들인 접수금을 군수물자 비용으로 충당하였다.

아이러니컬하게도, 젊은 시절에 신회 스님이 이와 같은 계단을 몹시 힐난했으나, 이제는 본인 스스로가 전계사(傳戒師)가 되었다. 나라에서 칙령으로 신회 스님을 청해 계단의 전계사로 삼고, 여기서 거두어들인 재화(財貨)를 군수(軍需)비로 충당했던 것이다.

난이 평정되었다. 숙종(肅宗)은 신회 스님을 궁 안으로 초대하여 공양을 올리고, 아울러 하택사(荷澤寺) 안에 선방(禪房)을 만들어서 머물도록 하였다. 이런 데서 세상에서는 신회 스님을 하택 대사(荷澤大師)라고 불렀다.

스님은 하택사에서 6조 스님의 종풍(宗風)을 크게 들날렸다. 상원 원년에 입적하니 세속 나이 93세였다. 다른 자료에서는 건원(乾元) 원년, 758년에 입적하여 세속 나이가 75세라고도 한다. 시호는 진종대사(眞宗大師)다.

정원(貞元) 12년, 796년 황태자가 여러 선사를 모셔서 선문(禪門)의 종지(宗旨)를 정한 뒤에 최종적으로 신회 스님을 선종 제7조로 삼고 칙령으로 비를 신룡사(神龍寺)에 세웠다. 신회 스님의 법맥을 하택종(荷澤宗)이라고 하고, 문하에는 무명(無名), 법여(法如) 등 영재가 아주 많았다.

[六祖大師 法寶壇經, 圓覺經大疏鈔 卷三下, 宋高僧傳 卷八, 景德傳燈錄 卷五, 荷澤大師神會傳(胡適之)]

《신회화상유집(神會和尙遺集, 全一冊)》

갖춘 이름은《호적교돈황당사본신회화상유집(胡適校敦煌唐寫本神會和尙遺集)》이다.

민국(民國) 19년, 1930년에 상해 아동도서관(亞東圖書館)에서 간행하였다. 곧《경덕

전등록(景德傳燈錄 卷二十八)》에 실린 신회어록(神會語錄 三則)이다.

그 외 《신회어록(神會語錄)》이 있다.

○ 第三十七科　大師~左右

제 37 과 대사 좌우

-------- 제37과 대사 에서~ 좌우에서 모셨다. 까지 ----------

大師言『吾亦見〔者〕, 常見

　　　　　　나　또　　　　　　　　　　　항상

대　사　언　　오　역　견　[　자　]　　　상　견

대사가 말씀하셨다. "내가 보기도 한다는 것은, 항상 나의 허물과 잘못을 보는 것이

自過患, 故云亦見, 亦不見者,

허물│근아
지물날│심플

자　과　환　　　고　운　역　견　　　역　불　견　자

니라. 이런 까닭에 보기도 한다고 말하였느니라. 보지 않기도 한다는 것은,

不見天地人過罪, 所以亦見亦不

불　견　천　지　인　과　죄　　소　이　역　견　역　불

하늘과 땅과 남의 허물과 죄를 보지 않는 것이니라. 이런 까닭에 보기도 하고 보지

見也。汝亦痛亦不痛如何?』

　　　　너

견　야　　여　역　통　역　불　통　여　하　?

않기도 하느니라. 네가 아프기도 하고 아프지 않기도 한다는 것은 어떤 것인가?"

神會答曰『若不痛, 卽同無情

신회답왈 약불통 즉동무정

신회가 대답하였다. "만약 아프지 않다면 곧 무정물인

木石, 若痛, 卽同凡夫, 卽起於

목석 약통 즉동범부 즉기어

나무나 돌 같은 것이고, 만약 아프다면 곧 범부와 같아서 분한 마음이 일어날 것입

恨。』大師言『神會, 見不見

한 대사언 신회 견불견

니다." 대사가 말씀하셨다. 신회야, 앞서 보기도하고 보지 않기도 한 것은

是兩邊, 痛不痛是生滅。汝自性

시양변 통불통시생멸 여자성

(2분법) 양변이고, 아프기도 하고 아프지 않기도 한 것은 생멸이니라. 넌 자성도

且不見, 敢來弄人!』

차불견 감래농인 !

보지 못한 주제에 감히 사람을 조롱하다니!"

제37과 대사에서~ 좌우에서 모셨다. 257

神	會	禮	拜	,	更	不	敢	言	。	大	師	言
		예도	절할		다시칠(경)		감히셀					
신	회	예	배		갱	불	감	언		대	사	언

신회가 예배를 할 뿐, 감히 더 말을 하지 못하였다. 대사가 말씀하셨다."너가 마음이

『	汝	心	迷	不	見	,	問	善	知	識	覓	路	。
			헤매미혹할						알		찾구을할	길드러날	
	여	심	미	불	견		문	선	지	식	멱	로	

미혹하여 (자성을) 보지 못하였다면, 선지식께 물어서 길을 찾을지니라. 네가 마음을

汝	心	悟	自	見	,	依	法	修	行	。	汝	自	迷
		알				기댈지의							
여	심	오	자	견		의	법	수	행		여	자	미

깨달아서 스스로 보았다면 법에 의지하여 수행할지니라. 너는 스스로 미혹하여 자기

不	見	自	心	,	却	來	問	慧	能	見	否	?
					그물칠리칠						아니	
불	견	자	심		각	래	문	혜	능	견	부	?

마음을 보지 못하면서, 도리어 와서 혜능에게 '봅니까? 보지 않습니까?'하고 묻다니?

吾	不	自	知	,	代	汝	迷	不	得	。	汝	若	自
나					시대대신								
오	불	자	지		대	여	미	부	득		여	약	자

내가 스스로 알지 못하는 것을 너가 대신하여 미혹할 수가 없듯이 네가 만약 스스로

見, 〔豈〕代得我迷? 何不自

본다면 어찌 나의 미혹함을 대신하여 할 수가 있겠느냐? 스스로 닦지 않고 어찌

修, 乃問吾見否?』 神會作禮

나의 본 것을 물었는가?" 신회가 예를 드리고

, 便爲門人, 不離曹溪山中, 常

바로 문인이 되어, 조계산 중을 떠나지 않고 항상

在左右。

좌우에서 모셨다.

【요점 해설】

종밀(宗密)

신회 하택의 법을 크게 일으킨 공노자는 종밀 스님이다. 마치 6조 스님의 법맥을 정통으로 세운 공노자가 신회 하택 스님이듯이.

여기서 잠시 종밀 스님의 행적에 주목해본다.

종밀(宗密, 780 ~ 841) 스님은 중국 화엄종 제5조. 당대(唐代) 과주(果州, 四州 西充) 사람. 속성은 하(何)씨. 세칭 규봉(圭峰) 선사. 규산(圭山)대사라고 한다. 시호는 정혜(定慧)선사.

원화(元和) 2년(807년), 경사(京師)로 과거를 보러 가는 길에, 수주(遂州)를 지날 때였다. 도원(道圓)화상의 설법을 듣고, 그에게 출가하였으며, 아울러 구족계를 받았다.

스님과 선종(禪宗) 전승의 관계는 두 가지 설이 있다.
(1) 하택 신회(荷澤 神會)에서 시작하여 차례차례 전진해 법여(法如), 남인(南印), 도원(道圓), 종밀(宗密) 등의 법계.
(2) 정중사(淨衆寺) 신회(神會)에서 시작하여 차례차례 전해진 남인(南印), 도원(道圓), 종밀(宗密) 등의 법계. 요즘 사람은 이 설의 계보를 취한다.

○ 第三十八科　大師~性對

제 38과 대사 성대 (대상할대)

------ 제38과 대사 에서~자성을 대함으로 말미암느니라. 까지 ------

大師遂喚門人法海, 志誠, 法

大師	遂	喚	門	人	法	海	志	誠	法
스승/승사	이마를칠	부를				바다	뜻	정성	
대사	수	환	문	인	법	해	지	성	법

대사가 마침내 문인 법해, 지성, 법달,

達, 智常, 志通, 志徹, 志道,

達	智	常	志	通	志	徹	志	道
사무칠	지혜	항상		통할		밝을할		길이치
달	지	상	지	통	지	철	지	도

지상, 지통, 지철, 지도,

法珍, 法如, 神會。大師言『汝

法	珍	法	如	神	會	大	師	言	汝
	보배			귀신	모만일날				너
법	진	법	여	신	회	대	사	언	여

법진, 법여, 신회 등을 불렀다. 대사가 말씀하셨다. "그대

等十弟子近前。汝等不同餘人。

等	十	弟	子	近	前	汝	等	不	同	餘	人
				가까울					같을	남을	
등	십	제	자	근	전	여	등	부	동	여	인

열 명의 제자는 앞으로 가까이 오너라. 그대들은 다른 사람들과 같지 않느니라.

제38과 대사 에서~자성을 대함으로 말미암느니라. 까지

吾	滅	度	後,	汝	〔等〕	各	爲	一	方	師
나	멸할	법도	뒤							
오	멸	도	후	여	〔등〕	각	위	일	방	사

내가 멸도한 후에[그대들은 각자 한 방면(처소)의 스승이 될 것이니라.

。吾	敎	汝	〔等〕	説	法,	不	失	本	宗
							잃을	높을	마루
오	교	여	〔등〕	설	법	불	실	본	종

내가 그대들에게 법을 설하는 것을 가르쳐서, 근본 종지를 잃지 않게 하리라.

。擧	三	科	法	門,	動	用	三	十	六	對,
들		조목			움직일	쓸				대답 대상
거	삼	과	법	문	동	용	삼	십	육	대

3과 법문을 들고, 동용 36대(動用三十六對)를 들어 보여서,

出	沒	卽	離	兩	邊。	説	一	切	法,	莫	離
날 나타낼	빠질		떠날	둘	가 변두리					말 저물	
출	몰	즉	리	양	변	설	일	체	법	막	리

(일체) 출몰에서 (2분법) 양변을 떠나도록 할지니라. 일체법을 설하되,(본질인) 성품과 (차별의)

於	性	相。	若	有	人	問	法,	出	語	盡	雙
										다할	쌍
어	성	상	약	유	인	문	법	출	어	진	쌍

모양을 떠나지 말지니라. 만약 법을 묻는 사람이 있을 때에는 말을 다 쌍으로 해서,

, 皆取對法, 來去相因, 究竟二

		가질					인까할닭	궁다구할	다끝할내	
	개	취	대	법	래	거	상	인	구	경	이

모두 대법(상대할 법)을 취할 지니라. 오는 것과 가는 것은 서로 인이라. 끝내는

法盡除, 更無去處。三科法門者

	다할	덜섬돌	다시				조과목정			
법	진	제	갱	무	거	처	삼	과	법	문	자

2분법을 다 없애서, 다시는 (발을) 붙이지 못하게 할지니라. 3과 법문이란

, 陰, 界, 入。陰是五陰, 界是

	그늘	경지계경	들						
	음	계	입	음	시	오	음	계	시

음(陰), 계(界), 입(入)이니라. 음은 5음이고, 계는

十八界, 入是十二入。何名五陰

십	팔	계	입	시	십	이	입	하	명	오	음

18계이며, 입은 12입이니라. 무엇을 5음이라 이름 하는가?

? 色陰, 受陰, 想陰, 行陰,

	빛형상		받을		생각		갈행할	
?	색	음	수	음	상	음	행	음

색음(色陰), 수음(受陰), 상음(想陰), 행음(行陰),

제38과 대사 에서~자성을 대함으로 말미암느니라. 까지

識	陰	是	。	何	名	十	八	界	？	六	塵	,
알	그늘										티끌	
식	음	시		하	명	십	팔	계	？	육	진	

식음(識陰)이니라. 무엇을 18계라 이름 하는가? 6진(六塵),

六	門	,	六	識	。	何	名	十	二	入	？	外
육	문		육	식		하	명	십	이	입	？	외

6문(六門), 6식(六識)이니라. 무엇을 12입이라 말하는가? 바깥의

六	塵	,	中	六	門	。	何	名	六	塵	？	色
육	진		중	육	문		하	명	육	진	？	색

6진과 가운데 6문이니라. 무엇을 6진이라 이름 하는가? 색(色),

,	聲	,	香	,	味	,	觸	,	法	是	。	何	名
	소리		향향기		맛		닿을						
	성		향		미		촉		법	시		하	명

성(聲), 향(香), 미(味), 촉(觸), 법(法)이니라. 무엇을

六	門	？	眼	,	耳	,	鼻	,	舌	,	身	,
			눈		귀		코		혀		몸	
육	문	？	안		이		비		설		신	

6문이라 이름 하는가? 안(眼), 이(耳), 비(鼻), 설(舌), 신(身),

意	是	。	法	性	起	六	識	，	眼	識	，	耳	識
뜻					일	알			눈			귀	
의	시		법	성	기	육	식		안	식		이	식

의(意)가 이것이니라. 법의 성품이 6식인 안식, 이식,

，	鼻	識	，	舌	識	，	身	識	，	意	識	，	六
	코			혀			몸						
	비	식		설	식		신	식		의	식		육

비식, 설식, 신식, 의식과

門	，	六	塵	。	自	性	含	萬	法	，	名	爲	含
			티끌				품을						
문		육	진		자	성	함	만	법		명	위	함

6문, 6진을 일으키고, 자성은 만법을 포함하여 함장식이라고 이름 하느니라.

藏	識	。	思	量	卽	轉	識	。	生	六	識	，	出
감창출고			생각	헤아릴	구올를길								
장	식		사	량	즉	전	식		생	육	식		출

사량(생각)하면 곧 식이 작용하여, 6식이 생겨

六	門	，	見	六	塵	，	是	三	六	十	八	。	由
육	문		견	육	진		시	삼	육	십	팔		유

6문을 나와 6진을 보느니라. 이것이 삼육(3×6=)은 18이니라.

自性邪, 起十八邪, 若自性正,

자성사 기십팔사 약자성정

자성이 삿됨에 따라 18가지 삿된 것이 일어나며, 자성이 바르면

起十八正。若惡用卽衆生, 善用

기십팔정 약악용즉중생 선용

18가지 바른 것이 일어나느니라. 만약 악이 작용하면 곧 중생이고 선이 작용하면

卽佛。用由何等? 由自性對。

즉불 용유하등? 유자성대

곧 부처니라. 자성을 상대함으로 말미암느니라.

】

【요점 해설】

오교여설법(吾敎汝說法)

　법문의 핵심은 있음과 없음의 양극단에 떨어지지 않는 것이나, 시중(市中)에서 법문이란 이름을 빌려서 하는 경우, 어느 한쪽으로 떨어질 경우가 적지 않다.

유자성대(由自性對)

원본에는 유자성(由自性)으로 되어 있으나, 타본을 참고하여 고쳤다.

○ 第三十九科　外境~對也

						지장 경소		대상 답대	
	제		39	과		외	경	대	야

-------- 제39과 바깥 경계 에서~ 도합 36가지의 대법이니라. 까지 ----------

『外境無情對有五, 天與地對

	밖차 림	지장 경소		뜻속	대상 답대			줄더 불	
	외	경	무	정	대	유	오	천 여 지 대

"바깥 경계 무정의 대법에는 다섯이 있나니, 하늘과 땅이 상대고,

, 日與月對, 暗與明對, 陰與陽

				몰어 래두 울		밝 을		그 늘	별밝 을
	일	여	월	대	암	여	명	대	음 여 양

해와 달이 상대고, 어둠과 밝음이 상대고, 음과 양이

對, 水與火對。語與言對法與相

| 대 | | 수 | 여 | 화 | 대 | | 어 | 여 | 언 | 대 | 법 | 여 | 상 |

상대고, 물과 불이 상대니라. 어(語, 논란하는 말)와 언(言, 직언), 법과 형상의

對有十二對, 有爲無爲對, 有色

| 대 | 유 | 십 | 이 | 대 | | 유 | 위 | 무 | 위 | 대 | | 유 | 색 |

대법(對法)에는 12가지가 있나니, 함이 있는 것과 함이 없는 것이 상대고, 물질과

無色對, 有相無相對, 有漏無漏

	빛 향 상						샐 스 밀	
무	색	대	유	상	무	상	대	유	루	무	루

물질 아닌 것이 상대고, 모양 있는 것과 모양 없는 것이 상대고, 새는 것과 새지

對, 色與空對, 動與靜對, 淸與

		빌		움 직 일		고 요 할		맑 을	
대	색	여	공	대	동	여	정	대	청	여

않는 것이 상대고, 물질과 공이 상대고, 움직임과 고요함이 상대고, 깨끗함과

濁對, 凡與聖對, 僧與俗對, 老

흐 릴		다 무 릇	성 인		중	속 풍 될 속		늙 익 을 숙 할	
탁	대	범	여	성	대	승	여	속	대	노

더러움이 상대고, 범속함과 성스러움이 상대고, 스님과 세속인이 상대고, 늙음과

與少對, 長與短對, 高與下對。

	젊 적 을 을		길 어 른	짧 을		높 을	아 내 래 릴	
여	소	대	장	여	단	대	고	여	하	대

젊음이 상대고, 긴 것과 짧은 것이 상대고, 높은 것과 낮은 것이 상대니라.

自性居起用對有十九對, 邪與正

		살	일	쓸				간 사	바 를
자	성	거	기	용	대	유	십	구	대	사	여	정

자성이 일으켜 작용하는 대법(對法=상대할 법)에는 19가지가 있나니, 삿됨과 바름이

對	,	癡	與	慧	對	,	愚	與	智	對	,	亂	與
대상답대		어리석을		지혜			어리석을		지혜			어지러울	
대		치	여	혜	대		우	여	지	대		난	여

상대고, 어리석음과 지혜가 상대고, 우둔함과 지식이 상대고, 산란함과

定	對	,	戒	與	非	對	,	直	與	曲	對	,	實
정할			경계할		아그닐를			갑곧을		굽을			참열매
정	대		계	여	비	대		직	여	곡	대		실

선정(삼매)이 상대고, 지계와 허물을 범함이 상대고, 곧음과 굽음이 상대고, 진실과

與	虛	對	,	嶮	與	平	對	,	煩	惱	與	菩	提
	빌허망할			험할		평평할			괴로울	괴로울		보살	끝,들
여	허	대		험	여	평	대		번	뇌	여	보	리

허식이 상대고, 거침과 평탄함이 상대고, 번뇌와 보리가

對	,	慈	與	害	對	,	喜	與	嗔	對	,	捨	與
		사랑		해할			기쁠		성낼			버릴	
대		자	여	해	대		희	여	진	대		사	여

상대고, 자비와 해침이 상대고, 기쁨과 성냄이 상대고, 버림과

慳	對	,	進	與	退	對	,	生	與	滅	對	,	常
아낄			나아갈		물러갈			살,날		멸할			항상
간	대		진	여	퇴	대		생	여	멸	대		상

아낌이 상대고, 나아감과 물러남이 상대고, 생김과 없어짐이 상대고, 항상 함과

與無常對, 法身與色身對, 化身

여	무	상	대		법	신	여	색	신	대		화	신
줄더불	항상	대상답대						빛형상				될변할	

덧없음이 상대고, 법신과 색신이 상대고, 화신과

與報身對, 體與用對, 性與相對

여	보	신	대		체	여	용	대		성	여	상	대
	갚을				몸		쓸			성품성질		모양서로	

보신이 상대고, 본체와 작용이 상대고, 성품과 모양이 상대니라.

, 有情與無情對。語言與法相對

	유	정	여	무	정	대		어	언	여	법	상	대
		뜻,속											

유정물과 무정물의 대법인 어(語)와 언(言), 법(法), 상(相)의 대법에는

有十二對, 外境無情有五對, 自

유	십	이	대		외	경	무	정	유	오	대		자

12가지가 있나니, 바깥 경계 무정의 대법(對法)이 5가지가 있고,

性居起用有十九對, 都合成三十

성	거	기	용	유	십	구	대		도	합	성	삼	십
	살	일							도읍도무지	합할맞을	될이룰		

자성이 일으켜 작용하는 것이 19가지 대법이 있어서, 도합 36가지의

六	對	也	。	』							
육	대	야									

대법이 되느니라.

【요점 해설】

대법(對法)

법문은 그 어디에도 떨어지지 않고, 있다거나 없다거나 그 어느 쪽으로도 떨어지지 않는다.

《치문(緇門)》에서는 중처편추(重處偏墜)라는 법문이 있다. 무거운 쪽으로 기울어져 떨어진다. 곧 업이 무거운 쪽으로 떨어진다는 뜻이다.

해와 달이 그렇듯이, 커지거나 작아지지 않고 그렇다고 항상 커지거나 작아지지 않는 것도 아니니, 이것이 현상과 본질의 상대다.

남녀가 불성을 지닌 존재라는 데에는 차이가 없으나, 그렇다고 항상 같지 않고 분명히 남녀 신체에서 차이가 있으니, 음양의 상대다.

마찬가지로 공이니, 색이니 하는 말은 상대이나, 그 말에 있지 않다. 삶을 그런 자세로 살라는 법문이지, 무엇과 무엇이 상대라는 지식이 중요한 것이 아니다. 색에 매이지 말고, 공에 매이지 말고 살라는 뜻이다.

출가인은 공(空)에 빠지고, 재가인은 색(色)에 빠진다는 법문이 있다. 이웃을 위한 진정한 삶은 공도 아니고 색도 아니다. 중생제도의 방편을 자유자재로 쓰기 위해 그 어디에도 빠지지 않으나, 역시 그 어디에도 빠질 수가 있는 것이다. 마치 큰 그릇의 원효 스님처럼.

본문에서 어여언 대법여상대(語與言對法與相對)는 양증문 선생이 헬혼본에 따라서 고쳤으나, 이를 따르지 않고 원본대로 하였다.

○ 第四十科　此三~告別

제40과　차삼고별(다를/고할)

---------- 제40과 이 16대법을 에서 ~작별할 것을 고하였다. 까지 ----------

『此三十六對法, 解用　通一

차삼십육대법(대산답대)　해용(풀,알/쓸)　통일(통할)

"이 16대법을 알아서 쓰면 일체의 경에 통하고,

切經, 出入卽離兩邊。如何自性

체경(모두/글지날)　출입즉이양변(날/들/떠날/둘/가)　여하자성(같다/어무찌엇)

출입함에는 곧 양변을 떠나느니라. 어떻게 자성이

起用？ 三十六對　共人言語,

기용(일/쓸)？ 삼십육대　공인언어(함께/같을)

일으켜 쓰는가？ 36가지 대법은 사람의 언어와 더불어

出外於相離相, 入內於空離空。

출외어상이상　입내어공리공(빌)

밖으로 나와서는 모양에서 모양을 떠나고, 안으로 들어와서는 공에서 공을 떠나느니라.

著空則惟長無明, 著相即惟長邪

著	空	則	惟	長	無	明		著	相	即	惟	長	邪
잡을 (저) 을	빌	돈법 칙 (칙)	생각할	길어른									간사할
착	공	즉	유	장	무	명		착	상	즉	유	장	사

공에 집착하면 곧 무명만 자랄 뿐이며, 모양에 집착하면 곧 사견만 자랄 뿐이니라.

見。謗法, 直言不用文字。既云

見	。	謗	法	,	直	言	不	用	文	字	。	既	云
		비헐 방뜯 을			값곧 을							미벌 미써	
견		방	법		직	언	불	용	문	자		기	운

법을 비방하는 말로, 문자를 쓰지 않는다고 직언하느니라. 그러나 이미

不用文字, 人不合言語, 言語即

不	用	文	字	,	人	不	合	言	語	,	言	語	即
불	용	문	자		인	불	합	언	어		언	어	즉

문자를 쓰지 않는다고 하였으니, 사람은 언어를 쓰는 것이 합당하지 않다. 언어는 곧

是文字。自性上說空, 正語言本

是	文	字	。	自	性	上	說	空	,	正	語	言	本
시	문	자		자	성	상	설	공		정	어	언	본

문자이기 때문이니라. 자성의 입장에서 공을 말하나, 바로 말한다면, 본래의

性不空。迷〔人〕自惑, 語言除

性	不	空	。	迷	〔	人	〕	自	惑	,	語	言	除
				헤미 맬혹 할					미헷 혹갈 릴				덜섬돌
성	불	공		미	〔	인	〕	지	혹		어	언	제

성품은 공하여지지 않느니라. 미혹한 사람이 스스로 미혹한 것은 언어가 도태된

故。暗不自暗, 以明故暗, 明不
自明, 以暗故明。以明變暗, 以
暗現明, 來去相因。三十六對,

까닭이니라. 어둠은 스스로 어둡지 않고 밝음 때문에 어두우며, 밝음은
스스로 밝지 않고 어두움 때문에 밝느니라. 밝음이 어두움으로 변하게 하고
어둠이 밝음을 드러내서, 오고 감에 서로가 원인이 되나니, 36대법

亦復如是。』

역시 이와 같으니라."

大師言『十弟子, 已後傳法,

대사가 말씀하셨다. "열 제자들아, 이후 전법을 할 때에,

제40과 이 36대법을 에서 ~작별할 것을 고하였다.

遞	相	敎	授	一	卷	《壇	經》,	不	失	本
전번할갈아		가르칠	줄		책쇠뇌	단,뜰				잃을
체	상	교	수	일	권	단	경	부	실	본

서로 번갈아 《단경》 한 권을 가르쳐서, 본래 종취(근본)를 잃지 않게 할 것

宗。	不	稟	受	《壇	經》,	非	我	宗	旨
		녹받을	받을						뜻취지
종	불	품	수	단	경	비	아	종	지

이니라. 《단경》을 이어받지 못한다면 나의 종지가 아니니라.

。	如	今	得	了,	遞	代	流	行。	得	遇	《
				알마칠		시대대신	흐를			만날	
	여	금	득	료	체	대	유	행	득	우	

이제 얻었으니 번갈아 대대로 유포하여 행하게 할지니라. 《단경》을 만나 얻은

壇	經》	者,	如	見	吾	親	授。』
					나	친할	줄
단	경	자	여	견	어	친	수

사람은 내 가르침을 직접 준 것과 같으니라."

十	僧	得	敎	授	已,	寫	爲	《壇	經》
	중				이마미칠	베낄			
십	승	득	교	수	이	사	위	단	경

열 스님들이 가르침 받는 것을 마치고 《단경》을 써서,

, 遞代流行。得者必當見性。

	遞	代	流	行			得	者	必	當	見	性
	전번할갈아	시대대신	흐를						반듯	당반할드시		
	체	대	유	행			득	자	필	당	견	성

번갈아 대대로 유포하여 행하니, 얻은 사람은 꼭 견성을 할 것이다.

大師先天二年八月三日滅度。

大	師	先	天	二	年	八	月	三	日	滅	度
		먼저								멸할	법도
대	사	선	천	이	년	팔	월	삼	일	멸	도

대사는 선천 2년(713년) 8월 3일(보통은 8월 28일)에 멸도(입적)하셨고,

七月八日喚門人告別。大師先天

七	月	八	日	喚	門	人	告	別		大	師	先	天
				부를			알릴	다를					
칠	월	팔	일	환	문	인	고	별		대	사	선	천

7월 8일에 문인을 불러 작별을 고하셨다. 대사는 선천

元年於新州國恩寺造塔, 至先天

元	年	於	新	州	國	恩	寺	造	塔		至	先	天
으뜸			새	마을	나라	은혜	절	만들	탑		이를극		
원	년	어	신	주	국	은	사	조	탑		지	선	천

원년 신주 국운사에 탑을 세웠고, 선천

二年七月告別。

二	年	七	月	告	別								
이	년	칠	월	고	별								

2년 7월에 이르러 작별을 고하였다.

【요점 해설】
득우 《단경자》 (得遇 《壇經者》)

경전에 따르면, 법이 바로 부처님이시다.

"여래(如來)를 보는 사람은 연기(緣起)를 보고, 연기를 보는 사람은 여래를 보느니라."

《단경(壇經)》에서는 《단경》이 바로 6조 스님이시다.

"《단경》을 만나 얻은 사람은 내 가르침을 직접 만남과 같느니라."

《단경》은 사리(舍利)로 보면, 법신(法身)사리다. 왜냐하면, 초기 불교시대에는 부처님의 육신을 다비한 사리는 불사리로 불탑 안에 봉안하였고, 뒷날 발달된 대승불교 시대에는 경전이 법신사리로 생각하여 불탑 안에 봉안하였기 때문이다.

신주국은사조탑(新州國恩寺造塔)

선지식은 옛집 혹은 옛 집의 터 위에 절이 세워진 경우가 있다. 모두가 불연(佛緣)이 깊은 땅인 모양이다. 원효 스님의 옛 집은 원효 스님이 지내면서 초개사(初開寺)라고 하였고, 6조 스님은 옛집을 절로 바꾸어서 국은사라고 하였다. 재미있게도 시대를 살펴보니, 두 스님은 동시대인이시다.

요즘의 경우를 보면, 성철(性徹) 스님의 생가 자리에 복원된 절 이름은 겁외사(劫外寺)이다.

○ 第四十一科　大師~宗旨

제 41과 대사(大師) 종지(宗旨)

--------- 제41과 대사 에서~종지를 잃지 말지니라. 까지 ---------

大師言『汝衆近前, 吾至八月

대사언(大師言) 여중근전(汝衆近前) 오지팔월(吾至八月)

대사가 말씀하셨다. "너희 대중들은 가까이 앞으로 오너라. 나는 8월에 이르면

欲離世間。汝等有疑早問, 爲汝

욕리세간(欲離世間) 여등유의조문(汝等有疑早問) 위여(爲汝)

세간을 떠나려고 하니, 너희들은 의문이 있거든 일찍 물을지니라. 너희들을 위하여

破疑, 當令迷盡, 使汝安樂。吾

파의(破疑) 당령미진(當令迷盡) 사여안락(使汝安樂) 오(吾)

의문을 없애서 당장 미혹한 것이 다해, 너희들을 안락하게 하리라. 내가

若去後, 無人敎汝。』

약거후(若去後) 무인교여(無人敎汝)

떠난 뒤에는 너희들을 가르쳐 줄 사람이 없느니라."

法海等衆僧聞已, 涕淚悲泣,

	바다		중		이마 미칠	울눈 물	눈흘 물릴	슬플	울
법	해	등	중	승	문	이	체	루	비	읍

법해 등 대중 스님이 말씀을 듣고 나서 눈물을 흘리며 슬피 울었다.

唯有神會不動, 亦不悲泣。六祖

오직			모만 일날							
유	유	신	회	부	동	역	불	비	읍	육	조

오직 신회만은 움직임이 없고 또한 슬피 울지도 않았다. 6조 스님이

言『神會小僧, 却得善不善等,

언		신	회	소	승	각	득	선	불	선	등

말씀하셨다. "신회는 어린 스님이지만, 그래도 착한 것과 착하지 않은 것 등,

毀譽不動。餘者不得, 數年山中

헐 릴	기명 예			남을				셀		
훼	예	부	동	여	자	부	득	수	년	산	중

비방과 칭찬에 움직이지 않으나, 나머지 사람은 그렇지 못하구나. 여러 해 동안 산중에서

, 更修何道! 汝今悲泣。更憂

									근심
갱	수	하	도	!	여	금	비	읍	갱	우

무슨 도를 닦았는가! 너희들이 지금 슬피 우는 것은,

阿誰? 憂吾不知去處在? 若

언구덕석	누구		근심	나			갈	곳,살		
아	수	?	우	오	부	지	거	처	재 ?	약

누구를 근심하기 때문인가? 나의 가는 길을 너희들이 알 수 없어서 근심하느냐?

不知去處, 終不別汝。汝等悲泣

				끝마칠		다를				
부	지	거	처	종	불	별	여	여	등	비 읍

만약 내가 가는 곳을 알지 못한다면, 끝내 너희들과 이별하지 않으리라. 너희들이

, 卽不知吾去處, 若知去處, 卽

	즉	부	지	오	거	처	약	지	거	처	즉

슬피 우는 것은, 곧 내가 가는 곳을 알지 못하기 때문이니라. 만약 가는 곳을 안다면 곧

不悲泣。性無生滅, 無去無來。

불	비	읍	성	무	생	멸	무	거	무	래

슬피 울지 않으리라. 자성은 생기거나 없어지지 않으며, 가는 것도 없고 오는 것도

汝等盡坐, 吾與汝一偈, 《眞假

	다할	앉을							참	거짓 가령
여	등	진	좌	오	여	여	일	게	진	가

없느니라. 너희들은 다 앉거라. 내가 너희들에게 한 게송을 주리니,

動	靜	偈	》	。	汝	等	盡	誦	取	此	偈	，	意
움직일	고요할	글귀을				다할	외일	가취질할					
동	정	게			여	등	진	송	취	차	게		의

《진가동정게-진실과 가짜,움직임과 고요함의 시》니라. 너희들이 다 이 게송을

與	吾	同	。	依	此	修	行	，	不	失	宗	旨	。
				기댈지					잃을	높마을루	뜻취지		
여	오	동		의	차	수	행		불	실	종	지	

외워 뜻을 알면, 나와 함께 할 것이며, 이것에 의지하여 수행하여 종지를 잃지 말지니라."

【요점 해설】

《진가동정게(眞假動靜偈)》

이 게송의 한 구절은 앞서 제12과에서도 같은 《유마경》 구절이 나온다.

"없다니 무엇이 없다는 것인가? 생각이라니 무엇을 생각한다는 말인가? 없다는 것은 2분법(二分法)의 모든 번뇌, 티끌에서 떠난 것이고, 생각한다는 것은 진여본성을 생각하는 것으로써, 진여는 생각의 본체이고 생각은 진여의 작용이니라."

(이런 까닭에) 자성이 생각을 일으키면, 비록 보고, 듣고, 깨닫고, 알지라도 만 가지 경계에 물들지 않아 항상 자유자재 하느니라.

《유마경》에서 말씀하시기를,

"밖으로는 능히 모든 법의 모양을 잘 분별하나, 안으로는 첫째 원리(기본원리)에서 움직이지 않느니라." 하셨느니라.

○ 第四十二科　　僧衆～住世

제42과　승중　주세

------제42과 대중스님 에서~ 세상에 머물지 못할 것을 알았다. 까지----------

僧衆禮拜, 請大師留偈, 敬心

승중예배　청대사유게　경심

대중 스님이 예배하고 대사께 게송을 남겨 주시기를 청하며, 공경스러운 마음으로

受持。偈曰,

수지　　게왈

받아 지녔다. 게송에 이르셨다.

一切無有眞, 不以見於眞,

일체무유진　불이견어진

일체에는 참됨이 있지 않으니, 참됨을 보려고 하지 말지니라.

若見於眞者, 是見盡非眞。

약견어진자　시견진비진

만약 참됨을 보려고 하여도, 보는 것은 다 참된 것이 아니니라.

제42과 대중스님에서~ 세상에 머물지 못할 것을 알았다.

若 能 自 有 眞, 離 假 卽 心 眞,

거가
떠 짓령
날

약 능 자 유 진　이 가 즉 심 진

만약 능히 스스로 참될 수 있다면, 거짓을 떠난 것이 곧 마음의 참됨이니라.

自 心 不 離 假, 無 眞 何 處 眞。

자 심 불 리 가　무 진 하 처 진

자기 마음이 거짓을 떠나지 않았다면, 참됨이 없으니 어느 곳이 참되랴.

有 情 卽 解 動, 無 情 卽 不 動,

뜻,속　　푸,알　움직일

유 정 즉 해 동　무 정 즉 부 동

유정은 곧 움직일 줄 아나, 무정은 곧 움직이지 않느니라.

若 修 不 動 行, 同 無 情 不 動。

약 수 부 동 행　동 무 정 부 동

만약 움직임이 없는 행을 닦는다면, 무정의 움직임이 없는 것과 같으니라. 만약 참으로

若 見 眞 不 動, 動 上 有 不 動,

약 견 진 부 동　동 상 유 부 동

움직임이 없는 것을 본다면, 움직임 위에(중에) 움직이지 아니함이 있느니라.

不動是不動, 無情無佛種。

부동시부동 무정무불종

움직이지 않음이 곧 움직이지 않음이라면, 무정에 부처 종자가 없는 이치니라.

能善分別相, 第一義不動,

능선분별상 제일의부동

여러 가지 모양을 잘 분별하여도, 제일 뜻은 움직이지 않느니라.

若悟作此見, 則是眞如用。

약오작차견 즉시진여용

만약 깨달아서 이 견해를 짓는다면, 곧 진여의 작용이니라.

報諸學道者, 努力須用意,

보제학도자 노력수용의

도를 배우는 사람에게 말하노니, 뜻을 다해 노력할지니라.

莫於大乘門, 却執生死智。

막어대승문 각집생사지

대승의 문안에서는, 도리어 생사의 지혜(알음알이)에 집착하지 말지니라.

前頭人相應, 即共論佛義,

	머리		응마 할땅 할			함같 께이	논 할		뜻이 치	
전	두	인	상	응		즉	공	논	불	의

앞사람과 서로 응하게 될 때, 곧 부처님의 법을 공론으로 말할 것이니라.

若實不相應, 合掌禮勸善。

	참열 매					합모 할을	손 바 닥		권 할	
약	실	불	상	응		합	장	예	권	선

만약 실제로 상응하지 않는다면, 합장 예배 올리고 착한 일 할 것을 권하느니라.

此敎本無諍, 若諍失道意,

			타 툴				잃 을		뜻생 각	
차	교	본	무	쟁		약	쟁	실	도	의

이 가르침은 본래 다툼이 없거니와, 만약 다툰다면 도의 뜻을 잃느니라.

執迷諍法門, 自性入生死。

	잡 을									
집	미	쟁	법	문		자	성	입	생	사

미혹함에 집착하여 법문을 다툰다면, 자성이 생사에 들어가느니라.

衆僧旣聞, 識大師意, 更不敢

	중	이벌 미써							다 시	감군 히셀
중	승	기	문			식	대	사	의	갱 불 감

대중 스님이 게송을 듣고 나서, 다시는 감히 다투지 말고

諍, 依法修行。一時禮拜, 即知

쟁(다툴) 의(기의댈지) 법 수 행 일 시 예(예도) 배(절할) 즉 지

법에 의하여 수행하라는 대사의 뜻을 알고 한꺼번에 예배하고, 곧

大師不久住世。

대 사 불 구(옛오랠) 주(머물) 세

대사가 세상에 머무시는 것이 오래지 못할 것을 알았다.

【요점 해설】

압운(押韻)이 들어있는 게송

이 게송을 두고 다음 두 가지로 생각해 볼 수 있다.

[1] 첫째는, 글을 모르는 사람의 게송이라고 볼 수가 없다.

[2] 둘째는, 후대에 글을 아는 사람이 압운을 넣었을 것이다.

첫째의 경우는, 6조 스님 자신이 원문 그대로 지은 것으로 보기에는 너무 시가 갖추고 있는 압운 등이 있다.

둘째의 경우는, 아마 이 경우가 사실에 가까울 것이라 추측한다.

초기에는 6조 스님이 일자무식일 수 있으나, 17년 동안(8개월 간을 방아찧고 법을 얻고 대중의 눈을 피해 새벽에 떠난 후 남쪽으로 가서 법을 펼 때를 기다린 시간) 사냥꾼 속에서 은신한 기간은 글을 익힌 기간으로 볼 수가 있다. 선지식으로서, 17년을 그냥 일자무식으로 보냈다는 것은 하나의 신화일 것이다.

글을 모르는 것이 자랑이 아니고 글을 알아도 언어문자에 매이지 않는 것이 6조 스님의 법문 요지.

부처님의 경우, 박학다식하고 다재다능하신 분이시다.

요즘 일자무식이라 해도 선사가 당당히 될 수 있다는 근거를 6조 스님의 예에서 찾는다면, 6조 스님을 몰라도 한참 모르는 소치다.

주위에는 간혹 한 조사의 특이한 면만을 높이 받드는 풍조가 있다. 특히 멀쩡한 사람이 참선을 시작해서 이상해지는 일이 사라질 때, 이 풍토의 장도(壯途)는 양양

(洋洋)해지리라 믿는다.

무정즉 부동(無情卽不動)
원본에는 무동(無動)이나 타본을 참조하여 고쳤다.

능선분별상(能善分別相)
원본에는 분별성(分別性)이다.

○ 第四十三科　上座~無生

		자리		
제	43과	상좌	무생

---------- 제43과 상좌 에서~ 나는 것도 없느니라. 까지 ----------

上座法海向前言『大師, 大師

	자리	향구 할할			
상좌	법해	향	전 언	대사	대사

상좌인 법해가 앞에 나아가 말하였다. "큰스님, 큰스님께서

去後, 衣法當付何人?』大師

갈		옷	당마 할땅 할	줄붙 일				
거	후	의	법	당	부	하	인 ?	대사

가신 후에, 가사와 법은 마땅히 누구에게 부촉하시겠습니까?" 대사가

言『法卽付了, 汝不須問。吾滅

		알마 칠					나	멸 할
언	법 즉 부	료	여 불 수 문	오 멸

말씀하셨다. "법은 이미 부촉하여 마쳤으니, 너희는 묻지 말지니라. 내가 떠난

後二十餘年, 邪法繚亂, 惑我宗

			남을		산사	감얽 길힐		미의 혹심		
후	이	십	여	년	사 법	요 란	혹	아	종

뒤 20여년 후에, 삿된 법이 몹시 요란스러워 나의 종지를 미혹케 할 것이니라.

旨。有人出來，不惜身命，定佛

뜻취지 / 지 / 유 / 인 / 출 / 래 / 불 / 석 / 신(아낄) / 명(목숨령) / 정 / 불

어떤 사람이 나와서, 몸과 목숨을 아끼지 않고 부처님

教是非，竪立宗旨，卽是吾正法

교 / 시(이을을) / 비(아그니를) / 수(세울로) / 립(설) / 종 / 지 / 즉 / 시 / 오 / 정 / 법

가르침의 옳고 그름을 결정하여, 종지를 세우리라. 이것이 곧 나의 바른 법이니라.

。衣不合傳。汝不信，吾與誦先

의 / 불(합할을, 맞을) / 합(전할) / 전 / 여 / 불(믿을진, 믿을실) / 신 / 오(줄더불) / 여(외일) / 송(먼저) / 선

가사를 전하는 것은 합당키 않느니라. 너희가 믿지 않는다면, 내가 선대

代五祖《傳衣付法頌》。若據第

대(시대대신) / 오 / 조 / 전(옷) / 의(줄붙일) / 부(기릴을) / 법 / 송 / 약(의근거거) / 거 / 제

다섯 조사께서 《가사를 전하고 법을 부촉하신 게송》을 외워 주리라. 만약

一祖達摩頌意，卽不合傳衣。聽

일 / 조 / 달(사무칠) / 마(만질) / 송 / 의 / 즉 / 불 / 합 / 전 / 의 / 청(들을)

제1조 달마 조사의 게송에 따르면, 곧 가사를 전하는 것은 합당치 않느니라.

吾 與 汝 頌。』　　頌 曰,

나		너	기릴을 읊을						
오		여	여	송			송	왈	

내가 너희에게 게송을 외워 주리니 들을지니라." 게송을 말씀하셨다.

第 一 祖　　達 摩 和 尚　　頌 曰,

차례		할애비		사무칠	만질	화할 합할	오히려할 승려할		
제	일	조		달	마	화	상	송	왈

제2조 달마 화상이 게송에 이르셨느니라.

吾 本 來 唐 國,　傳 敎 救 迷 情,

		당할 당나라	나라		전할	가르칠	구원할	헤미맬 미혹할	뜻,속
오	본	래	당	국	전	교	구	미	정

내가 본래에 당나라에 온 것은, 가르침을 전하여 미혹한 유정을 건지는 것이니라.

一 花 開 五 葉,　結 果 自 然 成。

	꽃	열,필		잎	맺을	과실 결과		그럴 불탈	
일	화	개	오	엽	결	과	자	연	성

한 송이 꽃에서 다섯 꽃잎이 피고, 그 열매가 맺어 자연히 이뤄지니라.

第 二 祖　　慧 可 和 尚　　頌 曰,

제	이	조		혜	가	화	상	송	왈

제2조 혜가 화상이 게송에 이르셨느니라.

本來緣有地, 從地種花生,

		인연			쫓을따를	씨가지	꽃
본	래	연	유	지	종	지	종	생	화

본래에 땅이 있는 까닭에, 그 땅에서 씨앗이 꽃을 피우느니라.

當本元無地, 花從何處生。

		으뜸근본					
당	본	원	무	지	화	종	하	처	생

본래 땅이 없다면, 꽃은 어디에서 꽃피울까.

第三祖 僧璨和尚 頌曰,

		중	빛날				
제	삼	조	승	찬	화	상	송	왈

제3조 승찬 화상이 게송에 이르셨느니라.

花種須因地, 地上種花生,

화	종	수	인	지	지	상	종	화	생

꽃씨는 땅을 인연하여서, 땅 위에서 씨앗이 꽃피우지만,

花種無生性, 於地亦無生。

화	종	무	생	성	어	지	역	무	생

꽃씨에 나는 성품이 없다면, 땅 위에서 또한 나는 것도 없느니라.

【요점 해설】

유인출래(有人出來)

유언(遺言)의 조항, 특히 예언의 이 부분은 예로부터 의문을 품어왔다. 호적은 <중국의 선불교, 그 역사와 방법>에서, 신회 하택계의 제자들이 《단경》을 쓴 것을 증명하는 결정적인 단서라고 강력하게 주장한다.

사실 여부는 그만두고, 《단경(壇經)》 전체에서, 6조 스님이 예언을 하신 부분은 《단경》의 성격상 맞는지 그렇지 않은지 살펴본다.

《단경》의 기본 정신은 무념(無念), 무상(無相), 무주(無住)이다. 생각해 보면, 삿된 법이 설칠 것을 예언하고, 다시 종지를 바로 세우는 스님이 나올 것이라는 유언 등은 없어도 무방한 내용이다.

굳이 예언의 내용이 들어있는 것은, 남돈북점(南頓北漸)의 논쟁에서 유리한 증거로 쓰기 위함일 것이다.

분명한 사실은, 《단경》은 6조 스님의 종지를 세우는 데에서 일등 공신이었다. 《단경(壇經)》이 바로 6조 스님의 종지(宗旨)이고, 6조 스님의 종지가 바로 《단경》이었다.

《단경》 한 권은 한마디로 6조 스님의 가풍인 조계(曹溪), 선(禪)의 진수(眞髓)이다.

간혹 후대 사람이 덧붙인 대목이 들어 있긴 하지만, 그렇다고 전체를 그렇게 도매금으로 보아서는 안 될 것이다. 밥그릇에 티와 돌이 들어 있다고 해서 '돌의 밥', '티끌의 밥'이라고 할 수 없는 이치와 같다.

하나의 티끌과 돌은 잘 추려 내고 맛있게 공양하는 지혜가 필요하다.

당본원무지(當本元無地)

원본은 당래(當來)다.

○ 第四十四科　第四~住世

| 제 | | 44 | 과 | | 제 | 사 | | 주 | 세 |

-------- 제44과 제4조 에서~오래 머물지 않으실 것을 알았다. 까지 --------

第四祖　道信和尚　頌曰,

| | | 길이
치 | 믿을
실 | 화할
합 | | 기릴
을 | |
| 제 | 사 | 조 | 도 | 신 | 화 | 상 | 송 | 왈 |

제4조 도신 화상이 게송에 이르셨느니라.

花種有生性, 因地種花生,

| 꽃 | 씨가
지 | | | | 인할 | | | |
| 화 | 종 | 유 | 생 | 성 | 인 | 지 | 종 | 화 | 생 |

꽃씨에 나는 성품이 있어, 땅을 인연하여 씨앗에 꽃이 피우느니라.

先緣不和合, 一切盡無生。

| 먼저 | 인연 | | 맞을
합할 | | | 다할 | | |
| 선 | 연 | 불 | 화 | 합 | 일 | 체 | 진 | 무 | 생 |

앞의 연과 화합하지 않으면, 일체는 다 나지 않느니라.

第五祖　弘忍和尚　頌曰,

| | | | 넓을 | 참을 | | | |
| 제 | 오 | 조 | 홍 | 인 | 화 | 상 | 송 | 왈 |

제5조 홍인 화상이 게송에 이르셨느니라.

有情來下種, 無情花卽生,

유정 래 하 종　무정 화 즉 생

뜻,속　　　씨가지　　　　꽃

유정이 와서 씨앗을 뿌리니, 무정에도 꽃이 곧 생기느니라.

無情又無種, 心地亦無生。

무 정 우 무 종　심 지 역 무 생

무정이며 또한 씨앗도 없으면, 마음의 땅 역시 태어남이 없느니라.

第六祖　慧能和尚　頌曰,

제 육 조　혜 능 화 상　송 왈

6조 혜능 화상이 게송에 이르셨느니라.

心地含情種, 法雨卽花生,

신 지 함 정 종　법 우 즉 화 생

품을　　　　　　비

마음의 땅이 유정의 씨앗을 품었으며, 법의 비가 내려 곧 꽃이 생기느니라.

自悟花情種, 菩提果自成。

자 오 화 정 종　보 리 과 자 성

알　　　　　보살　끝,들　과결일과

스스로 꽃의 유정 씨앗을 깨달을 때, 보리의 과실이 자연히 이루리라.

能大師言『汝等聽吾作二頌,

				너	같을 무리	들을	나	될 지을		기릴 을
능	대	사	언	여	등	청	오	작	이	송

혜능 대사가 말씀하셨다. "너희들은 내가 지은 게송 두 수를 들을지니라.

取達摩和尚頌意。汝迷人依此頌

가질 취할	사무칠	만질	화할 화합	오히려 숭상할	뜻 생각		혜 미맬 혹할	기댈 의지할		
취	달	마	화	상	송	의	여 미	인	의	차 송

달마 화상의 게송에서 뜻을 취한 것이니라. 너희 미혹한 사람들은 이 게송을 의지하

修行, 必當見性。』

		반드시								
수	행	필	당	견	성					

여 수행하면 반드시 마땅히 성품을 보리라."

第一頌曰,

제	일	송	왈							

제1 게송을 이르셨다.

心地邪花放, 五葉逐根隨,

		간사	놓을 추방			잎	쫓을 따를	뿌리	따를	
심	지	사	화	방		오	엽	축	근	수

마음의 땅에 삿된 꽃이 피면, 다섯 꽃잎이 뿌리를 좇아 따라가리라.

共造無明業, 見彼業風吹。

함께	만들		업,일		저		바람	불
공	조	무	명	업	견	피	업	풍	취

함께 무명 업을 지어, 그 업의 바람이 부는 것을 보리라.(업에 따름을 보느니라.)

第二頌曰,

제	이	송	왈	

제2 게송을 이르셨다.

心地正花放, 五葉逐根隨,

심	지	정	화	방	오	엽	축	근	수

마음의 땅에 바른 꽃이 피면, 다섯 꽃잎이 뿌리를 좇아 따라가리라.

共修般若慧, 當來佛菩提。

		돌	반만					
		야	야약					
공	수	반	야	혜	당	래	불	보	리

함께 반야의 지혜를 닦으면, 당래 부처님의 보리이리라(깨달음이니라.)

六祖説偈已了, 放衆生散。門

			글	이마	알마				흩	
			귀	미칠	칠				을	
육	조	설	게	이	료	방	중	생	산	문

6조 스님이 게송을 설해 마치고 중생이 해산하도록 하셨다.

人	出	外	思	惟	,	卽	知	大	師	不	久	住	世
날나 타 낼	밖차 릴	생각	생각할			곧나 아갈					옛오 랠	머물	
인	출	외	사	유		즉	지	대	사	불	구	주	세

문인이 문 밖으로 나와 생각하니, 곧 대사가 세상에 오래 머물지 않으실 것임을 알았다.

【요점 해설】

3조 승찬 스님

처음 행장(行狀)에 분명한 기록이 없다. 언제 태어났는지 알 수 없고, 입적한 기록만 606년 10월 13일로 남아 있다. 그가 거사의 몸으로 40세 되던 해에 처음으로 2조 혜가 스님을 만나서 문답하는 장면이 특이하다.

불쑥 찾아온 그는 어디서 온 누구인지를 밝히지 않은 채 스님 앞에 엎드렸다.

"제자는 문둥병을 앓고 있습니다. 제 죄를 참회케 해 주십시오."

"네 죄를 가져오너라. 내가 네 죄를 참회케 하리라!"

거사는 죄가 몸속과 몸 밖 어디에 있는지를 찾았다.

이때였다. 죄라고 딱 끄집어내어 스승 앞에 보여 줄 수 없음을 깨달은 그는 환희심에 넘친 목소리로 이렇게 외쳤다.

"스승님, 제 죄는 찾을 길이 없습니다."

"그대의 죄는 다 참회되었느니라. 이제 불보(佛寶), 법보(法寶), 승보(僧寶)에 편안히 머물도록 할지니라."

이런 대화 끝에, 삭발하였고 그가 큰 법기(法器)인 줄 혜가 스님은 알아차렸다.

○ 第四十五科　六祖~四十

제 45과 육조 사십

-------- 제45과 6조 스님 에서~40번째니라. 까지 ----------

六祖後至八月三日, 食後, 大

| 할애비 | 뒤 | 이를극 | | | | | 밥먹을 | | |
| 육 | 조 | 후 | 지 | 팔 | 월 | 삼 | 일 | 식 | 후 | 대 |

뒷날, 6조 스님은 8월 3일에 이르렀을 때였다. 공양하신 후에 대사가

師言『汝等著位坐, 吾今共汝等

| | | 잡을을(저 | 자리 | 앉을 | | 나 | 함께같이 | | |
| 사 | 언 | 여 | 등 | 착 | 위 | 좌 | 오 | 금 | 공 | 여 | 등 |

말씀하셨다. "너희들은 차례대로 안거라. 나는 이제 너희들과

別。』法海問言『此頓教法傳

| 다를 | | | | | 벼란간 | | 전할 |
| 별 | | 법 | 해 | 문 | 언 | 차 | 돈 | 교 | 법 | 전 |

작별하리라." 법해가 여쭈었다. "이 돈교의 법을 전수한 것이,

受, 從上已來至今幾代?』

| 받을 | 쫓따을를 | | | | | 기거미의 | 시대대신 | |
| 수 | 종 | 상 | 이 | 래 | 지 | 금 | 기 | 대 | ? |

위에서부터 지금까지 몇 대나 됩니까?"

제45과 6조 스님에서~40번째니라.

六祖言	『初	傳	受	七	佛,	釋	迦	牟
	처음	전할	받을			놓을	막을만날	클뺏을
육 조 언	초	전	수	칠	불	석	가	모

6조 스님이 말씀하셨다. "처음은 (과거) 일곱 부처님으로부터 전수되어, 석가모니

尼	佛	第	七,	大	迦	葉	第	八,	阿	難	第
여승						잎			언덕	어려울	
니	불	제	칠	대	가	섭	제	팔	아	난	제

부처님이 7번째시다. 대가섭이 8번째, 아난이 9번째,

九,	末	田	地	第	十,	商	那	和	修	第	十
	끝	밭				장사	어찌	화할화합			
구	말	전	지	제	십	상	나	화	수	제	십

말전지가 10번째, 상나화수가 11번째,

一,	優	婆	鞠	多	第	十	二,	提	多	迦	第
	광녁대녁할	할미	공궁할	많을겹칠				끌,들			
일	우	바	국	다	제	십	이	제	다	가	제

우바국다가 12번째, 제다가가 13번째,

十	三,	佛	陀	難	提	十	四,	佛	陀	蜜	多
			비탈							꿀	
십	삼	불	타	난	제	십	사	불	타	밀	다

불타난제가 14번째, 불타밀다가

第十五, 脇比丘 第十六, 復那奢

		옆갈비	견줄	언덕		또다시	어찌	사치
제	십	오	협	비	구	제	십	육	부	나	사

15번째, 협비구가 16번째, 부나사가

第十七, 馬鳴 第十八, 毗羅長者

			말	울			도울	벌일	길어른
제	십	칠	마	명	제	십	팔	비	라	장	자

17번째, 마명이 18번째, 비라 장자가

第十九, 龍樹 第二十, 佳那提婆

			용	나무세울			아름다울	끌,들	할미
제	십	구	용	수	제	이	십	가	나	제	바

19번째, 용수가 20번째, 가나제바가

第二十一, 羅睺羅 第二十二, 僧

			벌일	애꾸				중
제	이	십	일	라	후	라	제	이	십	이	승

21번째, 라후라가 22번째,

伽那提 第二十三, 僧迦耶舍 第二

절						막을날만	그어런조가사	집	
가	나	제	제	이	십	삼	승	가	야	사	제	이

승가나제가 23번째, 승가야사가 24번째,

十四,	鳩	摩	羅	馱	第	二	十	五,	闍	耶
	비둘기	만질	벌일	실태을울					대궐문 화장할	그오런조가사
십사	구	마	라	타	제	이	십	오	사	야

구마라타가 25번째,

多	第	二	十	六,	婆	修	盤	多	第	二	十	七
많을겹칠						할미	소반반침					
다	제	이	십	육	바	수	반	다	제	이	십	칠

사야다가 26번째, 바수반다가 27번째,

,	摩	拏	羅	第	二	十	八,	鶴	勒	那	第	二
	만질	비빌 붙잡을						학,흴	굴레갈자	어찌		
	마	나	라	제	이	십	팔	학	륵	나	제	이

마나라가 28번째, 학륵나가 29번째,

十	九,	師	子	比	丘	第	三	十,	舍	那	婆
		스승 군사		견줄	언덕				집		
십	구	사	자	비	구	제	삼	십	사	나	바

사자 비구가 30번째, 사나바사가

斯	第	三	十	一,	優	婆	堀	第	三	十	二,
이					광녁 대녁할		굴,팔				
사	제	삼	십	일	우	바	굴	제	삼	십	이

31번째. 우바굴이 32번째,

僧伽羅第三十三, 須婆蜜多第三

중	절	벌 일				할미	꿀			
승	가	라	제	삼	십	삼	수	바	밀	다	제	삼

승가라가 33번째, 수바밀다가 34번째,

十四, 南天竺國王子第三太子菩

			두터울독	나라					틀		
십	사		남	천	축	국	왕	자	제	삼	태	자	보

남천축국 왕자 제3태자

提達摩第三十五, 唐國僧慧可第

| 리 | 달 | 마 | 제 | 삼 | 십 | 오 | 당 | 국 | 승 | 혜 | 가 | 제 |

보리달마가 35번째, 당나라 스님 혜가가

三十六, 僧璨第三十七, 道信第

			빛날							
삼	십	육	승	찬	제	삼	십	칠	도	신	제

36번째, 승찬이 37번째, 도신이

三十八, 弘忍第三十九, 慧能自

			넓을	참을						
삼	십	팔	홍	인	제	삼	십	구	혜	능	자

38번째, 홍인이 39번째, 혜능 내 자신이

身	當	今	受	法	第	四	十	。	』		
신	당	금	수	법	제	사	십				

지금 법을 받은 것이 40번째니라."

【요점 해설】

초전수칠불(初傳受七佛)

다른 데서는 과거 7불(七佛)을 포함하지 않아서 달마 스님이 28대고, 혜능 스님은 33조사다. 여기서는 과거 7불을 포함해서 달마 스님이 35대고, 혜능 스님이 40대다.

그럼, 과거 7불은 어떤 분인가?

과거 7불(過去 七佛)은 과거 세상에 출현한 7부처님을 가리킨다.

[1] 비바시불(비파시불, Vipasyin)

[2] 시기불(시기불, Sikhin)

[3] 비사부불(비사부불, Visvabum)

[4] 구류손불(구류손불, Krakucchanda)

[5] 구나함모니불(구나함모니불, Kanakamuni)

[6] 가섭불(가섭불, Kasyapa)

[7] 석가모니불(석가모니불, Sakyamuni)

《잡아함경(雜阿含經 卷三十四)》, 《장아함(長阿含 卷一)》, 《대본경(大本經)》, 《증일아함경(增一阿含經 卷四十五.)》, 《현겁경(賢劫經 卷七)》, 《칠불부모성자경(七佛父母姓字經)》, 《칠불경(七佛經)》 등 여러 경에 상세히 나와 있다. [灌頂經 卷八, 佛名經 卷一, 法苑珠林 卷八]

○ 第四十六科　大師~求佛

제사십육과　대사　구불

---------- 제46과 대사가 에서~어느 곳을 향해서 부처를 구하랴. 까지 ----------

大師言『今日已後,　遞相傳受

| 대 | 사 | 언 | 금(이오제늘) | 일(이마미칠) | 이(뒤) | 후 | 체(전번할갈아) | 상(전할) | 전 | 수(받을) |

대사가 말씀하셨다. "오늘 이후로 서로 전수하여,

,　須有依約,　莫失宗旨。』

| 수(모름지기) | 유(기댈지) | 의(묶을속) | 약 | 막(말저물) | 실(잃을) | 종(높마을루) | 지(뜻취지) |

모름지기 서로 의지하고 믿어서, 종지를 잃지 않도록 할지니라."

法海又曰『大師今去,　留付何

| 법 | 해 | 우 | 왈 | 대 | 사 | 금 | 거 | 유(머물) | 부(붙일불) | 하 |

법해가 다시 여쭈었다. "큰스님, 이제 떠나시면 무슨 법을 부촉하여 남기시어,

法？　今後代人如何見佛？』

| 법 | ？ | 금 | 후 | 대 | 인 | 여 | 하 | 견 | 불 | ？ |

이제부터 뒷사람은 어떻게 부처님을 보게 하시렵니까?"

六祖言『汝聽, 後代迷人但識

			들을		시대 데신			뿐다만	
육	조	언	여	청	후	대	미	인 단	식

6조 스님이 말씀하셨다. "너희들은 들거라. 뒷세상의 미혹한 사람이 다만

衆生, 即能見佛, 若不識衆生,

중	생	즉	능	견	불	약	불	식	중생

중생을 알기만 하면, 곧 부처를 보느니라. 만일 중생을 알지 못한다면,

覓佛萬劫不可得也。吾今敎汝識

찾구을할		겁세월							
멱	불	만	겁	불	가	득	야	오 금 교 여	식

만 겁에 부처를 찾아도 보지 못하리라. 나는 이제 너희들이

衆生見佛, 更留《見眞佛解脫頌

			다시	머물		참	풀,알을	벗을	기릴을
중	생 견	불	갱	유	견	진	불	해	탈 송

중생을 알아 부처를 보게 하기 위하여, 다시 《참 부처를 보아 해탈하는 게송》을

》。迷即不見佛, 吾者乃見。』

								이에	
미	즉	불	견	불	오	자	내	견	

남기리라. 미혹하면 부처를 보지 못하고 깨달으면 곧 보느니라."

法海願聞, 代代流傳, 世世不絶。 六祖言『汝聽, 吾與汝說

"법해는 듣고 대대로 유전해서, 세세생생 끊어지지 않기를 원하옵니다."

6조 스님이 말씀하셨다. "너희는 들어라. 내가 너희들에게 말해주리라.

後代世人, 若欲覓佛, 但識衆生, 即能識佛。〔佛〕即緣有衆

후대 세상 사람이 만약 부처를 찾고자 하면, 다만 중생을 알면 그러면 곧 능히 부처를 아느니라. [부처는] 곧 중생이 있음으로 인연함이요(까닭이요),

生, 離衆生無佛心。』

중생을 떠나서는 부처의 마음이 없느니라."

迷卽佛衆生, 悟卽衆生佛。

	헤미 맬혹				알				
미	즉	불	중	생	오	즉	중	생	불

미혹하면 부처가 중생이고, 깨달으면 중생이 부처니

愚癡佛衆生, 智慧衆生佛。

	어리 석을	어리 석을							
우	치	불	중	생	지	혜	중	생	불

어리석은 부처가 중생이고, 지혜로운 중생이 부처니라.

心險佛衆生, 平等衆生佛。

	멀함 할				평 평				
심	험	불	중	생	평	등	중	생	불

마음이 험한 부처가 중생이고, 평등한 중생이 부처니

一生心若險, 佛在衆生心。

| 일 | 생 | 심 | 약 | 험 | 불 | 재 | 중 | 생 | 심 |

한번 중생 마음이 만약 험하면, (한번 마음 생김이 험하면)부처가 중생 가운데 있느니라.

一念悟若平, 卽衆生自佛。

| 일 | 념 | 오 | 약 | 평 | 즉 | 중 | 생 | 자 | 불 |

한 생각에 깨달아 만약 평등하면, 곧 중생이 스스로 부처고

我心自有佛, 自佛是眞佛。

아 심 자 유 불   자 불 시 진 불

내 마음에 스스로 부처가 있으니, 자기 부처가 참 부처니라.

自若無佛心, 向何處求佛。

자 약 무 불 심   향 하 처 구 불

자기에게 만약 부처의 마음이 없다면, 어느 곳을 향해서 부처를 구하랴.(찾으랴?)

【요점 해설】

후대미인단식중생(後代迷人但識衆生)

정면 돌파 방법은 이미 설해 마쳤으니, 이제 마지막 당부의 말씀. 중생을 알면 부처를 안다는 것은 깨달음의 우회(迂廻)적인 방법이다. 간절하게 갖가지 방법이 다 동원된 것이다.

이쪽을 알면 저쪽을 알고, 저쪽을 알면 이쪽을 안다는 원리이다. 중생을 알면 부처를 알고, 부처를 알면 중생을 안다.

사실 이렇게 간명한 법문도 없을 것이다.

《화엄경》에서는 중생, 부처, 마음 이 셋은 모두 차별이 없다고 말한다. 따라서 마음을 알면, 부처를 알고, 부처를 알면 마음을 안다는 논법도 가능하다. 마음이거나 중생이거나 부처이거나 어느 하나만 알면 모두 통한다. 이 셋 가운데서 근본은 마음이다.

달마 대사 법문에 이런 구절이 있다.

"마음, 마음, 마음이여. 알기 어려워라. 열면 천하를 거두지만, 닫으면 바늘 하나도 용납지 못한다."

'정말 내 마음 나도 몰라라.' 하는 말이 유행가의 구절 같지만, 알 수가 없는 게 사람의 마음이고 더구나 내 자신의 마음이 아닌가.

이런 까닭에 이 마음을 깨닫는 것, 곧 부처를 이루는 것이 8만대장경의 핵심이다.

○ 第四十七科   大師~是眞

제	47	과	대	사	시 진
					참

-------- 제47과 대사가 에서~이것이 바로 참이니라. 까지 ----------

大師言『汝等門人好住, 吾留

대	사	언	여	등	문	인	호	주	오	유
			너	무리을 같이			좋을	머물	나	머물

대사가 말씀하셨다. "너희 문인들은 잘 있어라. 내가 한 게송을 남기리니,

一頌, 名《自性眞佛解脫頌》。

일	송	명	자	성	진	불	해	탈	송
							풀,알릴을	벗을	

《자성진불해탈송-자성이 참된 부처님 해탈이다》이라 이름 하느니라.

後代迷人識此頌意, 卽見自心自

후	대	미	인	식	차	송	의	즉	견	자	심	자
뒤	시대 대신											

후대에 미혹한 사람이 이 게송의 뜻을 알아서, 곧 자기 마음, 자기 성품의

性眞佛。與汝此頌, 吾共汝別。

성	진	불	여	여	차	송	오	공	여	별
								함께 같이		다를

참 부처임을 보리라. 너희에게 이 게송을 주고, 나는 너희와 함께 작별하리라."

頌曰, 眞如淨性是眞佛,

| | 송 | 왈 | | 진 | 여 | 정
(깨끗할) | 성 | 시 | 진 | 불 |

(기를릴을 = 曰 옆; 깨끗할 = 淨 옆)

송하여 이르셨느니라. 진여의 깨끗한 성품이 곧 참 부처고,

邪見三毒是眞魔。邪見之人魔在

| 사
(간사) | 견 | 삼 | 독
 | 시 | 진 | 마
(마귀) | | 사 | 견 | 지 | 인 | 마 | 재 |

삿된 견해의 3독심이 곧 진정 마구니 니라. 삿된 견해를 가진 사람에게는 마구니가

舍, 正見之人佛卽過。性中邪見

| 사
(집) | | 정 | 견 | 지 | 인 | 불 | 즉 | 과
(허믈날) | | 성 | 중 | 사 | 견 |

집에 들어와 있고, 바른 견해를 가진 사람에게는 부처가 곧 찾아오느니라. 성품 가운데

三毒生, 卽是魔王來住舍。正見

| 삼 | 독 | 생 | | 즉 | 시 | 마 | 왕 | 래 | 주
(머물) | 사
(집) | | 정 | 견 |

서 삿된 견해인 3독심이 일어나면, 곧 마왕이 와서 집에 머무느니라. 바른 견해가

忽除三毒心, 魔變成佛眞無假。

| 홀
(문소득홀할) | 제
(덜섬돌) | 삼 | 독 | 심 | | 마 | 변
(변할) | 성 | 불 | 진 | 무 | 가
(거가짓령) |

홀연 3독심을 없애면, 마왕이 변해 부처를 이루어서 참되어 거짓이 없느니라.

化身報身及法身, 三身元本是一

化	身	報	身	及	法	身		三	身	元	本	是	一
될변할		갚을		및미칠						으뜸근원			
화	신	보	신	급	법	신		삼	신	원	본	시	일

화신과 보신 및 법신, 이 3신은 원래 근본이 한 몸이니라.

身。若向身中覓自見, 即是成佛

身		若	向	身	中	覓	自	見		即	是	成	佛
			향할 구할			찾을 구할							
신		약	향	신	중	멱	자	견		즉	시	성	불

만약 이 몸을 향해 스스로를 찾아보면, 곧 부처님의 보리(도)를 이루는

菩提因。本從化身生淨性, 淨性

菩	提	因		本	從	化	身	生	淨	性		淨	性
보살	끌,들 할	인할			쫓을 따를								
보	리	인		본	종	화	신	생	정	성		정	성

원인이니라. 본래 화신에서 깨끗한 성품이 일어나고, 깨끗한 성품은

常在化身中。性使化身行正道,

常	在	化	身	中		性	使	化	身	行	正	道
항상												
상	재	화	신	중		성	사	화	신	행	정	도

항상 화신 가운데 있느니라. 성품이 화신을 움직여 바른 길을 행하게 하면,

當來圓滿眞無窮。婬性本是淨性

當	來	圓	滿	眞	無	窮		婬	性	本	是	淨	性
당할 반드시		둥글	찰		다할 궁색할			음탕할					
당	래	원	만	진	무	궁		음	성	본	시	정	성

장차 원만하여 참됨이 다함이 없느니라. 음욕의 성품 본신은 깨끗한 성품의 인(性因)

因,	除	婬	卽	無	淨	性	身。	性	中	但	自
	덜섬돌	음탕할			깨끗할					뿐다만	
인	제	음	즉	무	정	성	신	성	중	단	자

인지라, 음욕을 없애면 즉, 깨끗한 성품의 몸도 사라지느니라. 자기 성품 가운데서

離	五	欲,	見	性	刹	那	卽	是	眞。
떠날					절찰나	어찌			
이	오	욕	경	성	찰	나	즉	시	진

다만 5욕낙을 떠나기만 한다면, 자기 성품을 보는 것은 찰나간이어서 이것이 바로 참이니라.

【요점 해설】

《자성진불해탈송(自性眞佛解脫頌)》

원본에는 《자성견진불해탈송(自性見眞佛解脫頌)》이다.

제음즉무정성신(除婬卽無淨性身)

우리 상식을 뛰어넘는 법문이다. 대체로 수도하는 사람은 음욕을 없애려고 하고, 음욕을 없애지 않고 어떻게 부처를 이룰 것인지 반문한다.

그러나 6조 스님은 음욕으로 이 몸을 이룬 중생은 음욕을 잘 다스려서 도를 이루는 기틀을 삼는다.

번뇌는 버리는 것이 아니고, 사바세계는 떠나는 것이 아니며, 적과 원수는 무찌르는 것이 아니다.

마찬가지로 욕심과 성내는 마음, 어리석은 마음은 없애려고 애쓰지 않는다. 계정혜(戒定慧) 3학(三學)에 나아가면 자연 탐진치(貪瞋痴)의 3독심(三毒心)은 치유되기 때문이다.

업장(業障)을 없애는 방법을 찾지 않고도 업장을 없애는 방법이 있다.

《금강경》에서 말하는, 성인의 예비과에 해당하는 수다원과(須陀洹果)의 자격 요건을 살펴본다. 다음 3가지가 견해에서 자유로워져야 한다.

[1] 첫째, 유신견(有身見)이다.

이 몸을 왕으로 알고 마음이 몸의 종노릇을 하는 견해이다. 일단 몸에 대한 애착이 없어야 성인의 예비과에 들어간다.

[2] 계금취견(戒禁取見)이다.

불필요한 법칙을 갖는 견해이다. 예를 들면, 빨간 옷을 입은 사람이 성불하였다고 하면, 무조건 빨간 옷을 입고 보는 등 형식적이고 외형적인 추종이다.

[3] 의견(疑見)이다.

의심하는 견해이다. 법문을 듣고 신심을 다해 믿어야 하는데, 제 소견이 좁은 줄 모르고 의심하는 것이다. 뿐만 아니라 남의 말에 대해서도 일단 의심부터 하는 좋지 않은 견해이다.

법문이나 남의 말에 일단 긍정(肯定)하는 마음이 필요하다.

○ 第四十八科 今生~無益

| 제 | | 48 | 과 | 금 | 생 | 무 | 익(더할) |

-------- 제48과 금생 에서~ 이익이 없느니라. 까지 --------

今生若悟頓教門, 悟卽眼前見

| 금(이제,오늘) | 생 | 약(알) | 오(깨달을) | 돈(갑자기,조아릴) | 교(가르칠) | 문 | 오 | 즉 | 안(눈) | 전 | 견 |

금생에 만약 돈교의 법문을 깨닫는다면, 깨달은 즉시 눈앞에서 세존을 보지만

世尊。若欲修行求覓佛, 不知何

| 세(높을) | 존 | 약 | 욕(하고자할) | 수(닦을) | 행 | 구(구할) | 멱(찾을) | 불 | 부 | 지(알) | 하(어무찌엇) |

만약 (단계별로) 닦아서 부처를 구하고자한다면, 어느 곳에서 참됨을 찾으려고 해도

處欲覓眞。若能身中自有眞, 有

| 처(곳,살) | 욕 | 멱 | 진(참) | 약 | 능 | 신 | 중 | 자 | 유 | 진 | 유 |

알지 못하느니라. 만약 몸 가운데에 스스로 참됨이 있다면, 참됨이 있는 바로 이곳이

眞卽是成佛因。自不求眞外覓佛

| 진 | 즉 | 시 | 성 | 불 | 인(까닭,할) | 자 | 불 | 구 | 진 | 외 | 멱 | 불 |

성불의 씨앗이니라. 자신에게서 참됨을 찾지 않고 밖에서 부처를 찾는다면,

, 去覓總是大癡人。頓敎法者是

	갈	찾구을할	모두		어리석을		벼조란아갈릴			
	거	멱	총	시	대	치	인	돈	교	법	자	시

찾으려 가는 것이, 모두가 다 크게 어리석은 사람이니라. 돈교의 법문은 바로 서쪽

西流, 救度世人須自修。今報世

	흐를		구원할	법혜도일(탁)		모름지기			갚을		
서	류	구	도	세	인	수	자	수	금	보	세

(인도)에서 흘러 왔으니, 세상 사람을 구하여 제도 하려면 모름지기 스스로 닦을지니

間學道者, 不於此見大悠悠。

틈사이								멀생각할		
간	학	도	자	불	어	차	견	대	유	유

라.이제 세간의 도를 배우는 사람에게 알리나니, 이 견해에 의지하지 않으면, 크게 허송

大師說偈已了, 遂告門人曰『

		글귀	알마칠		이마를침	알릴			
대	사	설	게	이	료	수	고	문	인	왈

세월 보낼 것이니라. 대사가 게송을 설해 마치고 나서, 드디어 문인들에게 일러 말씀하셨다.

汝等好住, 今共汝別。吾去已後

		좋을	머물		함같께이	다를			
여	등	호	주	금	공	여	별	오	거	이	후

"너희들은 잘 있어라. 이제 너희들과 함께 작별하리라. 내가 떠난 뒤에,

,	莫	作	世	情	悲	泣		而	受	人	弔	問	,
	말저물		뜻,속		슬플	울			받을		조문	물을안	
	막	작	세	정	비	읍		이	수	인	조	문	

세속 인정으로 슬피 울지 말고, 사람들의 조문으로

錢	帛	,	著	孝	衣	,	即	非	聖	法	,	非	我
돈	비단		잡을(저을)	효자	옥이끼				성인				
전	백		착	효	의		즉	비	성	법		비	아

돈, 비단을 받거나, 효도하는 옷(상복)을 입는 것은 곧 성인의 법이 아니며, 나의 제

弟	子	。	如	吾	在	日	一	種	。	一	時	端	坐
								싸가지				끝단정	앉을
제	자		여	오	재	일	일	종		일	시	단	좌

자가 아니니라. 내가 살아 있는 날과 같이 한가지로, 일시에 단정히 앉을지니라.

,	但	無	動	無	靜	,	無	生	無	滅	,	無	去
	뿐다만		움직일		고요할		날,살		멸할				갈
	단	무	동	무	정		무	생	무	멸		무	거

다만 움직임이 없고 고요함이 없으며, 태어남이 없고 사라짐이 없으며, 가는 것이 없고

無	來	,	無	是	無	非	,	無	住	無	往	,	坦
	올			이옳을		아그닐를			머물		갈이따금		평편평안할할
무	래		무	시	무	비		무	주	무	왕		탄

오는 것이 없으며, 옳은 것이 없고 그른 것도 없으며, 머무름도 없고 가는 것도 없으

然寂靜, 卽是大道。 吾去已後,

그불럴탈	고요할	고요할			길이치		나	갈	이마미칠	
연	적	정		즉	시	대	도	오	거	이	후

며, 평등하고 고요하면, 이것이 곧 대도니라. 내가 떠난 뒤에도,

但依法修行, 共吾在日一種。 吾

				같음이께				씨가지		
단	의	법	수	행	공	오	제	일	일	종	오

다만 법에 의지하여 수행한다면, 다 내가 살아 있는 날과 한가지니라. 내가

若在世, 汝違敎法, 吾住無益。

			어길					더할
약	재	세	여	위	교	법	오	주	무	익

만약 세상에 있을지라도, 너희가 가르친 법을 어긴다면, 내가 머물러도 이익이 없느

니라."

【요점 해설】

오주무익(吾住無益)

《자경문(自警文)》의 저자 야운(野雲) 스님은 《육조단경》의 글을 참고하거나 혹은 어떤 대목은 직접 인용하여, 인유고금 법무하이(人有古今 法無遐邇) 이하의 글을 쓴 것으로 보이는데, 《자경문》의 내용을 살펴본다.

<자경문의 내용>

사람은 예와 이제가 있으나, 법에는 먼 것과 가까움이 없으며(人有古今 法無遐邇), 사람은 어리석음과 지혜로움이 있으나, 도는 성함과 쇠함이 없나니, 비록 부처님이 계신 때에 있으나, 부처님의 가르침을 따르지 아니하면 무슨 이익이 있으며, 비록 말세를 만났더라도 부처님의 가르침을 받들어 행하기만 하면 무슨 해로움이 있으리요.

그러므로 세존이 이르시기를, "나는 좋은 의사와 같아서 병을 알아 약을 지어주지만, 먹고 안 먹는 것은 의사의 허물이 아니며, 또한 훌륭한 길잡이와 같아서 사람을 좋은 길로 인도하지만, 듣고 가지 않는 것은 길잡이의 허물이 아니니라. 나도 이롭고 남도 이롭게 함에 법이 모두 구족하였으니, 만약 내가 오래 머물더라도 다시 이익 될게 없느니라.

이제부터 이 후로 나의 모든 제자들이 차례차례로 이어 행하면, 여래의 법신이 상주해 멸하지 아니하느니라." 하시니라.

○ 第四十九科 大師~人也

| 제 | | 49 | 과 | 대 | 사 | | 인 | 야 |

-------- 제49과 대사가 에서~ 곡강현 사람이다. 까지 --------

大師言此語已, 夜至三更, 奄

| | | 말씀 | 이마 미칠 | | 밤 | 이지를극 | 고다칠시(갱) | 문득가들릴 |
| 대 | 사 | 언 | 차 | 어 | 이 | 야 | 지 삼 경 | 엄 |

대사가 이 말을 말씀하시고 밤 삼경에 이르러, 홀연히

然遷化。 大師春秋七十有六。

| 그럴 불탈 | 옮길 | 화할 변할 | | | 봄 | 가을 | | | |
| 연 | 천 | 화 | 대 | 사 | 춘 | 추 | 칠 | 십 | 유 | 육 |

돌아가시니, 대사의 춘추는 일흔 여섯이었다.

大師滅度之日, 寺內異香氛氳

| | | 멸할 | 법도 혜일 (탁) | | | 절 | 안드릴(납) | 다를 | 향기 향기 | 기운 조집 운성할 | 기운 |
| 대 | 사 | 멸 | 도 | 지 | 일 | 사 | 내 | 이 | 향 | 분 | 온 |

대사가 열반하신 날에, 절 안에는 기이한 향기가 감돌아서,

, 數日不散, 山崩地動, 林木變

| | 셀 | | 흩을 | | | 무너질 | 움직일 | | 수풀 | | 변할 |
| | 수 | 일 | 불 | 산 | 산 | 붕 | 지 | 동 | 임 | 목 | 변 |

며칠 동안 흩어지지 않았다. 산이 무너지고 땅이 흔들리며, 숲의 나무가

白, 日月無光, 風雲失色。八月

白	,	日	月	無	光	,	風	雲	失	色	。	八	月
흰알릴					빛		바람	구름	잃을	빛형상			
백		일	월	무	광		풍	운	실	색		팔	월

희게 변하고, 해와 달이 빛을 잃고, 바람과 구름이 빛을 잃었다. 8월

三日滅度, 至十一月迎和尚神座

三	日	滅	度	,	至	十	一	月	迎	和	尚	神	座
		멸할			이를				맞을			귀신	자리
삼	일	멸	도		지	십	일	월	영	화	상	신	좌

3일에 열반하셨으나 11월에 이르러, 화상의 관을 조계산에서 맞아

於曹溪山, 葬在龍龕之内。白光

於	曹	溪	山	,	葬	在	龍	龕	之	内	。	白	光
마무을리	시내				장사지낼		용	감담실을					
어	조	계	산		장	재	용	감	지	내		백	광

장례를 치렀다. 용의 감실 안에서는 흰빛이

出現, 直上衝天, 三日始散。韶

出	現	,	直	上	衝	天	,	三	日	始	散	。	韶
					충찌돌를					흩을	풍이류을		
출	현		직	상	충	천		삼	일	시	산		소

나타나서, 곧게 위로 하늘로 솟구치다가, 3일이 지나서야 비로소 흩어졌다.

州刺史韋璩立碑, 至今供養。

州	刺	史	韋	璩	立	碑	,	至	今	供	養	。
마을	찌가를시	역사	부드러울	옥고리	설	비돌석기기둥				이바지할	기를	
주	자	사	위	거	입	비		지	금	공	양	

소주의 자사 위거는 비를 세우고 지금까지 공양하였다.

此《壇經》，法海上座集。上

	此	《壇經》			法海	上座	集。	上
		단,뜰 글지날					자리	모을만날
차	단	경		법	해	상	좌	집	상

이 《단경》은 법해 상좌가 엮은 것이다.

座無常, 付同學道際, 道際無常

座	無常,	付	同學	道際,	道際	無常
자리	항상	줄붙일	같을	배울	길도리	때사이	때사이
좌	무 상	부	동 학	도 제	도 제	무 상

법해 상좌가 열반하면서 같이 배운 도제 스님에게 부촉하였고, 도제 스님이

, 付門人悟眞, 悟眞在嶺南曹溪

	付	門人	悟眞,	悟眞	在	嶺南	曹溪
			알 참		재		
	부	문 인	오 진	오 진	재	영 남	조 계

열반하면서, 문인 오진 스님에게 부촉하였다, 오진 스님은 영남 조계산

山法興寺, 現今傳授此法。

山	法興寺,	現今	傳授	此法。
	일 절		전할	줄
산	법 흥 사	현 금	전 수	차 법

법흥사에 머무르면서, 지금 이 법을 전수하는 것이다.

如付此法, 須得上根智, 深信

如	付此法,	須得	上根智,	深信
			뿌리 근기	깊을 믿을진실
여	부 차 법	수 득	상 근 지	심 신

혹 이 법을 부촉할 때에는, 반드시 상근기의 지혜로, 깊이 불법을 믿으며,

佛法, 立於大悲。持此經以爲稟

불	법	입 설	어	대	비 슬플	지	차 가질	경	이	위	품 녹내릴

대비심을 세우고 이 경을 지녀 이어받았기 때문에,

承, 於今不絶。和尙本是韶州曲

승 이받을들	어	금	부 끊을간절	절	화	상	본	시	소 풍이류을	주 마을	곡 굽을곡

지금까지 끊어지지 않은 것이다. (법해) 화상(스님)은 본래 소주의

江縣人也。

강	현 매달을	인	야

곡강현 사람이다.

【요점 해설】

법해(法海)스님

　　당대(唐代)의 스님. 광동성(廣東省) 곡강현(曲江縣) 사람이다. 곡강은 지금의 소주(韶州), 소양(韶陽)과 인접해 있다.

　　《육조단경》이 설해진 대범사는 광동성 북쪽 소주 주위에 있다. 유명한 운문종의 조정(朝廷) 운문사(雲門寺)도 이 북쪽 근처이다. 조계산 보림사는 소주의 남쪽에 위치한다.

　　앞서《육조단경》에서 본 바와 같이 북쪽 쌍봉산에서 노 행자가 도망을 쳐서 대유령을 통과해서 닿을 수 있는 장소이며, 법해 스님은 이 지방 사람이다.

　　법해 스님이 처음 6조(六祖) 스님을 친견하였을 때였다. 마음이 바로 부처(心卽佛)란 뜻을 여쭙는 자리에서 6조 스님의 한 말씀 끝에 깨달았다(言下頓悟)고 한다.

　　법해 스님이 소주(韶州) 대범사(大梵寺)에서 6조 대감(大鑑) 혜능 선사가 설법하신 내용을 모아 편집하여《법보단경(法寶壇經)》이 이뤄지게 하였고, 6조 스님의 어요

(語要), 출세인연(出世因緣) 등을 기재하였다.
　뜻이 매우 깊어서, 세상에 베스트셀러만큼이나 널리 퍼졌고, 뒷날 선종(禪宗)의 종경(宗經-근본 경)이 되었다.
　그밖에 스님의 연보와 살았던 내력은 잘 알려지지 않는다.

사내이향분온(寺內異香氛氳)

　절 안에는 기이한 향기가 감돌았다는 표현은 수식구 상투어일 수 있다. 이어서 산이 무너지고 땅이 흔들리며, 숲의 나무가 희게 변하고, 해와 달이 빛을 잃고, 바람과 구름이 빛을 잃었다고 한다.
　이러한 표현은 두 가지로 이해한다.
　[1] 첫째는, 6조 스님의 열반을 문학적으로 수식한 구절이다.
　[2] 둘째는, 체험한 사람의 이야기를 들어보면, 반드시 있을 수 있는 이야기이다. 한 스님이 기도를 성취하였을 당시 온 절 안에서 허공향(虛空香)이 감돌았다고 들었다. 이런 일은 결코 불가능한 일이 아닐 것이다.

○ 第五十科   如來~密意

						그윽할 빽빽할	뜻	
제		50	과		여 래	밀	의	

-------- 제50과 여래가 에서~속뜻을 알도록 하소서. 까지----------

如來入涅槃, 法敎流東土,

		들	개흙	재즐반길			흐를		
여	래	입	열	반		법	교	류	동 토

여래가 열반하시고 법의 가르침이 동쪽 땅(중국)으로 들어와,

共傳無住法, 卽我心無住。

같이께 함	전할		머물					
공	전	무	주	법	즉	아	심	무 주

함께 머무름이 없는 법을 전하여서, 곧 나의 마음이 머무름이 없는 것이다.

此眞菩薩說, 眞實示行喩,

	참				참열매	보일		비유할우칠 깨우
차	진	보	살	설	진	실	시 행	유

이것은 참 보살의 말씀이라 진실로 수행의 비유를 보여,

唯敎大智人, 示旨於凡度。

	오직					보일	뜻취지	다무릇
유	교	대	지	인	시	지	어	범 도

오직 큰 지혜를 가진 사람에게 가르치니, 범부를 제도하려는 뜻을 보인 것이다.

제50과 여래가에서~밀밀한 속뜻을 알도록 하소서.

誓	願	修	行	,	遭	難	不	退	,	遇	苦	能
맹서할	바랄				만날	어려울		물러날		만날	우연히	쓸괴로울
서	원	수	행		조	난	불	퇴		우	고	능

서원과 수행으로, 어려움을 만나서는 물러나지 않고, 고통을 당하여서는 잘 참아서,

忍	,	福	德	深	厚	,	方	授	此	法	。	如	根
참을		복	큰은혜	깊을	두터울			줄					
인		복	덕	심	후		방	수	차	법		요	근

복과 덕이 깊고 두터운 그런 사람에게 바야흐로 이 법을 전할 것이다. 만약 근성이

性	不	堪	,	材	量	不	得	,	雖	求	此	法	,
		견뛰딜어날		나무	헤아릴				비록				
성	불	감		재	량	부	득		수	구	차	법	

감당하지 못하고 재량이 미치지 못한다면, 비록 이 법을 구해도 통달하게 세우지

達	立	不	得	者	,	不	得	妄	付	《	壇	經	》
통달	설							허망망령	줄붙일		단,뜰		
달	립	부	득	자		부	득	망	부		단	경	

못할 사람이니, 《단경》을 망령되이 부촉하지 말 것이다. 도를 같이 하는

。	告	諸	同	道	者	,	『	令	知	密	意	。	』
		알릴								빽빽할그윽할			
	고	제	동	도	자			영	지	밀	의		

여러 사람에게 고한다. "(《육조단경》글의) 비밀한 속뜻을 알도록 하소서."

南宗頓教			最上大乘			
마 높을 루	조아 벼란 간 릴	가르칠	가장		오를 탈	
남	종	돈 교	최	상	대	승
남종돈교 최상의 대승							

《壇經》		一卷		終	
단,뜰		책쇠뇌		끝	
단	경	일	권		종
《단경》　　　1권　　끝					

도서출판 법화원출판 목록 2011,8월,년 현재

권수		출판 책명	판형	면수	가격	편역자	비고
1	사경용 한자풀이	묘법연화경 전 12권	4×6판	총 2415쪽	권당 10,000원	김진철	출간
2	법화삼부경	무량의경 1권	4×6판	216	〃	〃	〃
3		관보현보살행법경1권	4×6판	192	〃	〃	〃
4	사경용 한자풀이	금강경 외 8종	4×6판	170	10,000	〃	〃
5	〃	명심보감	4×6판	246	10,000	〃	〃
6	〃	천자문	4×6판	46	3,000	〃	〃
7	〃	사자소학	4×6판	52	3,000	〃	〃
8	〃	계몽편	4×6판	73	3,000	〃	〃
9	한자풀이	노자,장자일부.(합본)	4×6판	155	10,000	〃	〃
10	〃	불교-금강경.	〃	217	10,000		
11	〃	불교.초발심자경문,기타7종 유교-천자문,기타5종합본.		317	10,000	〃	
12	한자풀이	중용, 대학(합본)	〃	110	10,000	〃	〃
13	한자풀이	법화삼부경.5가해 1권	4×6판	2604	100,000	〃	〃
14	국역	세종왕조국역장경. 묘법연화경. 1권 계환해,일여집주	〃	1890	100,000	〃	〃
15	국역	알기쉬운묘법연화경(5가해)	4×6 〃	700	20,000	〃	〃
16	국역	법화론 소, 호 길장, (세친,법화경논,우바제사 해설)	〃		15,000	〃	〃
17	국역	8만 대장경 분석천태사교의	〃		15,000	〃	출간
18	〃	법화경 예규	4×6 〃	189	8,000	〃	출간
19	한자풀이	지옥,극락가는 길 정토3부 경(미타삼부경)	4×6 〃	360	10,000	〃	출간
20	〃	단번에 깨닫는 6조단경	4×6 〃	326	10,000	〃	출간
21	우리말	묘법연화경	4x6판		20,000	〃	〃
22	국,한문,번역	법화경 예규	〃	200	8,000	〃	
23	동국대 영인본	세종왕조국역장경. 묘법연화경. 1권	4×6 〃	781	15,000	백성욱 박사	출간
24	시.수필	빙선(氷船)에 의지하여					근간
25	동서 경전 번역	유불선,기독교,도통길라잡이					근간
26	증보	불교.초발심자경문, 외7종 유교-천자문, 외6종합14종.	4X6	367	15,000	김진철	출간

역자소개

김진철 (법명 : 白牛, 堂號 玄空)
경주 생
소백산 입산
동국대 불교학과 졸
도서출판 법화원
법화 선원 마 하 사 창립

역서
동국대학 역경원 동참 역경
한자풀이(字解)법화삼부경. 묘법연화경 우바제사. 길장의 법화론 소. 천태사교의, 세종왕조 국역장경 묘법연화경 국역. 중용, 노자. 장자 일부. 알기쉬운 묘법연화경5가해. 등 외 다수 역출(譯出)

한자 풀이 단번에 깨닫는 **육조단경**

불기 2555 신묘(2011) 7월 15일 백중 초판 발행.

편집 번역   법화선원 마하사 백우(白牛) 김진철
             서울 동작구 동작동 329 신동아 1003호
             전화 02-591-4170   HP   010-8008-4170
발행인   경기도 용인씨 수지구 고기동 158-6
             법화선원 제2 도량 원장 이 정내
발행처   도서출판 법화원(法華園)
             서울 동작구 동작동 329 신동아 1003호
             전화 02-591-4170. HP   010-8008-4170

출판등록 2002,1,8   제15-599호   값 10,000.

지로, 국민은행   527801-01-019091.김진철

ISBN 978-89-90440-17-4

홈페이지 --법화선원 마하사